A História da Europa

Jeremy Black

A História da Europa

m.Books

M.Books do Brasil Editora Ltda.

Rua Jorge Americano, 61 - Alto da Lapa
05083-130 - São Paulo - SP - Telefones: (11) 3645-0409/(11) 3645-0410
e-mail: vendas@mbooks.com.br
www.mbooks.com.br

Dados de catalogação na publicação

BLACK, Jeremy
A História da Europa: da Pré-História ao Século XXI
2023 – São Paulo – M.Books do Brasil Editora Ltda.
1. História   2. História da Europa   3. Humanidades
ISBN: 978-65-5800-106-5

Do original em inglês: A History of Europe: from Prehistory to 21st century
Publicado originalmente por Arcturus Publishing Limited
© 2019 Arcturus Holdings Limited
© 2023 M.Books do Brasil Editora Ltda.

Editor: Milton Mira de Assumpção Filho

Tradutora: Thaís Pereira Gomes

Produção Editorial: Gisélia Costa

Diagramação: 3Pontos Apoio Editorial

Capa: Isadora Mira

Imagem da capa: *A Sunday Afternoon on the Island of La Grande Jatte,* de
Georges Seurat, 1884-1886. Getty Images
Imagem da 4ª capa, acima: *The Battle of Le Mans, 1793,* Jean Sourieul
Imagem da 4ª capa, à esquerda: Queda do Muro de Berlim, Sue Ream

M.Books do Brasil Editora Ltda.
Todos os direitos reservados.
Proibida a reprodução total ou parcial.
Os infratores serão punidos na forma da lei.

Para Paul Sljivic

Sumário

Introdução   9

Linha do tempo   16

Capítulo 1
As origens da civilização europeia
Até 500 a.C.   19

Humanidade pré-histórica – O surgimento da agricultura – Trabalhos em metal – O surgimento da escrita – Micenas e Minoa

Capítulo 2
O mundo clássico
500 a.C a 500 d.C.   33

O ataque persa e a Grécia Antiga – A influência de Alexandre, o Grande – Os etruscos – O início da história de Roma – As Guerras Púnicas – O fim da república – O sistema romano – Além do mundo romano – Augusto e os primeiros imperadores – A queda de Roma – O legado de Roma

Capítulo 3
Séculos de suspense
500-1000   67

Idade das Trevas? – Bizâncio – Os reinos "bárbaros" – Conquistas árabes – Al-Andalus – Os francos – O papado – A expansão viking – Irlanda na Idade das Trevas – Escócia – Impérios do leste – Rússia de Kiev

Capítulo 4
A Idade Média   1000-1450   91

As cruzadas – Religião medieval – Feudalismo – Conquistas normandas – Cidades e comércio – O Sacro Império Romano na Idade Média – Rússia, Leste Europeu e as conquistas mongóis – A *Reconquista* – Unificando a França – *Magna Carta* e o surgimento do parlamento – Escócia independente – A Guerra dos Cem Anos – A expansão da economia de mercado – A peste negra e a sociedade – O avanço otomano – O surgimento do poder de Moscou

Capítulo 5
Renascimento e Reforma
1450-1650   125

Explorando os oceanos – O Renascimento – Imprensa – As guerras italianas – Carlos V, o primeiro monarca "global" – O avanço turco – A Reforma – A Contrarreforma – A era da Espanha – A Armada Espanhola – A crise da Espanha – As Ilhas Britânicas no século 16 – A crise da Grã-Bretanha – A segunda escravidão – Disputas pelo Mar Báltico – O surgimento da Rússia – A Guerra dos Trinta Anos

Capítulo 6
Do Barroco a Napoleão
1650-1815   165

O Cerco de Viena, 1683 – O surgimento do absolutismo – O Império

Russo – Desenvolvimento científico – Europa e a economia mundial – Impérios europeus: colônias e companhias – O Iluminismo – O declínio dos jesuítas – O Sacro Império Romano no tempo dos Habsburgo – Uma era de guerra – O crescimento da Prússia – Gustavo III da Suécia – A Revolução Francesa – Napoleão – O Tratado de Viena, 1814-1815 – Mudanças geopolíticas

CAPÍTULO 7
Europa industrial
1815-1914   201

A Revolução Industrial – Nacionalismo – A independência da Grécia e dos Bálcãs – As revoluções de 1830 – As revoluções de 1848 – Unificação da Itália e Alemanha – A Rússia dos czares – A Guerra da Crimeia, 1854-1856 – Imperialismo e a luta pela África – A economia do final do século 19 – Sociedades em transformação – Tecnologia

CAPÍTULO 8
Europa em guerra
1914-1945   221

A caminho da guerra – Primeira Guerra Mundial – A Paz de Versalhes – Mulheres e o voto – A Revolução Russa – Stalin – Europa no período entre as duas guerras mundiais – A Grande Depressão – O surgimento do fascismo – Hitler – Segunda Guerra Mundial – O massacre – A Frente de Batalha Doméstica

CAPÍTULO 9
Europa pós-guerra
1945 até o presente   255

Europa em mudança: a Nova Ordem – O início da Guerra Fria – O fim do imperialismo – A expansão econômica pós-Segunda Guerra Mundial – Resistência à União Soviética – Os anos Khrushchev – A Crise de Berlim, 1961 – A Crise Tcheca, 1968 – 1968 e o radicalismo – *Ostpolitik* – Os Acordos de Helsinque, 1975 – A Espanha de Franco e sua queda – Liderança soviética estagnada – A queda do comunismo soviético – Iugoslávia nos anos 1990 – Religião – Meio ambiente em transformação – Cultura – Europa no novo milênio

CAPÍTULO 10
O futuro da Europa   283

Demografia – Imigração – O "espaço europeu" – Questões globais – Redefinindo a Europa

Índice remissivo   290

Créditos das imagens   296

Acima: Mapa da Europa de Abraham Ortelius, de 1595. Por séculos, as fronteiras da Europa foram tema de debate.

Introdução

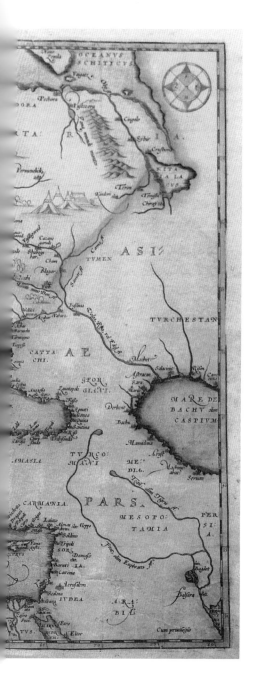

A Europa é um continente compacto com uma história fascinante, importante tanto para os que vivem ali atualmente como para o restante do mundo. A expansão dos governos europeus – da Rússia ao Pacífico e à Ásia Central, e da Grã-Bretanha, França, Bélgica, Dinamarca, Holanda, Alemanha, Itália, Portugal e Espanha ao outro lado dos oceanos – repetidamente afetou e, de fato, transformou a história do mundo desde o século 15 até a atualidade. É compreensível que muitos concentrem a atenção nela nos últimos séculos, mas a profunda história da Europa com seus povos, e seu milênio de desenvolvimento, também foi extremamente importante para o que veio depois e continua sendo relevante até o presente.

Onde fica a Europa?

O conceito que este livro tem de Europa é geográfico, indica a área localizada entre a Ásia e o Atlântico. Porém, esta abordagem está aberta a discussões. Por exemplo, embora os Montes Urais tenham convencionalmente sido considerados a fronteira física oriental da Europa, não são uma barreira nem uma fronteira,

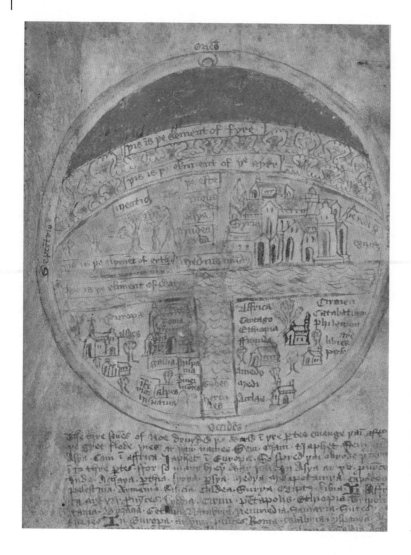

À esquerda: Tradicional mapa "T e O" de um manuscrito do século 15. O mapa mostra a Terra dividida em três continentes: Europa, África e Ásia.

estão localizados na República Socialista Federativa Soviética Russa (desde 1917), que a partir de dezembro de 1991 passou a se chamar na Federação Russa.

A Europa é diferente dos outros continentes. Em relação ao tamanho, sua extensão litorânea é muito maior do que a dos demais continentes, por isso pode ser considerada o "continente marítimo". Seu clima está sujeito à interação entre uma fonte oceânica de baixa pressão e uma fonte eurasiática de alta pressão, e à interação entre os ventos frios do Ártico e os ventos quentes do Saara, tornando-se um clima variado por natureza. Basicamente, os ventos ocidentais prevalentes trazem chuva às costas atlânticas, o que é bom para o desenvolvimento da agricultura, e a Corrente do Golfo no Atlântico também aquece as águas costeiras. Não há nada semelhante na parte oriental da Europa, isso significa que ela sofre com um clima mais frio e seco.

O que é a Europa?

Em termos históricos, o significado de "Europa" não é claro. Por muito tempo, "Europa" não era um termo muito utilizado, pois não havia consciência de que fosse um espaço limitado. Antes do Império Romano (inicialmente sob controle republicano, até se tornar um império governado por imperadores) surgir no terceiro século a.C. e se manter dominante na Europa Ocidental até o início do século quinto, havia pouco conhecimento da extensão geográfica do que hoje é a Europa. Além disso, nos tempos de Roma, mal se sabia que a Europa abrangia a Escandinávia e a Rússia europeia. Nesse período, o Mediterrâneo era o centro político e econômico, mas importantes aspectos do mundo mediterrâneo e do Império Romano aconteciam fora da Europa atual, no Egito, na Síria e Anatólia (a parte da Turquia que fica a leste do mar Egeu).

Mesmo após o fim do Império Romano na Europa Ocidental no século quinto, por muito tempo a Europa não foi definida em termos deste império nem de sua continuação (o Império Romano Oriental, Bizâncio), e sim em termos de "cristandade", a área sob controle cristão. Embora politicamente fragmentada, a cristandade tinha uma ideologia comum mais poderosa do que tudo o que há na Europa moderna. Além disso, o papado medieval era uma forma diferenciada de governo para parte da cristandade.

Abaixo: Miniatura turca de *Hünername*, uma história dos sultões otomanos do início do século 16. Na época, o Império Otomano era considerado antieuropeu, por ser uma ameaça à cristandade.

A QUESTÃO DA RÚSSIA

O papel da Rússia na política europeia moderna realça a questão de qual seria a melhor abordagem da história europeia. Para alguns, a Rússia é considerada antieuropeia, por ser um país que ocupa Europa e Ásia e, portanto, não deveria ser incluída na história da Europa. Essa abordagem vai contra a ideia de que a Europa se estende até os Montes Urais, incluindo assim a Rússia europeia, mas não a Rússia asiática. O fim da Guerra Fria em 1989-1991 e o colapso do bloco comunista e da União Soviética colocam a definição de "Europa" na frente de batalha, tornando-a uma questão de política prática. Afinal, junto com esse tema está a questão da Ucrânia e as repúblicas caucasianas da Armênia, Azerbaijão e Geórgia terem ou não permissão de participar da OTAN (Organização do Tratado do Atlântico Norte) e da União Europeia.

Para a cristandade o importante era a crença, e não o local; como resultado, não havia fronteiras claras e permanentes. De fato, as Cruzadas, que começaram nos anos 1090, tinham muito a ver com uma expansão da Cristandade. Parte delas aconteceu na Espanha, em Portugal e nas costas sul e leste do Mar Báltico, que hoje fazem parte da Europa, mas a principal área de atividade era o Oriente Próximo – Israel, Palestina, Líbano e Síria – com o norte da África sendo uma esfera secundária no século 13, e mais do que isso a partir de 1415, quando os portugueses conquistaram Ceuta, no Marrocos, e outras áreas do Marrocos e da Argélia nos 120 anos seguintes.

A ideia de cristandade como definição de Europa também era problemática por causa do tenso relacionamento entre a parte governada pelo papado e as demais partes, especialmente a que era governada pelo Império Romano Oriental, Bizâncio. Baseado em Constantinopla (atual Istambul, desde 1924), o Império Bizantino alcançou áreas que hoje não são parte da Europa, como Egito, Síria, Israel, Líbano e Palestina (até o século 7) e partes da atual Turquia (até o século 15). A Igreja Ortodoxa moderna não estabelece um limite do que hoje consideramos geograficamente como Europa, e a visão ortodoxa de Europa e cristandade é muito diferentes da do papado. Para a Igreja Ortodoxa, em especial, com seu Patriarca fixo em Istambul e sendo um cidadão turco, não há motivo para deixar a Turquia fora da Europa.

A maior parte do Império Bizantino acabou sendo conquistada pelo Islã e, como resultado, ao longo dos últimos 600 anos a maioria do Leste Europeu tem sido parte de um mundo cultural e político bastante diferente, o mundo do Império Otomano (Turquia), que era um estado imperial islâmico com Constantinopla como sua capital. A Turquia, que hoje é um dos países mais populosos da Europa, passou boa parte dos últimos 600 anos em conflito com países cristãos.

Discussões sobre incluir a Turquia na União Europeia ressaltam os problemas da história turca e fazem parte de uma discussão maior sobre como lidar com a relação entre a Europa e o Islã. Questões como essa são dramaticamente ilustradas quando se está em Istambul, do lado europeu, e se vê a grande proximidade do lado asiático. O mesmo acontece quando se vê o quão perto a Tunísia está de Sicília e Malta.

Para os cristãos daquela época, o Império Otomano era mais do que não europeu, era antieuropeu: era a definição daquilo que não era europeu – a ditadura e o Islã – ambos uma ameaça à cristandade. O avanço das forças otomanas levou à queda de Belgrado em 1521 e de Budapeste em 1526. Em 1529 e 1683 os otomanos cercaram Viena e, em 1565, Valletta, em Malta. Apesar das últimas três tentativas terem fracassado, a ameaça que representavam era muito clara e continuou evidente até o início do século 18 quando, de fato, os otomanos tomaram Belgrado pela segunda vez em 1739.

Assim, muito da Europa moderna fazia parte do mundo otomano, e não da cristandade. Por outro lado, a expansão europeia (cristã) transoceânica significou que, a partir do final do século 15, a influência europeia se estendeu além dos oceanos, fazendo com que, em 1750, Londres, Paris e Madri tivessem mais em comum com centros coloniais como Philadelphia, Québec e Havana do que com cidades governadas pelos otomanos, como Atenas, Belgrado, Bucareste e Sófia. Essa situação se manteve ao longo do século seguinte e, mesmo com uma geografia diferente e um contexto contrastante, voltou a acontecer durante a Guerra Fria, fazendo com que a Europa Ocidental tivesse mais em comum com a América do Norte do que com o Leste Europeu, voltado para a União Soviética.

Essa situação desafia a ideia de uma história europeia distinta. Mais do que isso, mesmo que a ideia fosse levada adiante, ficaria difícil defini-la e saber até onde iria. Na verdade, a ideia de que a Europa tem um conjunto claro de valores é fantasiosa devido à variedade de ideologias e práticas dominantes em sua história.

Mesmo assim, muito capital cultural e político foi incluído na história europeia pelo papado medieval, pelo Iluminismo do século 18, pelos "imperadores" modernos como Napoleão e Hitler, e pela União Europeia. Por exemplo, em 2007, a Alemanha usou o fato de ser presidente da União Europeia para garantir a aprovação de leis de ódio racial na união inteira. No entanto, sua tentativa de proibir a negação do Holocausto falhou, principalmente porque vários países membros da união desejaram incluir como crime o negar, condenar ou banalizar atrocidades cometidas em nome de Stalin, o que foi rejeitado por outros membros. Isso mostra que, de fato, não há uma identidade ou história comum na Europa.

Qual Europa?

Muitas narrativas da Europa focalizam o Mediterrâneo até o fim do Império Romano e, em seguida, passam para França, Alemanha, Países Baixos (Holanda e Bélgica) e norte da Itália até cerca de 1550, quando a Itália sai de cena. Escandinávia, Ibéria, Bálcãs, Leste Europeu e sul da Itália recebem bem menos atenção, a menos que interajam com a região que era o centro das atenções no período analisado. A Grã-Bretanha tende a ser tratada como um caso especial (principalmente pela maioria dos britânicos), como um híbrido parte europeu e parte não europeu.

O Leste Europeu é ainda menos abordado. Isso é um reflexo da menor prosperidade que reinou por muito tempo ali, com consequências na atividade intelectual, na destruição que a população sofreu durante guerras e na falta de continuidade dos registros (especialmente de famílias proprietárias de terras), além das consequências dos anos comunistas (1945-1989), o que desencorajou a pesquisa empírica.

O que significa "Europa" hoje?

O problema do tradicional foco na Europa Ocidental não é apenas que boa parte do continente teve sua história menos retratada, mas se supõe também que esta seja a abordagem mais "europeia" da história, o que não é verdade. Europa significa diferentes coisas em Madri, Manchester, Marburg, Milão e Munique. Por isso, ao ler este livro, lembre-se dos vários relatos que existem – o que naturalmente ajuda a tornar a ideia de história "europeia" mais interessante.

A tensão entre a possível unidade e a potente diferença tem sido um tema contínuo na história da Europa, embora suas manifestações particulares variem muito. Esse ponto interage com a forma como devemos abordar a história europeia. Em especial, existe a questão da relação entre a abordagem do Leste Europeu e a da Europa Ocidental, que tende a ser a abordagem dominante em todo o continente.

É importante enfatizar a sensação de união de sociedades locais dentro de um todo maior, a fim de que as pessoas se sintam tão parte da Normandia quanto da França, ou tão parte da Sicília e da Catalunha quanto da Itália e da Espanha, respectivamente. A tensão entre a unidade da Europa e a busca de mais autonomia entre grupos menores como os catalães e os escoceses leva à questão de como o mapa da Europa de 2050 será, quando comparado com o mapa da Europa de 1900 ou 2019. É possível que o regionalismo venha à tona. Independentemente disso, a história que iremos contar mostra que não há uma abordagem única sobre a Europa. Ao contrário, o poderoso fator do imprevisto aparece continuamente, e nenhum imprevisto influencia mais a história do que o sucesso na guerra.

Abaixo: Catalães marcham pela independência em 21 de outubro de 2017, pouco antes do parlamento fazer uma declaração unilateral de independência. O intenso regionalismo costuma ser uma força tão poderosa quanto a unidade europeia na história do continente.

Linha do tempo da História da Europa

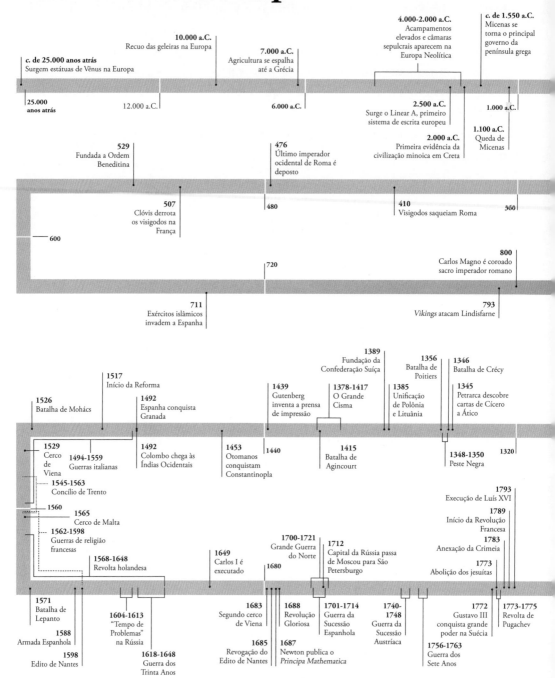

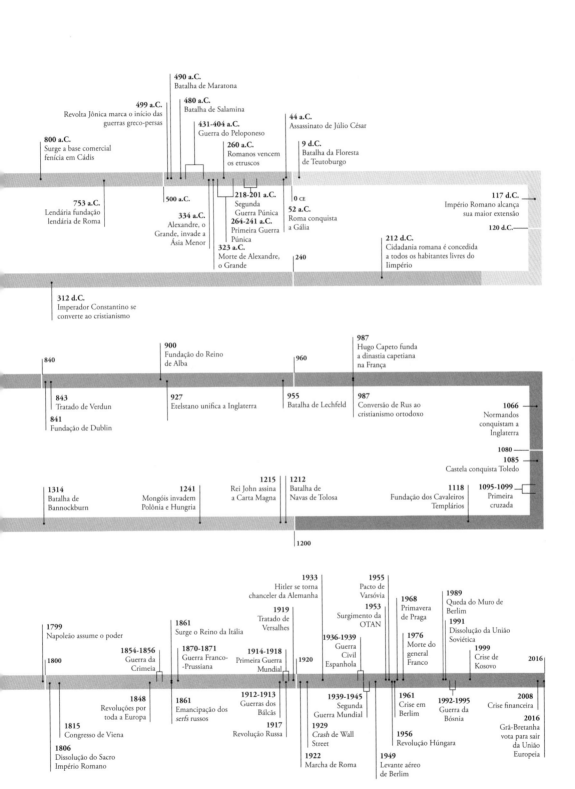

CAPÍTULO 1

As Origens da Civilização Europeia

CAPÍTULO 1

As Origens da Civilização Europeia

Até 500 a.C.

A Europa é um continente relativamente novo, moldado pelos desenvolvimentos dos últimos 20.000 anos. Antes disso, ela tem uma longa história geológica mostrada por camadas desde o início do período Pré-cambriano, que começou cerca de 4,6 bilhões de anos atrás. Em diversas épocas ela foi coberta por terra ou mar, afetada por várias temperaturas e vegetações, e maior ou menor atividade geológica vulcânica. Ao longo do tempo geológico, a Europa foi muito afetada pela deriva continental das placas tectônicas desde o resfriamento da crosta terrestre.

A Europa fazia parte da Laurásia, o enorme continente que incluía a América do Norte. Há cerca de 300 milhões de anos, a Laurásia se

Acima: O continente pré-histórico da Laurásia, que se separou de Gondwana (o continente do sul) há cerca de 200 milhões de anos, era composto de Europa, Ásia e América do Norte.

Páginas anteriores: Templo de Hagar Qim em Malta, construído em *c.* de 3700-3200 a.C.

uniu à Gondwana, o grande continente do sul, formando a Pangeia, o supercontinente. De 200 a 180 milhões de anos atrás, Laurásia e Gondwana se separaram e se dividiram em partes menores. Como resultado, a Eurásia (união de Europa e Ásia) se separou do Norte da África restando apenas uma pequena ligação com a África. Em seguida, a Eurásia foi moldada na posição que está atualmente. Geograficamente, a Eurásia é um elemento-chave visto que, dessa perspectiva, a Europa é uma extensão da Ásia.

A história humana na Europa, ou pelo menos a história da vida humana organizada, foi estabelecida em muito menos tempo de mudança climática, principalmente com o impacto das Eras Glaciais e seu fim em 10.000 a.C. (o pico da última Era do Gelo foi por volta de 18.000 a.C.). Em menor escala, as alterações climáticas globais subsequentes (como a "Pequena Era do Gelo" dos séculos 14 a 17) também foram importantes. Esse padrão de mudança continua ainda hoje, com o aquecimento global e seu significativo impacto no nível do mar. São mudanças importantes e imprevisíveis.

Humanidade Pré-Histórica

Nosso entendimento da migração humana para a Europa tem mudado rapidamente, à medida que novos achados arqueológicos e o extenso uso da genética têm apresentado um retrato dos primeiros seres humanos chegando ao continente antes do que se pensava anteriormente. Análises dentárias de um primata *Graecopithecus* de 7,2 milhões de anos, encontrado na Grécia em 2017, sugerem que o esqueleto tem ancestral em comum com o gênero *Homo* e é um potencial ancestral humano. Pegadas descobertas em Creta em 2010, deixadas há 5,7 milhões de anos, sugerem ter sido feitas por uma criatura hominídea bípede.

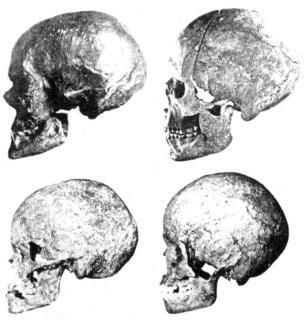

Acima: Crânios de Cro-Magnon, fotografados por Leo Wehrli, 1921.

As orlas costeiras eram muito diferentes naquele período e muitas ilhas mediterrâneas estavam unidas ao continente, de forma que a distinção entre África e Europa não era como a atual, nem mesmo em outros aspectos ambientais como níveis de chuva.

Embora seja difícil ser preciso, dada a natureza limitada e ambígua de muitas das evidências, há contínuas provas da expansão humana em busca de alimento. Condições climáticas foram um fator importante para isso, sugerindo que houve um movimento da África para a Europa por volta de 190.000 a 220.000 anos atrás. O grau de competição e conflito entre as diferentes espécies de hominídeos não é claro. A longevidade e dispersão do *Homo sapiens* tem sido remontada a períodos anteriores. Há evidências da coexistência de humanos Neanderthals e Cro-Magnons, origens do atual *Homo sapiens,* e em 1999 foi descoberto perto de Lisboa um esqueleto paleolítico com ascendência de ambos. Análises de DNA indicam que houve intercurso, com DNA Neanderthal sendo encontrado em humanos atuais. No entanto, embora as datas para isso variem muito, os Neanderthals acabaram se tornando uma espécie diferente.

Por volta de 16.000 a.C., as ilhas da Sicília e Malta estavam unidas à Itália, Córsega estava unida a Sardenha, e boa parte do baixo delta do Rio Volga era parte do Mar Cáspio. A Europa continuou sendo moldada geologicamente até os últimos 10.000 anos e, neste período, a ligação terrestre entre a Grã-Bretanha e a Europa continental foi rompida (cerca de 6.500 a.C.), como resultado do aumento no nível do mar após o derretimento das calotas de gelo no final da última Era do Gelo, o que liberou grandes quantidades de água. Esse processo e a glaciação anterior ligada a sucessivos avanços do gelo, ambas seguidas de uma retração, também afetaram grandemente a superfície geológica mais detalhada de boa parte da Europa. O derretimento do gelo também levou ao movimento para cima de camadas que haviam sido colocadas para baixo pelo gelo. É um processo visível na borda costeira elevada de regiões litorâneas como o noroeste da Escócia.

Grandes rios alimentados pelo derretimento da neve escavaram vales imensos, ao passo que as geleiras no curso e no final desses rios deixaram grandes depósitos de rochas e sedimentos, conhecidos como morainas. O que hoje é o Mar Báltico 9.000 anos atrás era ocupado por uma grande área de água chamada Lago Ancylus, o qual não tinha ligação com o Oceano Atlântico. O Mar Negro não estava ligado ao Mar Mediterrâneo até cerca de 2500 a.C. As atuais regiões da Europa surgiram quando a geografia climática e física se uniram para gerar diferentes resultados, que vão desde as terras frias, planas e de tundra do norte da Europa até as montanhas altas e quentes do sul da Espanha.

À esquerda: Impressionantes pinturas de bisões em cavernas de Altamira, na Espanha, são um exemplo de empreendimentos artísticos humanos primitivos.

O fim da última Era do Gelo foi seguido pelo movimento de zonas de floresta e vida selvagem no sentido norte, seguidos de caçadores e coletores. Florestas proviam abrigo para animais como veados que, por sua vez, atraíam caçadores. A adaptação humana ao ambiente rapidamente começou a moldá-lo, especialmente no nível do microambiente, adequando-o à necessidade de moradia, de busca e plantio de alimentos, de caça e, posteriormente, criação de animais. Fator chave na história, essa adaptação foi movida pela necessidade de recursos e espaço, criando e sendo criada por ideologias e pelo conhecimento do ambiente.

Naquela época, a espécie humana se espalhou pela maior parte da Europa, inclusive por áreas menos hospitaleiras como o Atlântico Norte (onde o primeiro assentamento ocorreu nas Ilhas Faroe, cerca de 825 d.C.), a Islândia (em 874) e a Ilha da Madeira (provavelmente no início de 1420, embora haja indícios de assentamento anterior ali).

Os primeiros europeus aprenderam a encontrar fontes de alimento, a matar, usar e controlar animais, e a criar abrigos com o que estivesse disponível. Peles de animais, por exemplo, eram usadas como roupas e também abrigo, com hastes de madeira cobertas de peles formando tendas portáteis. Grandes ossos de animais, especialmente de mamutes, eram usados na Ucrânia para dar estrutura a abrigos.

Os seres humanos também tentaram estabelecer sistemas de crenças que os ajudariam a se localizar no tempo e no espaço, criar sentido com base em suas experiências do mundo. As pessoas guardavam objetos úteis para uso futuro, aplicavam simetria em suas obras e organizavam divisões de trabalho. Embora as evidências desse período sejam limitadas e afetadas pelo clima, uso do arado e

À direita: A Vênus de Willendorf, elaborada em cerca de 25.000 a.C., é um exemplo de estatueta esculpida que provavelmente era símbolo de fertilidade.

outras atividades, há registros arqueológicos, como as famosas pinturas em cavernas em Lascaux (na França), na Espanha e em outras regiões. Em Portugal, por exemplo, pinturas de caverna de cerca de 15.000 a.C. ainda estão preservadas na *Gruta do Escoural,* no Vale de Côa. Outra importante evidência da vida artística primitiva são as estatuetas femininas encontradas por toda a Europa, datando de cerca de 23.000 a.C. e possivelmente relacionadas a rituais de fertilidade.

O surgimento da agricultura

A mudança do processo de simplesmente colher, moer e armazenar grãos como alimento até o desenvolvimento do cultivo foi lenta. A agricultura começou no Oriente Médio por volta de 10.000 a.C., mas só se espalhou para a Europa 3.000 anos depois. O amplo uso da agricultura no continente foi registrado pela primeira vez na Grécia, cerca de 7.000 a.C., quando surgiram os primeiros vilarejos agrícolas. Em 6.000 a.C. a agricultura se espalhara para o norte, nos Bálcãs, e para o oeste, atravessando o Mar Adriático até o sul da Itália. Por volta de 5.000 a.C. já havia agricultura em boa parte da Europa a sul do Mar Báltico e do Mar do Norte, e depois ela se desenvolveu também nessas regiões. Ao mesmo tempo, persistiram caça, pesca e coleta de mariscos e plantas selvagens.

Os crescentes rendimentos da agricultura e o desenvolvimento de ferramentas como o arado motivaram a derrubada de florestas. Após se estabelecerem, as habilidades agrícolas se difundiam, embora o ritmo às vezes fosse lento e não houvesse

AS ORIGENS DA CIVILIZAÇÃO EUROPEIA

À esquerda: O complexo sepulcral neolítico em Brú na Bóinne, Irlanda, necessitou de alto grau de organização para ser concluído.

equivalente europeu para a intensa e irrigada agricultura vista no Egito, Iraque e China. A Europa não tinha as estruturas organizacionais necessárias para criar tais sistemas, o que em parte se deve ao governo mais simples e à população menor. Apesar disso, centros rituais como as vastas e complexas tumbas do Vale do Boyne, na Irlanda, devem ter levado centenas de milhares de horas de trabalho para serem construídas. A dispersão de animais domésticos – gado, porcos, ovelhas e bodes – produzia leite, lã e puxava arados e veículos com rodas.

Evidências de estadias anuais aumentaram quando as habitações se tornaram fixas, por exemplo, nas colinas do Vale do Rio Tejo, em Portugal, por volta de

RESQUÍCIOS MEGALÍTICOS EM PORTUGAL

Dólmens são sepulcros de uma única cavidade feitos de grandes pedras (megalíticos), que ainda podem ser vistos em boa parte da Europa. O maior deles é o Anta Grande do Zambujeiro, que fica próximo a Évora, em Portugal (próximo ao Cromeleque dos Almendres, um grande conjunto oval de 95 monolitos de granito). Supostamente, ele foi construído por volta de 4000-3000 a.C. Há também câmaras sepulcrais megalíticas na região ao redor de Lisboa. Os resquícios em pedra são boas evidências arqueológicas, ao contrário de estruturas feitas de madeira ou barro. Esses sepulcros são fruto de sociedades que deixaram bem menos evidências de suas amplas atividades.

Acima: Os monolitos de granito de Cromeleque dos Almendres, em Portugal, foram erigidos por volta de 4000 a.C.

O SURGIMENTO DAS FORTIFICAÇÕES

A pesquisa arqueológica continua a prover evidências recentes dos tipos de sociedade e atividades desenvolvidas durante a Idade do Bronze. Em 2012-2013, por exemplo, foram descobertas sofisticadas fortificações da Idade do Bronze em La Bastida, no sudeste da Espanha. Eram muros de alvenaria parcialmente compondo a entrada de uma passagem e cinco sólidas torres quadradas protuberantes, apoiadas em alicerces cuidadosamente feitos para impedir o deslizamento colina abaixo, um feito considerável. Havia também uma cisterna de água. Na Idade do Ferro houve aumento no número de fortes em colinas, muitos dos quais provavelmente eram locais de refúgio e postos de defesa, onde se podia armazenar alimento. Os topos de montanha também eram visíveis uns aos outros, possibilitando o envio de mensagens.

5000 a.C. Cada vez mais esses assentamentos deixavam de ser simples habitações e tornavam-se sofisticados, como os acampamentos sobre rios, os monumentos rituais e as câmaras sepulcrais na Europa do Período Neolítico (cerca de 4.000-2000 a.C.). Centros sepulcrais eram um importante aspecto da sociedade e as relações entre gerações e a veneração (ou mesmo adoração) de ancestrais parecem ter sido importantes ao longo da Europa.

Embora a criação de assentamentos tenha sido um importante desenvolvimento, não abrangeu toda a extensão de mudança relacionada ao surgimento da agricultura. Por exemplo, no estepe eurasiano que hoje é a Rússia europeia ainda havia uma cultura mais móvel, ligada à migração sazonal em busca de pasto.

Trabalhos em metal

Entre 7000 e 5000 a.C., os povos do sudeste europeu e do oeste da Ásia descobriram um importante subproduto do fogo: o calor, que poderia ser usado para isolar metais de depósitos de minério. Metais leves, que derretiam a baixas temperaturas, foram os primeiros a serem usados, o que explica por que o cobre foi a base da tecnologia em metal antes do ferro. A longa Idade da Pedra começou a ser substituída pelas sucessivas idades de metal. Os metais ofereciam maior potência que a pedra simplesmente porque eram mais pesados e tinham penetração mais funda, requisitos importantes para se vencer um combate corpo a corpo. Eram também menos volumosos, sendo mais fáceis de usar e carregar, fator ainda mais importante porque as pessoas se moviam e lutavam em pé.

As origens da civilização europeia   27

No entanto, não houve mudanças revolucionárias. Pelo contrário, ocorreu considerável sobreposição no uso de ferramentas de pedra (inclusive armas feitas de madeira e ossos) e de cobre, de cobre e bronze, e de bronze e ferro, em vez da substituição imediata e completa de uma tecnologia por outra. Otzi, um cadáver de cerca de 3000 a.C. encontrado congelado nos Alpes europeus, tinha um machado de cobre, uma faca de pedra e um arco com flechas com ponta de pedra. Ele foi ferido (ou talvez morto) por armas como essas.

Armas de metal geralmente foram encontradas em sociedades mais complexas, especialmente quando o trabalho em metal começou a requerer diferentes recursos, necessitando do comércio e da capacidade de financiá-lo. O comércio se desenvolveu quando as pedras usadas em ferramentas agrícolas e machados começaram a ser mineradas e trocadas. Sal e âmbar eram outros dos importantes bens comercializados a longas distâncias. O comércio era particularmente importante ao longo de costas, rios e estradas nas montanhas, que ficavam acima de terras baixas, facilmente alagadas. Sepulcros individuais com ricos bens incrustados (alguns trazidos pelo comércio, sugerindo um sistema mais estratificado) eram um sinal dessas sociedades mais complexas.

Depois da Idade do Cobre (cerca de 4500-2200 a.C.) veio a Idade do Bronze (cerca de 2200-800 a.C.). Uma liga mais forte de cobre era mais efetiva para ferramentas e armas, pois conseguia manter a forma sob grande pressão. Assim, o bronze passou a substituir tanto o cobre como a pedra e o cascalho, que eram mais difíceis de moldar. O bronze requeria cobre (que geralmente tinha de ser importado, de Sardenha para a Grécia, por exemplo) e estanho. A busca de estanho levou os povos mediterrâneos a se interessarem pela Europa Atlântica, por Espanha, Portugal e oeste da França, chegando até a Grã-Bretanha. Por volta de 800 a.C., os fenícios criaram uma base comercial em Gadir (Cádiz, na Espanha) e, dali, criaram também bases em Portugal, como Abul, Alcácer, Tavira e Castro Marim. Depois vieram os gregos. Ambos levavam consigo

À esquerda: Machado de cobre que estava junto ao corpo de Otzi, um cadáver de 5.000 anos encontrado congelado nas montanhas da nevada fronteira entre Itália e Áustria.

bens mediterrâneos, incluindo vinho e tecidos. Essa troca comercial também se tornou um meio de troca tecnológica e cultural.

Houve amplo processo de desenvolvimento. Derreter o bronze era uma operação mais complexa do que usar pedras. Além do comércio, a agricultura também se expandiu em resposta à crescente população e foram criados limites de terras e campos, especialmente a partir de 2000 a.C.

Depois da Idade do Bronze, o derretimento e a forja do ferro se espalharam do oeste da Ásia para a Europa durante a Idade do Ferro. A época em que isso ocorreu varia conforme as regiões da Europa: no Mar Egeu, começou por volta de 1190 a.C., mas no norte da Europa só ocorreu por volta de 500 a.C. A produção de ferro se desenvolveu na Europa central em 1000 a.C. e depois se espalhou por toda a Europa, alcançado a Grã-Bretanha pelos anos 800 a.C. O uso de enxadas e pregos de ferro trouxe mais flexibilidade à agricultura e à construção. Áreas litorâneas eram cada vez mais desmatadas e cultivadas. Com o ferro se construíam carroças mais duráveis e se faziam melhores armas, pois o ferro é menos propenso a quebrar, especialmente quando se adiciona carbono, produzindo aço.

O surgimento da escrita

A representação da linguagem por meios gráficos surgiu de diferentes formas ao redor do mundo, com especial contraste entre os hieroglifos (escrita com desenhos) e a escrita alfabética. A escritura da linguagem veio depois da escrita dos números, e provavelmente já existia na Suméria (Mesopotâmia) e no Egito por volta de 3100 a.C. A partir dali a escrita se espalhou até a Europa, inicialmente na Grécia, e de lá variantes do alfabeto fenício foram introduzidas na atual Itália continental mais a oeste. Os sistemas numéricos italianos também foram muito influenciados pela Grécia.

Abaixo: Tábua de argila minoica de 1500 a.C., gravada com uma escrita Linear B.

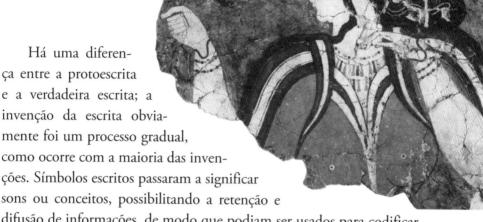

À direita: Afresco de mulher da Acrópole de Micenas, de cerca de 1300 a.C., mostra quão refinada era a sociedade micênica.

Há uma diferença entre a protoescrita e a verdadeira escrita; a invenção da escrita obviamente foi um processo gradual, como ocorre com a maioria das invenções. Símbolos escritos passaram a significar sons ou conceitos, possibilitando a retenção e difusão de informações, de modo que podiam ser usados para codificar leis. A escrita mais famosa desse período é o Linear B, usado para escrever o grego micênico. A escrita mais antiga desse tipo data de cerca de 1450 a.C. e descende do Linear A, uma escrita anterior e ainda não decifrada que representava a linguagem minoica de 2500 a 1450 a.C., usada junto com hieróglifos de Creta, datando de 2100 a 1700 a.C. Com a queda da civilização micênica, o Linear B deixou de existir e as evidências da escrita pararam por ali até que os gregos adotaram e adaptaram o alfabeto fenício.

Micenas e Minoa

Duas sociedades lideraram a Europa na Idade do Bronze: a Creta minoica e a Grécia micênica. Os comerciantes levavam mercadorias da Itália para a Grécia e para a Europa transalpina e Espanha, mas foi ao longo das costas do Mediterrâneo que surgiram as sociedades mais notáveis.

A Creta minoica era uma sociedade baseada em palácios que surgiu na Ilha de Creta por volta de 2000 a.C., usando o nome do lendário rei Minos. A civilização repentinamente desapareceu em 1450 a.C., devido a uma erupção vulcânica. Hoje, as grandes ruínas do palácio de Cnossos, com sua complexa arquitetura e detalhadas pinturas em paredes, apontam para a sofisticação da sociedade que as criou.

A cidade de Micenas, estrategicamente localizada na estrada entre os dois principais portos da Grécia, Argos e Corinto, estabeleceu-se como a principal po-

Acima: O Portão do Leão de Micenas é a única escultura remanescente da poderosa civilização que dominou o Mediterrâneo entre 1550 e 1100 a.C.

tência da península grega em cerca de 1550 a.C. A própria cidade se tornou um palácio e fortaleza, abrigando, no seu auge, mais de trinta mil pessoas. Novos assentamentos surgiram ao longo da Grécia; os elaborados sepulcros de seus líderes são apenas uma parte da riqueza que foi gerada. Movida pelo comércio, invasões e agricultura, a Grécia micênica desenvolveu linguagem escrita, complexa economia e novos estilos de arte, que foram um importante precursor para as sociedades clássicas que a seguiram.

A sociedade micênica era bem parecida com uma elite militar governando camponeses, situação comum na Europa. Havia também escravos, como em outras partes da Europa, mas sua posição social é desconhecida. Nos documentos em Linear B da Creta minoica, de cerca de 1600 a.C., são mencionados *doeros* e *doera* em Cnossos, em Creta, e no sítio micênico de Pilos, no Peloponeso, mas não se sabe ao certo se esses termos significam "escravos" homens e mulheres. Alguns são

DEUSES E MONSTROS
A Grécia micênica manteve sua fama em parte graças aos escritos de Homero, que usou sua história, especialmente a lendária história do cerco de Troia, como base para seu grande épico A Ilíada. *Com deuses caprichosos e criaturas míticas como as harpias, a Esfinge e o gigante de um olho só, Polifemo, Homero, tanto em* A Ilíada *como em* A Odisseia, *retratou o ser humano como uma das muitas forças competindo por poder neste mundo.*

citados como propriedade de pessoas vivas, mas outros, especialmente em Pilos, são descritos como pertencentes a deuses e deusas, tendo uma posição social diferente de outros escravos, pois podiam arrendar terras e pareciam viver como pessoas livres.

Essas regiões interagiam com o restante do mundo pelo sul e pelo leste, em busca das civilizações desenvolvidas do Levante, Mesopotâmia e Norte da África. Achados arqueológicos mostram evidências de contato com os assírios, egípcios, fenícios e mitanis. Também era comum o comércio com o sul da Itália. No entanto, a interação de Creta com os hititas de Anatólia, uma sociedade feudal, parece ter sido mais limitada.

A civilização micênica acabou por volta de 1100 a.C., provavelmente após uma invasão dos "Povos do Mar". Não se sabe muito sobre o processo da invasão nem sobre esse período, muito menos sobre a identidade e origem dos invasores. Um colapso mais amplo das civilizações a leste do Mediterrâneo ocorreu em cerca de 1200 a.C. Poderosas culturas, como o império hitita (na atual Turquia) e as proeminentes cidades de Síria e Canaã, caíram. As crises foram motivadas por uma combinação de invasão externa, rebelião interna e possíveis catástrofes ambientais, como erupções vulcânicas, que levaram à interrupção do comércio internacional e das hierarquias de estado.

O final da Idade do Bronze chegou com violentas reviravoltas. O período que se seguiu é descrito como a Idade Negra Grega. Só mais de 500 anos depois outra civilização surgiu na Europa com o mesmo poder e prestígio dos micênicos, a qual veio com a renovação da cultura grega.

Acima: Estatueta de bronze dos nurágicos da Ilha de Sardenha, um dos povos que se acredita terem sido os misteriosos "Povos do Mar" que contribuíram para as reviravoltas do final dos anos 1200 a.C.

À esquerda: Vaso de cerca de 1200 a.C. mostra guerreiros micênicos marchando para a batalha.

CAPÍTULO 2
O Mundo Clássico

CAPÍTULO 2
O Mundo Clássico
500 a.C.-500 d.C.

O legado do mundo clássico para a história moderna da Europa é mais marcante que o deixado por períodos anteriores. Mas nem todo o mundo clássico deixou uma influência duradoura, apenas Grécia e Roma. A princípio, elas eram potências menores comparadas aos impérios do Egito e Oriente Médio. No entanto, os gregos e principalmente os romanos sucessivamente se tornaram potências no desenvolvimento da civilização ocidental, que tornou-se mais voltada para Grécia e Roma do que para Mesopotâmia e Egito, fato importante para a linhagem e identidade da cultura europeia.

O ataque persa e a Grécia Antiga

Não é clara a ligação entre a Grécia micênica e o que veio depois. Houve uma "Idade Negra" de 1100 a 800 a.C. As evidências arqueológicas do período são limitadas, mas o ressurgimento da escrita em 800 a.C. foi ligado ao surgimento de cidades-estados, especialmente no mundo grego, mas também entre os etruscos no norte e centro da Itália.

As cidades-estados eram cidades individuais que dominavam suas regiões, variando em importância. Esparta e Corinto eram protagonistas na Grécia, bem como Atenas (a partir de 480 a.C.), que aproveitava as abundantes minas de prata para construir uma

À direita: A cidade-estado de Corinto era uma das mais ricas e poderosas do mundo grego antigo.

À esquerda: Figura votiva de um soldado de Esparta. Os exércitos gregos da época dependiam de cidadãos-soldados, chamados de "hoplitas", para lutar suas batalhas.

Páginas anteriores: Coliseu de Roma, construído entre 72 e 80 d.C.

grande frota. O comércio era essencial para a cidade-estado, especialmente na região que produzia alimentos para ela, mas também fora dela. Milícias de cidadãos eram o braço militar dessas cidades-estados. Cidadãos-soldados, chamados de "hoplitas" – infantaria que lutava em formações de falange em batalhas acirradas e provendo forças de disciplina – ajudavam a resolver disputas entre cidades-estados rapidamente, de forma que a vida agrícola pudesse ser retomada.

O extenso Império Persa, que surgiu por volta de 600 a.C., construiu uma formidável marinha que se tornou uma potência no Mar Egeu. Após conquistar cidades gregas da Jônia, no litoral leste do Egeu, em 546-545 a.C., os persas reagiram a uma rebelião em 499 a.C., arrasando-a em 494 a.C. e voltando-se contra toda a Grécia. A essa altura, os persas já eram uma potência nos Bálcãs. Dario I (522-486 a.C.), um ativo expansionista, invadira a Trácia em 513 a.C. e conquistara as terras ao sul do Rio Danúbio, na costa da atual Bulgária. Navegando pelo Danúbio, ele descobriu que os citas eram um desafio muito maior, pois usavam a clássica técnica da guerrilha nômade: em vez de partir para o conflito, destruíam comida e poços. Dario se retirou e passou a atacar a sudoeste conquistando cidades gregas da costa norte do Mar Egeu e tornando vassalo o reino de Macedon (Macedônia).

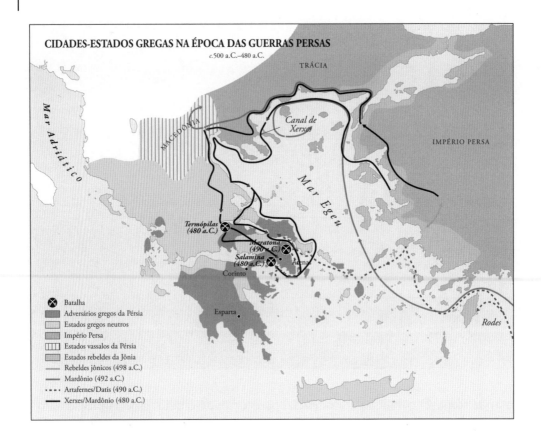

Acima: O Mar Egeu se tornou o centro de um épico conflito entre o Império Persa e muitas cidades-estados gregas. Essa contenda estabeleceu um limite para ambas e colaborou para a longa tensão entre a futura Europa e os impérios do leste. Alexandre, o Grande, pôs fim ao conflito.

Em resposta à revolta jônica, Dario decidiu punir suas apoiadoras Atenas e Erétria (na Ilha de Eubeia). Em 490 a.C., um exército anfíbio destruiu Erétria antes de desembarcar em Maratona, na Ática (região de Atenas). No entanto, a rápida reação de Atenas derrotou esse exército. A Batalha de Maratona se tornou crucial para a ideia ateniense de seu destino especial.

Em 480 a.C., um poderoso exército persa liderado pelo rei Xerxes atravessou Hellespont (Dardanelos) com uma ponte de barcos e se moveu para o sul, na Grécia. Essa campanha foi central para decidir o destino da Europa. A conquista persa do Egito em 525 a.C., liderada por Cambises II, já mostrara que não havia limites para a extensão do Império Persa. Além da conquista da Jônia, essa campanha demonstrou que o conceito geográfico de continentes não determinava o tamanho dos impérios nem seus limites políticos. Isso ficou ainda mais claro em 480 a.C., quando muitos estados gregos permaneceram neutros (e Tessália e Beócia se aliaram a Xerxes). Então, Atenas tornou-se o centro da resistência ao norte do Peloponeso. A tentativa de proteger Termópilas contra o avanço persa foi suplantada e os gregos se retiraram, deixando para trás uma pequena retaguarda composta principalmente por espartanos que lutaram até a morte.

Os persas conquistaram Atenas, mas em 480 a.C. sua marinha foi derrotada em Salamina, quando os atenienses usaram o trirreme, um navio de guerra particularmente efetivo. Depois da Batalha de Salamina, Xerxes e parte de seu exército retornaram à Ásia e seu genro Mardônio ficou com o restante do exército. Em 479 a.C., em Plateia, o exército persa foi derrotado por uma aliança de cidades-estados gregas (Atenas, Corinto e Esparta) e sua frota também foi derrotada pelos gregos em Cabo Mícale. Como resultado, os persas perderam o controle de áreas da Grécia que haviam conquistado no ano anterior. Assim, os persas se retiraram para a Ásia Menor e os gregos os expulsaram da Trácia, de Dardanelos e da Jônia.

Depois desses conflitos, as poderosas cidades de Esparta e Atenas formaram ligas de cidades. Atenas liderava a Liga Delos, fundada em 478

Abaixo: Relevo decorativo da Batalha de Maratona, cerca de 200 a.C. Uma das maiores vitórias de Atenas contra os invasores persas, essa batalha foi um ponto de virada na guerra.

Acima: A cidade de Atenas passou boa parte dos anos 500 a.C. competindo com sua rival, Esparta.

GUERRAS DA ANTIGA GRÉCIA

- 499-479 a.C. – Guerras persas
- 499 a.C. – Revolta Jônica
- 490 a.C. – Batalha de Maratona
- 480 a.C. – Batalha de Termópilas e Batalha de Salamina
- 479 a.C. – O exército persa é derrotado em Plateia
- 431-404 a.C. – Guerra do Peloponeso
- 415-413 a.C. – Expedição ateniense à Sicília
- 371 a.C. – Tebas derrota Esparta na Batalha de Leuctra
- 359-336 a.C. – Reinado de Filipe II, da Macedônia
- 357 a.C. – Macedônia derrota a Ilíria
- 353-352 a.C. – Macedônia invade Tessália
- 337 a.C. – Criação da Liga de Corinto
- 336 a.C. – Assassinato de Filipe II e coroação de Alexandre, o Grande
- 333 a.C. – Batalha de Isso
- 331 a.C. – Batalha de Gaugamela
- 323 a.C. – Morte de Alexandre, o Grande

a.C., com sua tesouraria na Ilha de Delos. Mesmo assim, Esparta e Atenas não conseguiram transformar essas ligas em impérios duradouros e a competição entre as duas ligas levou à Guerra do Peloponeso (431-404 a.C.). Por muitos anos nenhum lado conseguiu prevalecer, visto que Esparta era superior em terra, mas Atenas dominava no mar. Os exércitos espartanos avançaram contra Atenas e os atenienses se abrigaram dentro dos muros da cidade. Entretanto, em 415 a.C., Atenas imprudentemente enviou uma expedição a Siracusa, na Sicília, e, após ser totalmente derrotada em 413 a.C., rendeu-se. A *História da Guerra do Peloponeso*, de Tucídides, que relata esse conflito, é uma das primeiras grandes obras históricas.

Após a derrota de Atenas, houve contínua desunião na Grécia. Esparta era a principal potência, até que foi derrotada pelas tropas da cidade-estado de Tebas em Leuctra, em 371 a.C. Em 338 a.C., as cidades-estados gregas divididas foram derrotadas em Queroneia pela nova potência imperial, a Macedônia, que pôs fim a sua autonomia. A Macedônia, ao norte da Grécia, fazia parte do mundo grego que, assim como o reino de Épiro no noroeste, era considerada bárbara por muitos

O MUNDO CLÁSSICO   39

gregos. Diferentemente da Grécia Clássica, a Macedônia era um reino, e não várias cidades-estados. Filipe II da Macedônia (que reinou de 359-336 a.C.) foi a figura central no crescimento da Macedônia. Sua técnica militar era crucial e ele estava focado em remodelar o exército, notavelmente introduzindo a *sarissa*, uma lança muito longa usada pelas falanges de infantaria. O longo conflito levou à vitória de Filipe sobre os ilíricos (357 a.C.) e sobre as tentativas atenienses de controlar o litoral do norte da Grécia (359-354 a.C.). Invadindo a Tessália em 353-352 a.C., Filipe equilibrou seus esforços entre intervir ao sul, na Grécia, e intervir ao norte e oeste, contra os trácios da atual Bulgária (342 a.C.). Depois da vitória em Queroneia em 2 de agosto de 338 a.C., Filipe criou e liderou a Liga de Corinto, uma liga grega criada para ser a base para invadirem a Pérsia, façanha realizada pelo filho de Filipe, Alexandre.

Enquanto isso, a Grécia desenvolveu importantes modelos de organização política, com diferentes sistemas governamentais. Assim como a cultura grega como um todo, eram fundamentados na vida urbana. A *polis,* ou cidade autônoma, era sua unidade basal. O renomado filósofo grego Aristóteles (384-322 a.C.) afirmava que a busca da cultura e virtude pública era possível nas cidades-estados. Como expressão de identidade, as cidades gregas construíram impressionantes edifícios públicos, como o Partenon em Atenas, obra iniciada em 448 a.C.

Muitas cidades eram governadas por ditadores, chamados tiranos. Altamente militarizada, Esparta tinha reis, mas seu poder era limitado. Outras cidades, especialmente Atenas, se apoiavam na democracia, na forma de votos de homens adultos livres, modelo que se manteve na Roma republicana. Embora houvesse um eleitorado relativamente grande, mulheres e escravos não tinham direito a voto. Áreas rurais eram controladas pelas cidades e a vida rural era considerada menos civilizada. As desavenças e desunião entre as cidades-estados bem se enquadravam na ilustração grega de seus deuses, sempre em conflito.

A variedade e complexidade da cultura grega é facilmente ilustrada ao se comparar a escravidão com o teatro, ligado aos dramatur-

À direita: Filipe II da Macedônia, general militar e governante respeitado, estabeleceu as bases do poder macedônio na península.

MAGNA GRAECIA

Os colonizadores gregos não ficaram apenas na atual Grécia e na costa do Mar Egeu da atual Turquia. As cidades-estados independentes da Magna Graecia (Grécia Maior) se estabeleceram ao longo das costas da Sicília (a partir de 734 a.C.) e do sul da Itália. Esses colonos provavelmente foram afetados pela sobrecarga populacional na Grécia e buscavam novas oportunidades, processo que mais tarde foi visto de forma bem diferente com os vikings. As cidades-estados espalharam a cultura grega para o oeste, como reflexo da importância das ligações comerciais marítimas. As ruínas de várias cidades – como Agrigento, Segesta, Selinus e Siracusa na Sicília, e Pesto, Metaponto e Policoro no sul da Itália – ainda são muito impressionantes. Comparada a esses assentamentos, Roma deve ter parecido primitiva. Não obstante, Roma conquistou o sul da Itália em 250 a.C. e partiu para conquistar a Grécia e a cidade-estado grega de Massilia (Marselha), que fora fundada por volta de 600 a.C. Consequentemente, as rotas comerciais gregas se tornaram parte do mundo romano.

Acima: Dois templos de Hera em Pesto, na costa oeste do sul da Itália, faziam parte da Magna Graecia.

gos Ésquilo, Eurípedes e Sófocles. A caracterização foi desenvolvida por esses escritores, que mostravam forte habilidade de inovar e ir além de uma identidade religiosa em seu drama. A arquitetura e a escultura foram outros desenvolvimentos culturais significativos. Ambas tiveram ampla influência e foram um elemento chave para a autoimagem ocidental. A arquitetura grega era focada na religião, com a edificação de grandes templos de pedra, como o Partenon em Atenas e o Templo de Concórdia em Agrigento, Sicília. Boas representações da figura humana eram produzidas em esculturas de mármore.

De 900 a.C. a 480 a.C., a influência grega se expandiu com o estabelecimento de colônias, devido a suas ligações marítimas tanto no Mar Negro (700 a 480 a.C.) quanto no oeste do Mediterrâneo (900 a 480 a.C.). Bizâncio (atual Istambul) foi fundada por volta de 660 a.C. e era uma das muitas colônias que fazia parte da rota do Mar Negro até o Mar Egeu. Ao contrário da posterior colonização e assentamento viking ao longo de rios russos, não houve colonização ao longo de rios como Rhône, Danúbio e Dnieper.

Os gregos comercializavam obras de metal das colônias costeiras e alcançavam os povos do interior, como os citas do sul da Rússia. O caminho que esses bens percorriam foi esquematizado em ruínas de sepulcros, especialmente celtas (a partir de 600 a.C.) e citas. Em troca, os gregos obtinham matérias-primas como âmbar e alimentos, e Atenas se tornou dependente do cereal do Mar Negro.

A influência de Alexandre, o Grande

Em 356 a.C. nasceu o homem que seria conhecido como Alexandre, o Grande. Seu pai, Filipe II da Macedônia, unificara as cidades-estados gregas e criara uma formidável potência no Mediterrâneo. Depois do assassinato de Filipe em 336 a.C., Alexandre assumiu o trono, determinado a expandir as conquistas de seu pai. A maior ameaça que os gregos ainda enfrentavam era o Império Persa. Buscando trazer segurança, Alexandre invadiu a Ásia Menor (atual Turquia) em 334 a.C., e venceu a batalha contra um grande exército em Isso (333 a.C.). Após seu sucesso, ele se voltou para o sul para conquistar Síria e Egito, e depois foi para o leste, onde massacrou Dario em Gaugamela (atual Iraque, 331 a.C.). Por fim, atravessou o atual Irã e o Afeganistão até chegar ao subcontinente indiano. Alexandre morreu na Babilônia em 323 a.C. com apenas 32 anos.

Depois de Alexandre veio uma série de generais beligerantes do período helenístico. Os conflitos que aconteceram a partir de 321 a.C. geraram três reinos rivais: a Macedônia (governada pelos antigônidas de 306 a 168 a.C.), o Egito (governado pelos ptolomeus) e Síria, Iraque, Pérsia e sul da Turquia (governados pelos selêucidas).

Como resultado da vitória de Alexandre sobre o Império Persa, não havia mais ameaças à Grécia vindas do leste, assim a cultura grega se espalhou para grandes partes da Ásia e do Egito. A essa altura, não fazia sentido pensar em "Europa" e seus limites.

O domínio da Macedônia na Grécia logo foi desafiado pelos estados gregos independentes, que criaram ligas como a Liga Etólia e a Liga da Acaia, que conquistaram Corinto em 243 a.C., Atenas e Esparta também faziam parte dos estados independentes, mas a Macedônia continuou sendo a principal potência. A desunião grega foi a oportunidade que Roma precisava para conquistar a Grécia em 148-146 a.C., conquista demonstrada mais claramente no brutal saque de Corinto em 146 a.C.

Os etruscos

Antes de Roma se tornar a principal potência da Península italiana, os etruscos eram os mais poderosos da região. Eles viviam em uma confederação de cidades-estados efetiva, a Etrúria (atual Toscana, no centro-norte da Itália). Os etruscos passaram a dominar o centro da Itália nos anos 700 a.C. e seu poder chegou ao auge em 530 a.C., quando expandiram a nação até o Vale do Pó. Eles também se estabeleceram em Campânia, nos arredores de Nápoles. Os etruscos sobreviviam da agricultura, do cobre e das minas de ferro, e inicialmente os romanos dependiam muito da impressionante habilidade etrusca de forjar o ferro, construir arcos e produzir retratos. Seus sepulcros e as pinturas neles são impressionantes, mas a falta de registros literários faz com que sejam um povo pouco conhecido, o que também acontece com boa parte da história europeia primitiva.

Em 524 a.C., os etruscos foram expulsos de Cumas, cidade grega próxima de Nápoles. No entanto, seu inimigo fatal foi Roma. Em 396 a.C., Veios, uma das doze cidades da Liga Etrusca, foi conquistada por Roma. O sul da Etrúria foi con-

Abaixo: O mosaico retrata Alexandre, o Grande (à esquerda), lutando contra Dario I na Batalha de Isso, em 333 a.C.

Acima: A Tumba dos Leopardos (cerca de 450 a.C.) fazia parte da grande Necrópole de Monterozzi etrusca, no leste da Tarquínia, na Itália.

quistado pelos romanos em 350 a.C., e a nação toda foi conquistada em 260 a.C. Assim, a língua e cultura etrusca caíram em desuso, sendo absorvidas pela língua e cultura romanas.

O início da história de Roma

Supostamente fundada em 753 a.C. pelos gêmeos Rômulo e Remo, que foram abandonados, mas resgatados e amamentados por uma loba, o relato das origens de Roma é uma lenda útil, e não uma história real. De fato, Roma provavelmente foi um vilarejo por pelo menos um século antes. Era governada por reis até que o rei Tarquínio, aparentemente um opressor brutal, foi expulso pelos nobres, que criaram uma república em 509 a.C. As guerras pela sobrevivência acabaram se tornando guerras por expansão.

Ao mesmo tempo, os romanos adotaram a política de concretizar sua expansão concedendo cidadania aos povos ocupados, ganhando aliados e estabelecendo colônias de cidadãos romanos. Após se tornar a mais poderosa das cidades-estados italianas (ou latinas), como resultado de uma série de conflitos que terminaram em 338 a.C., os romanos buscaram derrotar outros povos da Itália central, especialmente os samnitas, que finalmente foram derrotados em 290 a.C., depois das guerras de 343-341 a.C., 326-304 a.C. e 298-290 a.C. Os ganhos dessas guerras foram consolidados estabelecendo-se colônias de cidadãos latinos.

Cedo ou tarde, Roma unificou a Península italiana em longas e incansáveis campanhas, como a resistência aos ataques celtas no norte e à invasão de Pirro, rei de Epiro na Grécia, que lutava a favor das colônias gregas na Itália. Pirro era um bom general, em cujo exército havia elefantes. A princípio bem-sucedido, ele acabou sendo derrotado por Roma em 275 a.C., voltando para Epiro. Seu reinado (307-272 a.C.) mais uma vez demonstrou o quanto o mar, nesse caso o Mar Adriático, era um meio de poder e atividade, mais do que um obstáculo à expansão. Os celtas do norte da Itália foram derrotados pelos romanos em 224-222 a.C., pondo fim às rebeliões. Assim, os romanos avançaram para o sul da Gália (França)

Abaixo: Afresco de soldados samnitas dos anos 400 a.C. Os samnitas vieram das montanhas do centro-sul da Itália e foram derrotados pelos romanos em 290 a.C.

em 125-121 a.C. Tal como o mar, as cordilheiras, no caso os Alpes, também não eram consideradas limites. Roma era a Esparta da Itália: belicosa e escolhendo líderes belicosos. Júlio César foi produto-mor dessa sociedade.

As Guerras Púnicas

Roma se tornou uma grande potência como resultado de sucessivas vitórias nas três Guerras Púnicas contra a cidade de Cartago, cujo império era próximo da atual Tunis [capital da Tunísia], e que governava a Sardenha, Sicília, partes do sul e leste da Espanha e boa parte da atual Tunísia. A extensão do Império Cartaginense, as colônias gregas da Jônia (na costa turca do Mar Egeu) e a expansão de Roma mostram o quanto a Europa daquela época não era uma unidade, muito menos em termos geográficos. Ao contrário, suas fronteiras surgiam ao acaso, como resultado de guerras e colonizações.

A Primeira Guerra Púnica (264-241 a.C.) disputava o controle da Sicília, que era, como a maioria da Europa, uma unidade geográfica e não política. Os

Abaixo: Na Batalha de Zama, em 202 a.C., o general romano Cipião derrotou as forças de Aníbal e pôs fim à Segunda Guerra Púnica.

romanos venceram após árduo confronto em que precisaram aprender a ser uma potência naval, vencendo a grande batalha do Cabo Ecnomo em 256 a.C. Futuramente a Sicília seria um grande fornecedor de cereais para Roma (fontes seguras de cereais eram cruciais para estabilidade, domínio e expressão de poder). Depois dessa guerra, Roma também conseguiu o controle da Sardenha. Logo, a Primeira Guerra Púnica tornou Roma ainda mais dominante na Itália continental.

A Segunda Guerra Púnica (218-201 a.C.) é famosa pela marcha do líder cartaginense, general Aníbal (247-183 a.C.), da Espanha para os Alpes e sul da França, invadindo a Itália. Embora tenha sido brilhantemente bem-sucedido (especialmente em Canas, em 216 a.C., onde suas forças dizimaram cinquenta mil romanos), Aníbal não conseguiu eliminar Roma na guerra. Levando a guerra até o Norte da África, os romanos forçaram Cartago a se render.

A vitória romana estabeleceu seu domínio no oeste do Mediterrâneo e no leste e sul da Espanha, que se tornaram importantes fontes de minerais e alimento para o Império Romano. A partir desse ponto, Roma não teve mais adversários com território tão extenso, o que fez com que fosse capaz de priorizar e direcionar seus recursos contra seus oponentes e assim ditar o passo estratégico.

O fim da república

Após derrotar Aníbal, os romanos continuaram avançando. Em 30 d.C., eles já haviam assumido o controle do leste do Mediterrâneo, Egito, Gália (França) e Espanha, em seguida anexaram boa parte da Grã-Bretanha e dos Bálcãs por volta de 100 d.C., especialmente a Trácia em 45 d.C. O Egito era uma das principais fontes de cereais

À direita: Júlio César liderou a conquista da Gália nos anos 100 a.C. e seus escritos se tornaram uma das principais fontes para o entendimento da história militar de Roma.

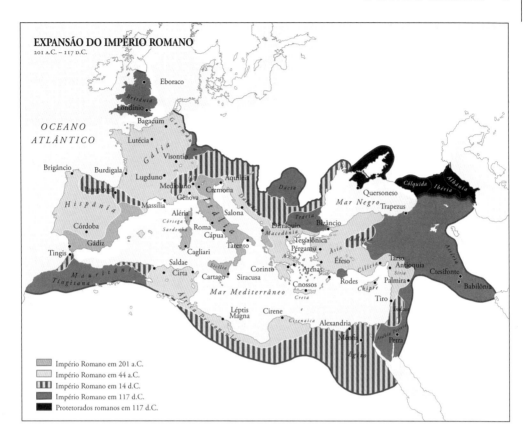

Acima: Nunca houve um império desse tamanho na Europa. O Império Romano deixou um impacto cultural e político duradouro, mas conquistou sua expansão com dificuldade e a manteve às custas de contínua vigilância.

para Roma. Júlio César foi a figura central na conquista da Gália a partir de 58 a.C., dramaticamente vencendo o líder tribal celta Vercingetórix, seu principal oponente, em 52 a.C. ao cercá-lo com sucesso na cidade montanhesa de Alésia. A obra de César, *Guerras Gálicas,* é uma das principais fontes da história militar romana.

No entanto, esse processo, incluindo a conquista de César da Gália, não foi nada fácil. Na Ibéria, por exemplo, os romanos descobriram que havia uma enorme diferença entre derrubar outra potência imperial estrangeira, como Cartago, e subjugar o resto da Ibéria. Cartago era mais vulnerável ao ataque e mais focado em cidades, principalmente portos, que podiam ser cercados e seus recursos atacados. Contudo, no resto da Ibéria os alvos eram bem mais difusos e isso ajuda a explicar por que os romanos demoraram tanto para conquistar Espanha e Portugal, onde a resistência persistiu até 17 a.C.

Outros eventos também foram importantes, especialmente a série de guerras contra a Macedônia (214-205 a.C., 200-197 a.C., 171-168 a.C., 150-148 a.C.), em que Roma passou a controlar Macedônia e Grécia, mas se desgastou muito até o final de 148 a.C. As vitórias romanas em Cinoscéfalos (197 a.C.) e principalmente em Pidna (168 a.C.) foram cruciais porém acirradas, e não se sabe ao certo se a legião romana era de fato superior às falanges, como afirmava o historiador grego naturalizado romano Políbio. Essa afirmação era basicamente uma propaganda romana que visava desencorajar outras revoltas gregas. Os gregos diziam que os romanos tiveram sorte mas, de fato, Roma tinha um exército maior, mais recursos, mais força de vontade e organização.

Enquanto isso, pressões internas em Roma foram levando à queda da república. Grandes comandantes militares usaram seu poder para dominar Roma, desde Marius e Sula em 80 a.C. até Pompeu e Júlio César. A mistura entre política e exército foi um sério problema para a república. Políticos ambiciosos como César buscaram o comando militar das fronteiras, depois tentaram direcionar recursos para suas campanhas, como Napoleão fez tempos mais tarde na França revolucionária de 1790. Em 49-46 a.C., uma guerra civil entre César e Pompeu, que se dizia líder do senado, levou à derrota e morte de Pompeu.

César tentou mudar a república. Apesar de ser um aristocrata por nascimento e criação, César era um líder *popularis*, membro do grupo político que obtinha seu

Abaixo: Pintura do século XVIII retrata a entrada triunfal de Pompeu em Roma em 61 a.C.

maior apoio do povo comum de Roma. Uma conspiração levou a seu assassinato em Roma (nos Idos de Março, 15 de março de 44 a.C.) e depois a uma guerra civil, na qual um triunvirato de apoiadores de César finalmente derrotou os conspiradores em Filipos, na Grécia, em 42 a.C. O triunvirato – do qual fazia parte o herdeiro de César, Otaviano, e o político e general Marco Antônio – entrou em conflito interno e Otaviano saiu vencedor em 30 a.C.

Marco Antônio aliou-se a Cleópatra, que governava o Egito e se tornou sua amante. A resistência ao governo de Otaviano acabou quando Marco Antônio foi fatalmente derrotado em uma grande batalha naval em Áccio, em 31 a.C. Após sua vitória, Otaviano assumiu o título de Augusto e se estabeleceu como imperador. Aproveitando a vantagem, ele cercou o Egito em 30 a.C. e alegou ter finalmente trazido paz a Roma.

O sistema romano

O sistema romano estava fundamentado na ideia de cidadania. Ser cidadão era a base da igualdade entre as pessoas. Contudo, assim como na Grã-Bretanha do século XIX, a situação era muito diferente entre ricos e pobres, homens e mulheres, pais e filhos, filhos mais velhos e outros. Pequenos proprietários de terra, por exemplo, eram cidadãos, não escravos, mas estavam em má situação econômica e tinham de pagar aluguéis e impostos, muitas vezes tornando-se servos (camponeses com poucos direitos). Por outro lado, grandes proprietários de terras estavam em uma situação muito melhor. A fim de trazer estabilidade e recrutar pessoas para o exército, no primeiro século a.C. a cidadania logo se estendeu a todos os homens italianos adultos e, em 212 d.C., a todos os homens que não eram escravos.

O império enviava produtos para a cidade de Roma e seus arredores e, com um sistema de livre comércio sem precedentes na Europa até décadas recentes, beneficiou-se das economias de escala e da difusão de novos bens e melhores práticas. Após suas conquistas, os romanos estabeleciam grandes propriedades agrícolas e desenvolviam a viticultura (produção de vinho) e o cultivo de cereais, oliveiras e vinhas. Eles também buscaram desenvolver e expandir a produção de minerais e metais, como prata e latão na Espanha e Grã-Bretanha.

A civilização romana era uma cultura urbana, com formas de organização, e foram fundando cidades por todo o mundo romano. Muitas delas duram até hoje, como Colônia [na Alemanha], Lisboa e Londres. A comunicação era um elemento chave. Grandes rotas de navegação tinham portos impressionantes, como Lisboa,

METAIS PRECIOSOS

Escavações arqueológicas recentes expandiram muito nosso conhecimento da produção mineral romana. Em 2014, grandes minas de ouro do primeiro século a.C. foram encontradas em Las Médulas, no noroeste da Espanha. Acredita-se que uma delas tenha sido a maior mina de ouro do mundo romano. Nela se usavam sistemas hidráulicos para trazer água com alta pressão ao local de processamento. Em 2017, arqueólogos que escavavam a cidade de Munigua, no sul da Espanha, encontraram uma grande mina de cobre e ferro que usava galerias subterrâneas ventiladas para que os mineradores pudessem ir cada vez mais fundo na busca de depósitos de minério. Outros povos, especialmente os cartaginenses, já haviam utilizado minas no passado, mas os romanos alcançaram alta produtividade nelas.

À esquerda: As ruínas da cidade de Munigua, no sul da Espanha, revelam um surpreendente complexo de minas romano

Londres e Óstia (perto de Roma). As cidades geralmente eram construídas em intersecções de estradas, como Braga, em Portugal.

As cidades levavam à romanização porque era para lá que a riqueza gerada nos campos era transferida pelos impostos, alugueis e consumo. Os proprietários de terra costumavam viver nas cidades, onde se usavam vestes romanas e língua latina. Aquedutos traziam água para as cidades. Escavações arqueológicas recentes continuam encontrando evidências de romanização, como um grande palácio romano do quarto século em Córdoba, Espanha, e há sítios que só foram escavados parcialmente, como em Portugal.

Acima: O aqueduto romano "Pont del Diable", em Tarragona, Espanha, remonta ao reinado do imperador Augusto.

A romanização era muito menor em áreas montanhosas e distantes das cidades, onde a economia era mais uma questão de subsistência e agricultura pastoral, como no noroeste da Espanha. Nessas áreas, as práticas pagãs pré-romanas tendiam a persistir.

Além do mundo romano

Sociedades de guerreiros dominavam o mundo ao norte do Império Romano. A expansão de grupos indo-europeus migrando há gerações (pelo menos desde 2000 a.C.) afetou grandemente a Europa. O crescente conhecimento arqueológico mostra que os povos celtas do primeiro milênio a.C. foram um grupo diferente de seus antecessores. Eles surgiram no sul da Alemanha por volta de 800 a.C. e se espalharam por boa parte da França, de onde se espalharam ainda mais. Após cruzar os Montes Pirineus até a Espanha, os celtas foram até Portugal em cerca de 700 a.C., onde construíram vilarejos fortificados nas montanhas, as *citânias*, como a Citânia de Briteiros, que ficou inabitada a partir de 300 a.C. Protegida por muros e sustentada por um sistema de distribuição de água, ela continha mais de 150 casas de pedra unidas por caminhos pavimentados.

Os celtas atacaram Roma, saqueando-a em 390 a.C. e ocuparam o norte da Itália, o qual os romanos chamaram de Gália Cisalpina, isto é, "Gália deste lado dos Alpes". Os celtas também atacaram a Macedônia, derrotando-a em 281 a.C., invadiram a Grécia em 279 a.C., mas acabaram sendo derrotados pela Macedônia em Lisimáquia, na Trácia, em 277 a.C. Esse foi um importante evento na história da Europa, mas tende a ser menosprezado devido a uma relativa negligência relacionada à história dos Bálcãs.

A extensão da influência celta pode ser um tema controverso. Vestígios da presença, cultura e civilização celta, por exemplo, foram encontrados no sul da Inglaterra, mas não se sabe o quanto disso se deve a uma extensa migração, ou uma imigração mais limitada, ou ao comércio. É provável que tenha havido influência dos três fatores. As sociedades celtas tinham "proto-cidades" (assentamentos maiores e mais complexos), moedas e "estados" tribais, com padrões de liderança de organização tribal e população de dezenas de milhares, embora sem atividade governamental sofisticada. Os celtas eram dominantes em boa parte da Europa, mas foram expulsos da atual Romênia por seus habitantes, os dácios, no segundo

Abaixo: Citânia de Briteiros era um assentamento celta no norte de Portugal.

século a.C., ao passo que várias tribos celtas foram subjugadas pelos romanos no norte da Itália, Espanha, Portugal, França e Inglaterra.

Fora do controle romano, os povos germânicos eram um grupo etnolinguístico europeu que parece ter surgido no sul da Escandinávia durante a Idade do Bronze Nórdica, em 1700-500 a.C., antes de ir para o sul por causa dos celtas e também ter um confronto com os romanos. Isso ocorreu de forma mais marcante em 102-101 a.C., quando os cimbros e os teutóes invadiram o sul da França e o norte da Itália, mas acabaram sendo derrotados ali e depois nas fronteiras do Danúbio e do Reno, onde a derrota foi maior. Outras tribos germânicas foram para o leste europeu.

Acima: Esse anel de ouro do quarto século a.C. demonstra o talento celta no trabalho com metal.

A partir do quarto século, essas tribos foram afetadas por invasores do interior da Ásia, como os hunos, que empurraram os ostrogodos e visigodos (as principais tribos germânicas) para o oeste em 376. Esse processo é relativamente obscuro, interagindo com a complexidade da relação entre Roma e as tribos germânicas, e com os povos que viviam ao norte do Império Romano, considerados "bárbaros" pelos romanos, apesar de serem parcialmente romanizados devido ao contato com eles. Isso fica evidente pela forma com que os visigodos e outras tribos germânicas inicialmente faziam parte das unidades militares romanas, antes de se voltarem contra os romanos, em parte porque Roma não sabia como lidar com eles. A busca de terras foi um fator importante, especialmente quando os vândalos, suevos e alanos cruzaram o Rio Reno congelado em 406. Outro fator impor-

COMÉRCIO

O comércio é um aspecto bastante distinto do mundo fora de Roma. Os romanos tinham intenso comércio dentro do império, ajudado pelo fato de terem leis, uma única moeda, boa comunicação e apoio. Eles também comercializavam fora do império na Europa, África e Ásia. Os principais bens importados pela Europa eram escravos e o âmbar do Mar Báltico. Na Ásia, os romanos comercializavam ao longo da Rota da Seda e do Mar Vermelho.

Acima: Augusto é conhecido como o primeiro imperador romano, mas na prática seu governo se manteve nos moldes da república.

O MUNDO CLÁSSICO   55

tante foi a pressão dos hunos, constantemente em movimento. Após massacrar os alanos até o norte do Cáucaso em cerca de 370, os hunos avançaram para o oeste liderados por Átila (que reinou de 444-453), invadindo Itália e França.

Augusto e os primeiros imperadores

Augusto não tinha palácio, nem corte, nem regalias. O maquinário da república continuava em vigor e seu comando militar era limitado em tempo e espaço. Sua posição e popularidade eram únicas, mas isso não fazia dele um "imperador". De fato, chamar Augusto de imperador é antecipar o sistema que seus sucessores criaram.

Augusto teve de abrir mão de algumas coisas. A maior parte do oeste da Alemanha foi conquistada a partir de 12 a.C., mas uma grande derrota na Floresta de Teutoburgo em 9 a.C. levou à perda de três legiões, ao abandono da região e à retirada para a fronteira do Reno. Por outro lado, o estabelecimento das províncias da Mésia, Récia, Nórica e Panônia em 9 d.C. marcaram um avanço até o Danúbio, que se tornou uma fronteira.

Os sucessores de Augusto não mantiveram a estabilidade duradoura, em parte devido a divisões dentro das famílias governantes e a inadequações dos sucessores, especialmente Calígula (que reinou de 37-41 d.C.), que era louco ou se comportava de tal forma que seus críticos o consideravam louco. Ele introduziu práticas de corte helenísticas que favoreciam a autocracia, e foi assassinado. A Guarda Pretoriana (os guarda-costas imperiais) forçou o senado a reconhecer Cláudio (que reinou de 41-54 d.C.) como imperador, em vez de restaurar a república. Cláudio inva-

À direita: Nero foi um dos imperadores romanos mais infames, conhecido por seu governo tirano e devasso.

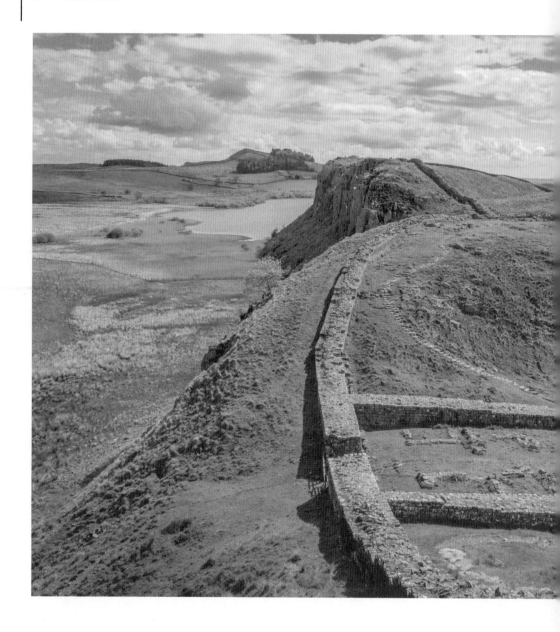

diu a Grã-Bretanha em 43 d.C. para obter reputação militar e ser popular entre as legiões romanas.

As divisões interagiam com tensões na elite governante, que envolviam diferenças ideológicas, rivalidades por afinidade, coligações dentro da família governante e para fazer parte dela, e problemas políticos. Isso sem contar o duradouro problema do controle militar. O desejo do governo de monopolizar o poder e insistir em um controle central estrito naturalmente entrou em conflito com unidades de fronteira autônomas, cujos comandantes poderiam se candidatar ao poder.

O MUNDO CLÁSSICO   57

À esquerda: A Muralha de Adriano se estendia por 117,5 km ao longo da fronteira norte da Bretanha Romana.

Isso ficou claro em 68-69 d.C., quando a impopularidade do instável Nero (que reinou de 54-68 d.C.) levou a sua morte, e quatro comandantes disputaram a oportunidade de reinar. O vencedor foi Vespasiano (que reinou de 69-79 d.C.), que criou a nova e eficaz dinastia imperial flaviana (que durou de 69-96 d.C.). No entanto, isso consolidou a prática do exército colocar e tirar imperadores do poder. O idoso Nerva (que reinou de 96-98 d.C.) viu que sua falta de experiência militar era um problema e adotou o experiente general Trajano (que reinou de 98-117 d.C.) como seu filho e sucessor. Trajano foi sucedido por seu protegido Adriano (que reinou de 117-138 d.C.), outro general experiente. Ambos eram romanos nascidos na Espanha, o que demonstra a habilidade do império de recrutar e recompensar talentos.

Em 107 d.C., após uma difícil campanha, os romanos liderados por Trajano criaram a Dácia, uma província ao norte do Rio Danúbio que hoje é o oeste da Romênia e pertenceu à Roma até 270. Da mesma forma, no local em que atualmente é o sudoeste da Alemanha, Roma criou uma província em 83 d.C. mas a abandonou em 260. Com essas exceções, a fronteira norte do império era o Reno, o Danúbio e o norte da Inglaterra, na Muralha de Adriano; e o que hoje é a Crimeia era um reino vassalo desde 63 d.C. O Império Romano atingiu o ápice de estabilidade no reinado de Marco Aurélio (161-180 d.C.), apesar de ter precisado restaurar a fronteira do Danúbio após uma invasão de tribos germânicas.

Roma construiu muralhas de defesa, especialmente entre o alto Reno e o alto Danúbio, o que foi excelente. Essas muralhas tinham fortalezas e eram uma barreira física limitada, porém excelente para observação e para dar alertas antecipados, quando combinadas a postos de observação posicionados em espaçamentos regulares. Era possível se comunicar de um posto com outro rapidamente usando sinais de luz ou bandeiras. Tropas de reserva localizadas no centro ficavam de sobreaviso, assim podiam reagir rapidamente aos ataques inimigos. Essa prática fez com que Roma poupasse energia, não tendo de manter fixo um grande número de tropas. As fortalezas eram bases tanto de defesa como de ataque, e as muralhas serviam não apenas para conter os "bárbaros", mas como uma zona de influência econômica, fonte de captação de inteligência, um meio de impor ordem aos cidadãos locais e uma forma de comércio regular.

A queda de Roma

A pressão de ataques vindos de fora do Império Romano e a reação das novas divisões governamentais dentro do império levaram à mudança do centro do po-

Acima: Estátua de Constantino I em York, onde ele foi proclamado imperador em 306 d.C.

AGRICULTURA E CRESCIMENTO POPULACIONAL NA EUROPA ROMANA

Durante o período romano, os métodos agrícolas foram aperfeiçoados e isso foi importante para garantir que a Europa conseguisse suportar grandes números populacionais – quando as doenças não interferiam. No final do século terceiro e quarto, o uso de arados maiores se espalhou e foram adicionadas lâminas, levando à perfuração de valas mais fundas e possibilitando o trabalho com solos mais duros. A introdução de foices de duas mãos permitiu que se cortasse feno mais rapidamente e em maiores quantidades, sendo depois armazenado para forragem no inverno. Foram construídos fornos de secagem de milho, a rotação de colheitas se difundiu e os animais passavam o inverno em pastos de feno. Moinhos movidos a animais ou a água foram um feito significativo.

Acima: Mosaico de Mérida, na Espanha, mostra homens pisando uvas para fazer vinho.

der para a nova capital de Bizâncio (atual Istambul), à qual o imperador Constantino I deu o nome de Constantinopla em 330. Constantino se converteu ao cristianismo em 312 e, no mesmo ano, derrotou seu rival Maxêncio na Batalha da Ponte Mílvia. Constantino passou a ser o único governante de 324 até sua morte, em 337.

Após a conversão de Constantino houve a desvalorização do paganismo. Essa conversão, sustentada na batalha pelos apoiadores dos caminhos antigos, rompeu significativamente com as noções de continuidade. Há muito tempo os cristãos eram publicamente martirizados e o cristianismo monoteísta (de um único Deus) desafiava o sistema politeísta dos deuses do Olimpo, sistema que permitia a incorporação dos imperadores ao panteão religioso. A divisão provocada por essa mudança enfraqueceu o império em um momento em que devia estar concen-

Acima: A face oeste do pedestal de um obelisco do Hipódromo de Constantinopla (atual Istambul) mostra a submissão dos "bárbaros" ao imperador Teodósio, cerca de 390 d.C.

trado nas ameaças externas. Bizâncio se tornou a cidade do novo e Roma passou a representar o velho, cujas disparidades sociais eram ameaçadas pela igualdade proposta pelo cristianismo.

A autoridade imperial também foi contestada. Comandantes regionais, como Póstumo em 260 e Magno Máximo em 380, buscavam a semi-independência e às vezes competiam para se tornar imperadores.

Os problemas econômicos eram muito graves e há evidências claras de declínio na produção agrícola, na indústria e no comércio por volta do final do segundo século. As causas não são claras, mas parece ter havido influência de uma mudança climática.

Acima: A ilustração mostra o imperador Valente em um encontro com o líder visigodo Fritiger no Rio Danúbio em 376 d.C. Dois anos depois, Fritiger derrotou o exército romano na Batalha de Adrianópolis.

Muitas das preocupações econômicas que levaram à queda de Roma estavam relacionadas a políticas de poder. Roma perdeu recursos por causa de invasões não apenas no oeste do Império, mas também no leste, onde os sassânidas que tomaram a Pérsia exerciam constante pressão para o oeste. Os romanos também perderam o domínio do comércio no Oceano Índico, onde centenas de moedas de ouro romanas encontradas no sul da Índia provam a extensão da perda. Os problemas econômicos afetaram as finanças do Império, e a grande quantidade de metal precioso na moeda romana perdeu valor, o que dificultou a obtenção de apoio.

No final, o leste do Império expulsou os sassânidas, como ocorrera no passado com os partos. No entanto, a pressão dos "bárbaros" no oeste do império teve sucesso no final do terceiro século e ainda mais no final do quarto século. Como as defesas de fronteira e a economia foram severamente afetadas, ficou impossível sustentar o esforço militar.

Acima: Ilustração do século 19 sobre a rendição de Rômulo Augusto a Flávio Odoacro.

As próprias invasões "bárbaras" eram um processo complexo, visto que parte da defesa era composta pelos mesmos povos que atacavam. No quarto e quinto século, o exército de campo romano era significativamente composto por germânicos, e alguns dos invasores foram recrutados para lutar uns contra os outros.

Também houve grande mudança na estratégia romana sob pressão de ataques cada vez maiores. A política de uma forte defesa de fronteira baseada em guarnições permanentes como a Muralha de Adriano, política em vigor desde o final do primeiro século d.C. até 235, foi substituída por defesa em profundidade, dependente de exércitos de campo móveis como elemento principal de um sistema que usava fortificações fixas. Na Gália, cerca de cem centros urbanos foram fortificados com enormes muralhas de pedra. O propósito desses exércitos de campo, em que a cavalaria era mais importante do que costumava ser, aparentemente era se mover de encontro aos invasores. No entanto, sua função principal geralmente acabava sendo proteger o imperador de rivais internos, o que fez com que as províncias ficassem suscetíveis a invasões esgotando tanto os recursos como o apoio político.

O papel político do exército era tão grande que vários imperadores do terceiro século (inclusive Diocleciano) eram soldados ilírios do oeste dos Bálcãs, região que era uma das maiores bases de recrutamento para o exército. As forças "bárbaras" não estavam melhor armadas que os romanos, mas tiraram proveito da liderança determinada e da alta motivação. Em uma das batalhas cruciais, em Adrianópolis em 378, os godos aproveitaram o fato de estarem em maior número, destruíram um exército romano e mataram o imperador Valente.

Em 395, o império finalmente foi dividido em Oriente e Ocidente. Pressionado pelos hunos a leste, os visigodos liderados por Alarico invadiram a Itália em 401, e saquearam Roma em 410 (as muralhas da cidade haviam sido reforçadas pelo imperador Aureliano em 270 e seriam capazes de impedir Alarico de entrar, mas Roma acabou se rendendo por fome). O saque de Roma foi um grande sinal de mudança, de importância gigantesca tanto para a autoridade imperial como para a posição do papa. A Itália foi extensamente devastada por invasores godos, vândalos e hunos.

Apesar da influência romana ter continuado nas províncias do Império do Ocidente, ela havia recebido um golpe fatal. Em 409, uma confederação germânica de alanos, suevos e vândalos invadiu a Espanha. As ligações políticas e militares entre Roma e boa parte do Império, inclusive Inglaterra e Espanha, foram rompidas nos anos 410. Lisboa foi arrasada pelos visigodos em 419 e conquistada pelos suevos em 469.

Além das invasões externas, havia também instabilidade política interna no mundo romano, e até mesmo guerras civis. Os imperadores se refugiaram em Ravena, no norte da Itália, que era protegida por pântanos e menos exposta ao ataque do que Roma. No entanto, Ravena também não suportou o ataque, e Rômulo Augusto, o último imperador do Império Romano do Ocidente, foi deposto em 476.

O legado de Roma

A maior parte do material arqueológico remanescente do período romano mostra uma sociedade que produzia e comercializava muito mais bens do que suas antecessoras da Idade do Ferro. Por outro lado, a marca que o ser humano deixou no meio ambiente também aumentou com a contínua derrubada de mata virgem e o domínio sobre outras espécies, como por exemplo os ursos, extintos na Inglaterra.

O legado de Roma foi importante. Embora obscurecido pela conquista dos "bárbaros", o governo romano deixou como legado a cultura latina, o cristianismo, uma estrutura urbana e a experiência de unidade, além de um remanescente de edifícios até hoje impressionantes, que ajudaram a definir a imaginação dos sucessores de Roma.

O legado foi levado adiante, su‑ tilmente alterado por Bizâncio, pelo papado e pelo Sacro Império Romano. Até certo ponto, a história subsequente da Europa re‑ flete diferentes interpretações do legado romano imperial. Es‑ sas interpretações se mantêm até hoje, e um exemplo são as visões contrastantes sobre o lugar da Rússia na Europa e sobre o quanto a União Europeia reflete aspectos do legado de Roma. Na época, o legado de Roma mudou muito, em parte devido ao

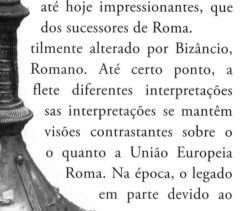

À direita: Escudo vândalo de bronze do quarto século d.C. Os vândalos conquistaram boa parte da Península Ibérica e do norte da África ao longo do quinto século.

impacto dos ataques externos. As pressões internas variaram, e antigos oficiais e líderes militares romanos deixaram o Império e criaram suas próprias bases de poder, antes e depois da queda do Império, bases que seguiram diferentes trajetórias. Além disso, os resultados da queda de Roma variaram conforme a geografia, economia e cultura, afetando mais os oficiais, clérigos, comerciantes e habitantes da cidade do que os camponeses.

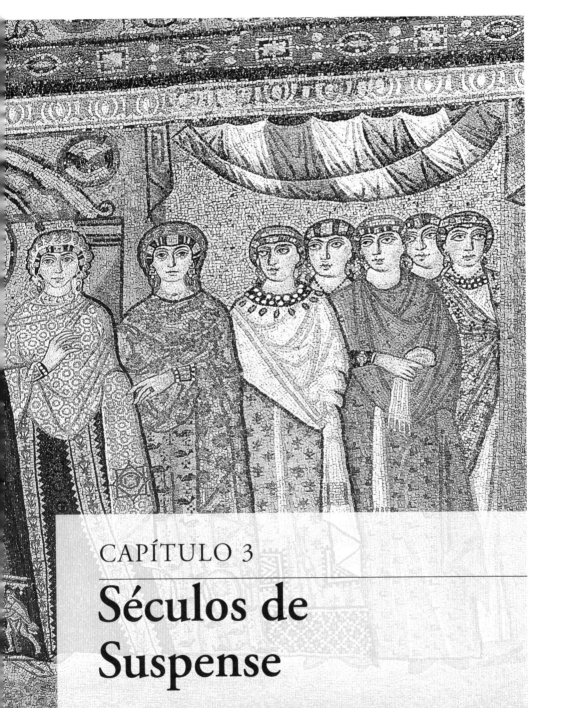

CAPÍTULO 3

Séculos de Suspense

CAPÍTULO 3
Séculos de Suspense
500-1000

A instabilidade do quinto século afetou muito o comércio, a sociedade e a vida urbana no continente europeu. Após o marcante declínio populacional daquele século e os novos problemas criados por doenças no sexto século, voltou a haver crescimento populacional na cidade e no campo, com importante recuperação. No entanto, no oitavo, nono e décimo séculos houve uma segunda onda de ataques "bárbaros" de povos árabes, vikings e magiares [ou húngaros]. Desde o sétimo século, o confronto entre islamismo e cristianismo se tornou uma forte vertente na história da Europa.

Páginas anteriores: Mosaico bizantino da Basílica de São Vital, em Ravena, criado em cerca de 547 e que retrata a imperatriz Theodora.

Acima: Afresco de São Bento de Núrsia, que fundou a ordem monástica mais influente daquela época.

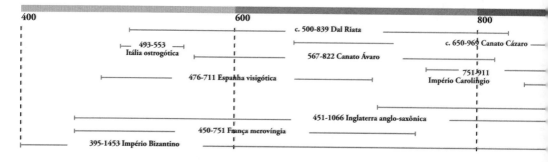

Idade das Trevas?

A instabilidade do quinto e sexto séculos levou a um marcante senso de crise e declínio do mundo da cristandade romana ocidental. O registro escrito é limitado e as evidências arqueológicas estão dispersas de forma irregular.

Sem dúvida houve uma crise, mas ao mesmo tempo houve continuidade e desenvolvimento. A Itália deixou de ser o centro de um poderoso império, mas algumas cidades permaneceram, como Roma, Nápoles e

Acima: O monastério de Monte Cassino, próximo a Roma, foi fundado por Bento de Núrsia em 529.

Ravena. Houve significativo desenvolvimento em lugares como Amalfi, que fica relativamente protegida de ataques por terra e se tornou uma importante república marítima operando amplamente no Mediterrâneo.

O comércio foi bem mais prejudicado do que quando estava sob proteção do Império Romano. No entanto, ele ainda se desenvolveu, tanto no Mediterrâneo como no norte da Europa, em parte graças à atividade viking, mas não somente. O comércio entre a costa leste da Inglaterra e os Países Baixos e a Renânia, por exemplo, foi muito importante, com crescimento de lucros na exportação de lã para o continente.

Outra novidade foi a fundação de mosteiros, especialmente os da ordem beneditina, fundada por Bento de Núrsia em 529. Ele fundou doze monastérios, começando por Subiaco até Monte Cassino, o mais famoso, próximo a Roma. Os beneditinos se tornaram a principal ordem monástica, estabelecendo um padrão. A vida do monastério girava em torno do culto a Deus, especialmente por meio da oração e do trabalho.

Qualquer resumo das principais mudanças durante a Idade das Trevas tem de registrar a relação entre a busca por grandeza e pela unidade com um todo maior

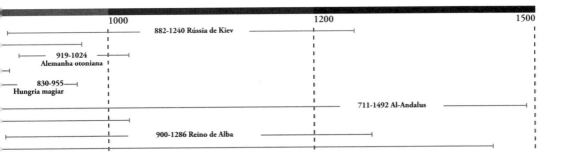

e a força do regionalismo. Essa busca por grandeza e unidade foram apresentadas pelo cristianismo, pelo papado e pelas esperanças focadas no imperador, resultando claramente nas Cruzadas, que tiveram início no século 11. Essa situação, porém, deixou espaço para tensões e disputas, que se mantinham às custas da estrutura de poder descentralizado do feudalismo. Além disso, as principais questões políticas das monarquias dinásticas, o poder do governante e a forma de sucessão eram altamente imprevisíveis.

Mais do que isso: a motivação e a forma de governar eram violentas. Feudos de famílias reais e tribais garantiam a continuidade da violência na sociedade, e a reputação de heroísmo, glória obtida pelo *status* de combate na Inglaterra, era medida por *wergild:* diferentes somas pagas por grupos sociais desiguais como compensação por matar um homem.

Bizâncio

Dividido e em parte conquistado, o mundo romano sobreviveu no leste do Mediterrâneo, o Império Bizantino foi a continuação do Império Romano do Oriente. Na época do imperador Justiniano I (que reinou de 527-565) e seu talentoso general Belisário, os bizantinos recuperaram boa parte da Itália, sudeste da Espanha e

Abaixo: Mosaico retrata o imperador bizantino Justiniano I, que liderou uma série de campanhas no sexto século para recuperar o território perdido na queda do império ocidental.

Acima: As Muralhas de Teodósio em torno de Constantinopla, construídas em meados do quinto século, eram um formidável obstáculo a invasores.

Tunísia numa série de campanhas brilhantes entre 535 e 555, derrotando também uma invasão franca na Itália em 554. A Espanha (na verdade, o sudeste da Espanha) foi uma província do Império Bizantino de 552 a 624.

Protegido pelas poderosas Muralhas de Teodósio, construídas em torno da capital Constantinopla nos anos 440, Bizâncio resistiu a ataques islâmicos, especialmente em 674-678 e em 717-718. Constantinopla só sucumbiu aos turcos otomanos muçulmanos na época de Mehmed II, em 1453. No entanto, o início do avanço das forças islâmicas resultou na conquista árabe do Norte da África e dos atuais países da Síria, Líbano, Israel e Palestina no sétimo século. Bizâncio foi sendo enfraquecido em um longo e amargo conflito contra os sassânidas da Pérsia, conflito que fez com que não houvesse recursos suficientes para manter a nova posição de Bizâncio no oeste do Mediterrâneo. Os lombardos expulsaram os bizantinos de boa parte da Itália e os visigodos os expulsaram da Espa-

Acima: Simeão I, retratado no *Madrid Skylitzes*, manuscrito do século 12, firmou o poder da Bulgária em seu reinado de 893 a 927.

nha. Bizâncio e Pérsia foram derrotadas pelas forças muçulmanas, mas Bizâncio conseguiu não ser totalmente derrotada. Ainda assim, Bizâncio sofreu sucessivos conflitos políticos e conspirações internas.

Ao mesmo tempo, Bizâncio teve períodos de sucesso. Sua principal necessidade era de um líder forte, como Justiniano (que reinou de 527 a 565), que também reorganizou o sistema legal. Basílio II (que reinou de 976 a 1025) destruiu o Império Búlgaro, um rival importante há muito tempo, que dominava boa parte dos Bálcãs desde o início do século nono. (Na época de Simeão I da Bulgária, que morreu em 927, dizia-se que a Bulgária era tão grande quanto Bizâncio.) Basílio ganhou o apelido de "assassino de búlgaros" na Batalha das Cordilheiras de Belasica em 1014, em que milhares de prisioneiros foram cegados e mandados para casa em grupos de cem, cada um liderado por um homem cego de um olho. A Bulgária foi anexada em 1018.

No período de 400-1100, Bizâncio foi o principal estado da Europa cristã e um importante modelo para outros governantes. Era o centro do cristianismo ortodoxo, definindo e liderando uma cristandade diferente da do papado. A forma de cristianismo seguida no Império Bizantino, nos Bálcãs e na Rússia descendia das igrejas fundadas pelos apóstolos de Cristo no primeiro século e estava enraizada na cultura e política bizantinas. Não havia um supremo pontífice equivalente ao papa.

À esquerda: Moeda do reinado de Teodorico, o visigodo.

Os reinos "bárbaros"

Não sabemos exatamente o quanto as chamadas invasões bárbaras foram movimentos de grande escala ou invasões de grupos menores. Tradicionalmente acredita-se que, com base na linguagem e nos nomes de lugares, houve uma migração em massa. Então, nos anos 1970 e 1980, novas pesquisas enfatizaram uma invasão de pequenas elites. Em seguida, análises de DNA trouxeram de volta a hipótese anterior de uma migração em massa.

Na Europa ocidental, os reinos germânicos "bárbaros" que sucederam Roma competiram com os francos na França, com os ostrogodos na Itália e com os visigodos na Espanha e Portugal, tornando-se particularmente proeminentes. Teodorico, rei dos ostrogodos, conquistou a Itália continental de Odoacro, outro "bárbaro", em 488-492, e depois a Sicília, em 493. Teodorico respeitava o legado romano e restaurou antigos monumentos, como os de Ravena. No entanto, embora seu reino fosse poderoso, ele não foi duradouro. Os visigodos deram continuidade às estruturas administrativas romanas e ao idioma latino, rejeitando a heresia ariana (que não aceita a visão católica da Trindade), preferindo o catolicismo. Esse foi um evento importante no estabelecimento do catolicismo e da autoridade papal no mundo "bárbaro".

Os francos se tornaram a figura dominante em boa parte da atual França, Bélgica e Alemanha. Inicialmente estavam localizados na Bélgica e na Alemanha mas, em

A CRISE DO SEXTO SÉCULO

Os "bárbaros" não foram o único desafio enfrentado pelo mundo romano. O clima e as doenças também foram altamente destrutivos. Análises de poluentes atmosféricos presos no gelo extraído de uma geleira nos Alpes suíço-italianos em 2013 sugerem que 536 foi o início de um grave período de crise e incerteza. No início daquele ano, uma erupção vulcânica na Islândia espalhou cinzas por toda a Europa. O historiador bizantino Procópio registrou: "O sol deu sua luz sem brilho, como a lua, durante todos esses anos". Houve muito frio e as colheitas foram prejudicadas. Em 540 e 547, outras duas erupções ocorreram. Em 541, um surto de peste bubônica se alastrou pela Europa vindo do Egito e matou grande parte da população do Império Bizantino. Não houve sinais de atividade renovada até cerca de 640, quando o gelo revelou uma ponta de chumbo, indicando derretimento prateado em larga escala e a restauração de certa forma de "indústria" organizada.

486, liderados por Clóvis (que reinou de 481 a 511), derrotaram a área romana controlada por Siágrio, que hoje é o norte da França. Clóvis também expulsou os visigodos do sul da França em 507, derrotou o grupo "bárbaro" alamano e, convertendo-se ao catolicismo, obteve grau de legitimação.

Assim como em outros reinos "bárbaros", essa conquista foi comprometida pela divisão entre os filhos de Clóvis. No entanto, a dinastia merovíngia criada por Clóvis também obteve grande expansão, como a conquista de 534 da Burgúndia, outro reino "bárbaro" anteriormente independente, e a conquista de Provença das mãos dos ostrogodos em 537. No final do século

Acima: Esta placa de marfim do final do século nono mostra o batismo de Clóvis, o governante que uniu os francos e fundou a dinastia merovíngia.

sétimo, a desunião dentro da casa governante merovíngia foi de encontro à crescente independência dos aristocratas, especialmente do "mordomo do palácio" ou ministro-líder.

No início do século oitavo, Carlos Martel, o mordomo do palácio, chegou ao poder. Em 732, em Poitiers, ele derrotou invasores islâmicos que foram para o norte após derrotar os visigodos e conquistar Espanha e Portugal. Em 751, seu filho Pepino III depôs Quilderico III, o último rei merovíngio, fundando a dinastia capetiana. Carlos Magno era filho de Pepino.

Outros grupos "bárbaros" foram os suevos, no noroeste da Espanha e Portugal, os burgundianos, e os anglos, saxões e jutos que invadiram e conquistaram a Inglaterra. Houve muito conflito entre esses povos. Os visigodos venceram os suevos no final do século sexto. Na Inglaterra, os anglos de Nortúmbria se tornaram proeminentes, especialmente no reinado de Osvio (642-670) e de Egfrido (670-685). Depois deles, no século oitavo, vieram os anglos da Mércia, especialmente Ofa (que reinou de 757 a 796) e, no início do século nono, os saxões de Wessex. As cartas (documentos formais) de Ofa usavam o termo "rei dos ingleses" pelo menos uma vez. Ofa é famoso pela construção de um dique de terra, provavelmente uma estrutura de defesa, que se tornou a linha de fron-

Acima: Na Batalha de Poitiers, em 732, Carlos Martel impediu o avanço islâmico na Europa.

Acima: O rei Ofa da Mércia foi um dos mais poderosos reis anglo-saxões e se intitulava "rei dos ingleses".

teira com o reino galês de Powys. Essa construção deve ter exigido considerável organização e, junto com reformas na cunhagem de moedas, ilustra a habilidade administrativa da Inglaterra da Mércia.

Conquistas árabes

Tendo se convertido à nova religião do islã, os árabes massacraram os sistemas de poder existentes por todo o Oriente Médio, Norte da África e Irã, e buscaram expandir sua influência ainda mais. Em 711, as forças árabes cruzaram o estreito de Gibraltar e rapidamente conquistaram Espanha e Portugal. As explicações cristãs para essa conquista são religiosas, providenciais e morais. A principal obra literária deste período foi o *Comentário sobre o Apocalipse,* do monge espanhol Beato. Há um tema de juízo divino no relato da queda da Espanha visigoda, uma história de estupro, vingança e traição, na qual o estupro praticado por Rodrigo, o último rei, tem papel central. Essa abordagem relacionou o sucesso contra os muçulmanos com a moralidade, o que, por outro lado, poderia explicar o sucesso de monarcas anteriores. Na verdade, as divisões internas entre os visigodos, bem como suas outras realizações militares como a luta contra os bascos, tiveram papel importante.

Usando o poder naval com efetividade, as forças árabes também conquistaram as ilhas do Mediterrâneo (de Chipre a Baleares), estabelecendo algumas bases em sua costa norte, especialmente na Itália em Bari (841-871) e na França em Fraxineto (La Garde-Freinet) (889-973). Foi dessa base na França que partiram os ataques aos Alpinos no início do século décimo, os quais impediram o contato entre França e Itália. Os avanços muçulmanos ajudaram a moldar o mundo atual. Foi um avanço não apenas militar, mas cultural, tema que está submerso na história europeia. Apenas em poucas áreas a islamização foi revertida, como na Espanha, Sicília e na bacia do Volga.

A CONQUISTA ÁRABE DA SICÍLIA

A desunião entre os oficiais bizantinos deu aos árabes a oportunidade de se estabelecer na Sicília a partir de 827, embora só a tenham conquistado finalmente em 965. Os árabes trouxeram frutas cítricas, arroz e amoras para a Sicília, e usaram escravos para cultivar cana-de-açúcar ali. Muitos dos habitantes nativos se converteram ao islã, mas a divisão entre os árabes permitiu que os normandos conquistassem a ilha no final do século 11.

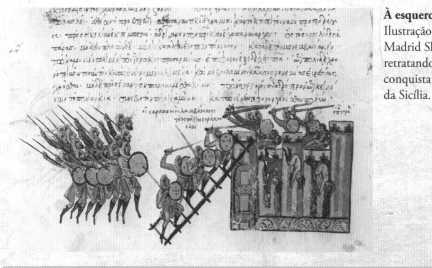

À esquerda: Ilustração do Madrid Skylitzes retratando a conquista árabe da Sicília.

Acima: Bela caixa cilíndrica esculpida do Califado de Umayyad, cerca de 950-975.

Abaixo: Pintura do século 19 retrata a corte de Abd-al-Rahman III.

Al-Andalus

Cismas e divisões no mundo islâmico levaram à criação de um estado islâmico independente, o emirado Umayyad, no sul da Espanha, cuja capital (a partir de 756) era Córdoba. Seu monumento mais importante, a Grande Mesquita, surgiu no final do século oitavo e foi construído após a demolição e adaptação da igreja de São Vicente, que fora construída no local de um templo romano dedicado ao deus Jano. A maioria da população cristã da região muçulmana acabou adotando seu idioma e cultura.

O auge de Córdoba foi no décimo século, no reinado de Abd al-Rahman III (912-961) e seu imponente sucessor como califa, Al-Hakam II (que reinou de 961 a 976). O termo **convivência** é muito usado pelos historiadores para se

referir à cultura de *Al-Andalus,* onde havia muitas etnias e religiões e, ainda assim, supostamente, havia tolerância. A importante presença judaica ali contribuiu muito para a vida intelectual. Al-Hakam II gostava de livros e apoiava o trabalho científico, encorajando a tradução de livros do latim e do grego para o árabe. O conhecimento matemático árabe também foi transmitido para o islã. Até o norte da Espanha também havia pequenos principados cristãos. Córdoba declinou no século 11 devido a sua divisão em *taifas* (isto é, territórios separados), aos avanços cristãos e a invasões de muçulmanos do Norte da África. A principal derrota das tropas do califa Almohad, em Navas de Tolosa em Andalusia, 1212, foi seguida da invasão cristã a Andalusia nos anos 1220 e 1230. Essa conquista foi assegurada com a vitória sobre as forças do sultanato Marinid de Marrocos no Rio Salado em 1340.

Os francos

Depois disso, o reino "bárbaro" mais importante foi o dos francos, que consolidaram seu controle sobre o que hoje é a França. A dinastia capetiana se mostrou mais bem-sucedida

Abaixo: Cavaleiros juram lealdade a Carlos Magno nessa ilustração de um manuscrito do século 14.

À direita: Miniatura ilustra a ascensão no manuscrito Sacramentário de Drogo, exemplo da natureza eclesiástica de muitas obras produzidas durante o Renascimento Carolíngio.

LE CHANSON DE ROLAND
Na época de Carlos Magno, os francos tentaram estender sua hegemonia até o sul dos Montes Pirineus, mas foi difícil marcar presença ali, especialmente após o fracasso da campanha de 778 em pôr fim à oposição. A derrota da retaguarda de Carlos Magno pelos bascos na batalha de Roncesvales em Navarra, quando ele fugiu depois da tomada de Pamplona, tornou-se um episódio clássico na literatura medieval. Einhard, biógrafo de Carlos Magno, registra: "Aquele local é tão coberto por uma floresta espessa que é perfeito para uma emboscada... os francos ficaram em desvantagem com o peso de suas armas e o desnível do terreno". A Canção de Rolando, poema épico do século 11, é um belo relato heroico desse episódio.

que a merovíngia, principalmente no reinado de Carlos Magno (768-814). Grande líder militar, especialmente às custas dos lombardos na Itália e dos saxões na Alemanha, Carlos Magno também foi um político astuto. O papa Adriano I pediu sua ajuda contra os lombardos, e assim Carlos Magno invadiu a Itália em 773. Em 774, ele se coroou rei dos lombardos. Para ele, não havia limites entre "França" e "Itália". Ele suprimiu uma rebelião em Friuli em 776 e temporariamente submeteu Benevento em 787. O papel de Carlos Magno na Itália foi de grande apoio ao papado, especialmente durante a rebelião de Roma em 799. Após se alinhar de tal forma ao papado, no natal de 800 Carlos Magno foi coroado imperador dos romanos pelo papa Leão III, retomando o legado imperial de Roma interrompido em 476 e unindo-o ao poder do Império Carolíngio e ao crescente prestígio do papado.

A coroação de Carlos Magno deu origem a dois impérios europeus, o carolíngio e o bizantino, ambos reivindicando o legado de Roma. Seu reinado está ligado ao Renascimento Carolíngio, período de atividade cultural que, com seu encorajamento ativo, concentrou-se no clero da corte de Carlos Magno em Aix-la--Chapelle (Aachen). Escolas foram fundadas e livros didáticos foram escritos para elas. Oficinas produziam grande quantidade de manuscritos, incluindo cópias de textos clássicos. Um grande número de catedrais e igrejas foi construído em um estilo arquitetônico baseado nos modelos romano e bizantino.

Em 817, o império de Carlos Magno foi dividido por seu herdeiro Luís I, o Piedoso, entre seus filhos. O Tratado de Verdun (843) consolidou a divisão, criando

À esquerda: Árvore genealógica da dinastia otoniana de reis germânicos.

Abaixo: Em 955, na Batalha de Lechfeld, o exército germânico obteve vitória decisiva sobre os invasores magiares. A ilustração é do Codex de Sigmund Meisterlin, do século 15.

os reinos do oeste (base para a atual França), do meio (composto de grande parte da Itália, herdada por seu filho Lotário) e do leste (base para a atual Alemanha). Depois houve nova fragmentação, além de invasões magiares, vikings e árabes.

O reino da Germânia – reino do leste, herdado por Luís II, o Germânico – tornou-se o elemento-chave do legado carolíngio. A dinastia carolíngia terminou em 911 e foi sucedida pela dinastia saxônica ou otoniana, de Henrique I. Seu filho Otto I se tornou rei em 936 e anexou o reino da Itália em 951. Em seguida, derrotou uma invasão de magiares em Lechfeld em 955 e se tornou sacro imperador romano em 962. Otto estabeleceu um sistema governamental efetivo que foi levado adiante por seus sucessores, competindo com Bizâncio. Também houve competição pelo interesse dos imperadores na Itália, parcialmente ocupada por Bizâncio até o século 11.

O papado

A autoridade do papado como liderança da igreja foi afirmada, demonstrada e promovida pela coroação de sacros imperadores romanos pelo papa. Sua autoridade era consistentemente defendida por Bizâncio, centro da ortodoxia, e por outros prelados na Igreja Ocidental. No longo prazo, os papas deixaram de ser chefes dos bispos e, especialmente na época do papa Gregório I (590-604), reivindicaram supremacia, com base na qual tentaram introduzir e administrar doutrinas para toda a cristandade. Sediados em Roma, os papas estavam determinados a fazer que outros bispos aceitassem seu poder e autoridade. Era uma questão de prestígio, controle teológico e poder jurisdicional.

Acima: Pintura do século 19 ilustra o encontro entre Pepino III e o papa Estêvão II.

ALFREDO, REI DE WESSEX (REINOU DE 871 A 899)

Depois de ter seu reino quase massacrado por ataques vikings em 871 e 877, Alfredo reorganizou as tropas e derrotou os danos em Edington em 878, e teve outros sucessos nos anos 880 e 890. Alfredo fortaleceu Wessex, criou uma imagem de reinado cristão baseado em modelos carolíngios, promoveu o aprendizado, criou a marinha e publicou um código legal. O fato de os vikings terem destruído outras casas reinantes anglo-saxônicas permitiu que Alfredo e seus sucessores se descrevessem como reis ingleses, e não apenas reis saxões do oeste. O neto de Alfredo, Etelstano, conquistou o reino viking de York em 927.

À esquerda: Estátua comemora o reinado de Alfredo, o Grande, que resistiu a invasões vikings e buscou unir os povos anglo-saxônicos.

Bizâncio dominara o papado de 537 a 752, nomeando papas ou, pelo menos, aprovando sua escolha. Não obstante, houve conflitos teológicos entre Bizâncio e os papas. A partir de 756, a influência franca se tornou mais importante, quando o pai de Carlos Magno, Pepino III, invadiu a Itália em 754 e 756 a fim de ajudar o papado contra os lombardos.

Também havia discussão quanto à autoridade de Roma nas Ilhas Britânicas. Na Inglaterra, a autoridade papal ia contra a Igreja Celta da Irlanda mas, graças ao apoio do rei Osvio da Nortúmbria no Sínodo de Whitby em 664, a autoridade romana prevaleceu. A Inglaterra se tornou parte ativa de um dinâmico mundo cultural centrado em Roma, embora mais por razões eclesiásticas e religiosas do que por poder imperial e razões militares, como no Império Romano.

A expansão viking

Os vikings vieram da atual Escandinávia, na época dividida em vários territórios independentes, e mudaram dramaticamente a história do norte da Europa, não apenas transformando a região do Mar Báltico, mas indo além nas buscas por oportunidades de saque, comércio e terras. Famosos por seus navios longos de casco trincado, eles mostraram o que se podia fazer com poder e ligações marítimas. Os vikings expandiram a Europa de forma permanente, estabelecendo-se na Islândia a partir de 860, mas passaram pouco tempo do outro lado do Atlântico Norte, na Groenlândia e na atual província canadense de Newfoundland e Labrador. Ao mesmo tempo, os vikings não eram simples guerreiros de pequena escala. Eles também desenvolveram estados com força militar mais desenvolvida e em grande escala. Esses estados eram produto de uma potente organização social, na qual a justiça era importante e havia considerável igualdade entre os homens.

Abaixo: O mosteiro de Lindisfarne foi saqueado pelos vikings em 793. Esse foi o primeiro grande ataque dos nórdicos em solo inglês.

As regiões mais atacadas pelos vikings foram as Ilhas Britânicas, o norte da França e os Países Baixos. Ao mesmo tempo, eles atacaram a Espanha (saqueando Sevilha em 844) e a Itália (saqueando Pisa em 860), além de atuarem no Mar Negro e na Rússia (estabelecendo-se em Novgorod em 859).

A sociedade viking era de guerreiros, e as sagas onde se relata sua história exaltam a bravura e a honra. Os viking foram mais efetivos que a maioria de seus oponentes. Embora os ataques "bárbaros" ao Império Romano no terceiro e quarto século tenham feito as tropas se moverem de uma parte a outra do Império, não houve tal reação aos vikings.

A princípio os vikings eram pagãos que se opunham violentamente ao cristianismo, considerados um tormento pelos monges dos monastérios que devastavam, como o mosteiro de Lindisfarne na Inglaterra em 793. No entanto, os vikings acabaram se convertendo. Isso ajudou a trazer a Escandinávia ao grupo europeu principal.

Na Inglaterra, depois de se converterem, os vikings foram derrotados por Alfredo, rei de Wessex, no final do século nono. No entanto, depois

Acima: Carranca de um navio longo viking, esculpida na forma de animal e encontrada em Oseberg.

de outro grande ataque na época do rei Canuto II da Dinamarca e seus filhos, os vikings governaram a Inglaterra de 1016 a 1042. Canuto conquistou a Noruega nos anos 1020. O controle dinamarquês contrasta com o impacto e as consequências da invasão e governo normando a partir de 1066. Canuto buscou governar não como um opressor estrangeiro, mas como senhor de danos e não danos. Ele era rei de vários reinos, e não um monarca buscando ampliar um único reino. Diferente de Guilherme, o Conquistador, Canuto agiu como herdeiro da antiga monarquia inglesa e não teve de enfrentar rebeliões. O período dinamarquês na história inglesa é um aviso sobre imprevistos. O governo de Canuto pode parecer consequência da fortuita combinação entre um último lampejo de atividade viking e um fraco defensor inglês, representado por Etereldo II, o Despreparado.

Abaixo: Canuto (à direita, embaixo) demonstra sua fé cristã nessa figura do New Minster Liber Vitae, 1031.

Os vikings que se estabeleceram no norte da França criaram o Ducado da Normandia em 911 e passaram a se chamar de normandos. Partindo da Normandia, eles conquistaram a Inglaterra, liderados por Guilherme, o Conquistador, em 1066, e dali invadiram boa parte de Gales. Outros normandos tomaram a Sicília e o sul da Itália. Na Escandinávia, os reinos da Dinamarca, Noruega e Suécia se tornaram grandes reinos que, no final do século 11, buscaram ampliar seu poder nas Ilhas Britânicas e no leste do Mar Báltico.

Irlanda na Idade das Trevas

Apesar de não ter sido atacada pelos romanos, a Irlanda foi influenciada pelo cristianismo desde o quarto século. Assim como em boa parte da Europa naquele período, sua cultura era uma complexa mistura de influências: pagãs e cristãs, orais e literárias, nativas e importadas. O cristianismo celta foi marcado pelo monasticismo, misticismo e elementos de sincretismo (uma combinação de tradições pagãs e doutrinas cristãs), sendo espalhado pelos comerciantes até o norte, na Escócia e nas Ilhas Faroe.

A partir de 794, a Irlanda sofreu ataques vikings e, depois da fundação de Dublin em 841, os vikings estabeleceram bases costeiras permanentes. A resistência aos ataques vikings trouxe significativa consolidação política às terras celtas e à Irlanda. No entanto, a Irlanda não chegou a se transformar em um estado forte como a Inglaterra. Seu nível político girava em torno de reinos provinciais subordinados: Connacht, Leinster, Meath, Munster e Ulster, todos divididos em feudos independentes baseados em domínios tribais. Isso tornou a Irlanda vulnerável ao ataque de nobres anglo-normandos no século 12.

Escócia

Durante o período romano, as terras ao norte do Estuário do Rio Forth eram ocupadas pelos pictos. Seus reis exibiam habilidades na guerra e na caça, sustentando figuras sacras – magos ou xamãs – a fim de destacar sua posição. Essa sociedade produziu arte de alta qualidade, especialmente esculturas de pedra.

Os pictos foram afetados pela entrada dos escoceses da Irlanda no oeste da Escócia, mas o tamanho do movimento é desconhecido. O reino escocês de Dal Riata, com a sede do poder em Dunadd, absorveu o reino picto a partir de 789 e criou o reino de Alba a partir de 900. Os historiadores discutem até quando a identidade picta foi transmitida pacificamente para a nova política e em que momento houve violência nesse processo.

Impérios do leste

O conhecimento que se tem sobre os impérios do Leste Europeu ao norte de Bizâncio é limitado, basicamente girando em torno de comentários externos de contemporâneos hostis e arqueólogos modernos. Três povos e seus impérios chamam particular atenção: os cazares, os avaros e os magiares.

Em meados do sétimo século, os cazares, povo turco seminômade, estabeleceram um grande império no sudeste da Rússia europeia, enriquecendo devido a sua posição comercial na ponta oeste da Rota da Seda. Não havia fronteiras bem

À esquerda: Nessa ilustração do manuscrito Radzivill Chronicle, do século 13, povos de toda a região vêm pagar tributo ao Império Cazar.

delimitadas, mas os cazares iam do Cáucaso até a Ucrânia e Crimeia ao oeste, e até a nascente do Rio Don ao norte, ao sul da atual Moscou. Até cerca de 900, eram aliados de Bizâncio. No final dos anos 960, o Império Cazar foi destruído pela Rússia de Kiev, na época aliada de Bizâncio.

Mais para o oeste, os avaros, confederação de povos das estepes que dominou a atual Hungria a partir do sexto século, eram fortes oponentes de Bizâncio no final do sexto século e início do sétimo. Foram derrotados em 791 por um grande ataque de Carlos Magno para o leste.

Na sequência, os magiares, tribo fino-úgrica da Rússia central, adentraram a Hungria perto do final do século nono. Eles assimilaram ou escravizaram a pequena população húngara que havia ali na época e, no final dos anos 900, avançaram dali para o oeste, em especial para o sul da Alemanha, sendo derrotados por Otto I na Batalha de Lechfeld, em 955. No final do século 10, muitos deles se converteram ao cristianismo. Em 1000, Estêvão I foi coroado rei da Hungria com uma coroa enviada pelo papa Silvestre II, estabelecendo uma estrutura de diocese.

Rússia de Kiev

Um dos grandes produtos da diáspora viking foi a economia, estado e cultura da Rússia de Kiev. Criada por comerciantes vikings de meados do século nono e sediada em Kiev, perto do Rio Dnieper, com importante base mais ao norte em Novgorod, essa Rússia se expandiu muito, tornando-se uma potência regional em meados do século 10. A Rússia de Kiev se beneficiou do domínio do comércio marítimo entre o Mar Báltico e o Mar Negro, e também das relações com Bizâncio e com a Ásia Central (via Bulgária do Volga) na região de Kazan. As ligações com Bizâncio se fortaleceram com a conversão local ao cristianismo ortodoxo grego depois de 987, passo crucial para a história europeia, pois ajudou a dar à futura Rússia uma herança de Bizâncio, chegando até mesmo a originar a ideia de que Moscou era a "terceira Roma". Por outro lado, a Rússia não se voltou para o papado como a Polônia, por exemplo.

O estado de Kiev se dissolveu após a morte de Vladimir I (que reinou de 978-1015), o qual foi sucedido por seus filhos que governaram principados separados em Novgorod, Polotsk e Chernigov. Houve mais divisão após a morte de Jaroslau I, o Sábio (que reinou de 1019 a 1054). Kiev foi saqueada por nômades polovetsianos em 1093 e, em 1169, por Suzdal, novo principado a nordeste. Como resultado, o título de Grande Príncipe passou para o governante de Suzdal.

À direita: Escultura de Jaroslau I, o Sábio, reconstruída a partir de seu crânio por M. M. Gerasimov, em 1957.

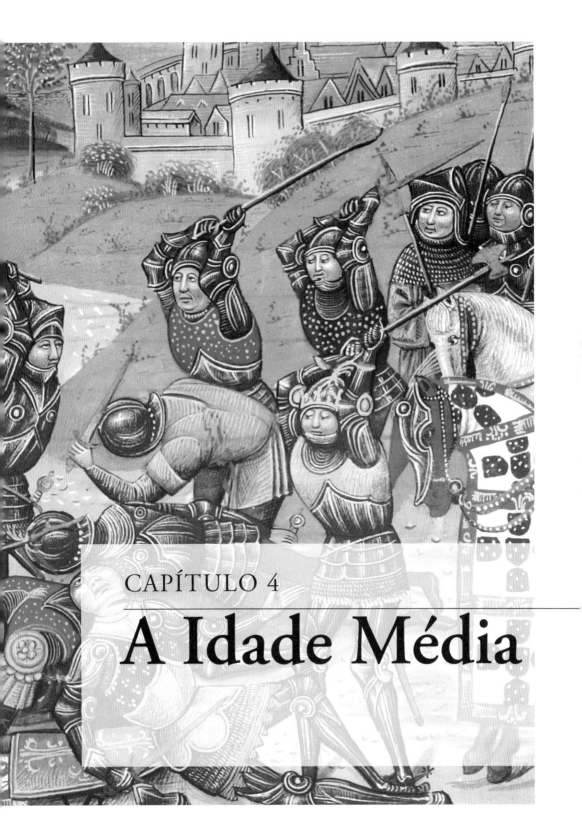

CAPÍTULO 4
A Idade Média

CAPÍTULO 4
A Idade Média
1000-1450

A sociedade, cultura e política europeia da Idade Média deixaram um grande legado para os dias atuais, a começar pelos estados criados nessa época, que vão de Portugal até a Rússia. A cristandade cresceu na Ibéria, no Mar Báltico e na Lituânia, mas sofreu o avanço dos turcos nos Bálcãs. Boa parte das terras baixas da Europa foi cultivada e a indústria e o comércio se desenvolveram.

Páginas anteriores: Batalha de Aljubaarrota, 1385, retratada no manuscrito *Chroniques d'Angleterre*, do século 15.

Acima: Cruzados atacam Jerusalém em 1099, após a convocação do papa Urbano II para recuperar a cidade santa.

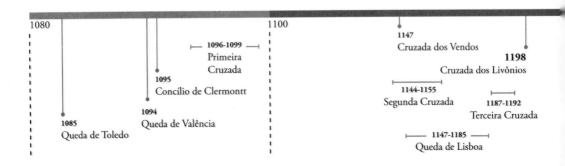

À direita: Ilustração de 1483 mostra o Grão-Mestre da Ordem de São João de Jerusalém recebendo um livro de seu autor. A Ordem de São João, também conhecida como os Cavaleiros Hospitalários, foi uma das muitas ordens militares que surgiram para proteger a cristandade durante a Idade Média.

As cruzadas

A partir de 1095, a pressão dos turcos seljúcidas sobre Bizâncio levou o papa Urbano II a conclamar uma guerra santa contra o islá, visando conquistar Jerusalém, o local mais sagrado para a cristandade. Isso levou à Primeira Cruzada, em que foram oferecidas aos guerreiros cristãos indulgências por seus pecados em troca de seus serviços. Tendo avançado por terra, eles conquistaram Jerusalém em 1099 e estabeleceram vários territórios de cruzados, especialmente no reino de Jerusalém. Contudo, foi difícil manter esse ritmo de expansão inicial e a pressão na-

ORDENS MILITARES
Os cruzados fundaram vários territórios na cristandade e inspiraram uma nova organização com clara tônica política: as ordens militares de cavaleiros, dedicadas a defender a cristandade. A maior parte dos membros era leiga. Os Cavaleiros Templários, a maior ordem, surgiram em 1118. Os Cavaleiros Hospitalários tinham tropas e castelos e receberam o encargo de defender grandes territórios.

CAPÍTULO 4

Acima: Manuscrito da época mostra a Batalha de Toulouse, importante evento da Cruzada dos Albigenses no século 13.

queles territórios levou a novas cruzadas, começando pela Segunda Cruzada, antes da perda de Jerusalém para Saladino em 1187. As cruzadas acabaram fracassando, e a maior posição dos cruzados, Acre (hoje no norte de Israel), foi tomada pelos mamelucos egípcios após um cerco em 1291.

Os cristãos foram mais bem-sucedidos no Mediterrâneo. Ilhas como Creta e Sicília, que haviam sido conquistadas pelos muçulmanos, foram recuperadas. Além disso, expulsar o islã trouxe certa segurança a outros territórios.

No norte da Europa houve cruzadas contra "pagãos" que também ampliaram o poder alemão no leste do Mar Báltico. Também houve cruzadas contra "heresias", especialmente contra os albigenses do sul da França no início do século 13.

Religião medieval

O cristianismo era, ao mesmo tempo, dinâmico e dividido. O principal elemento de divisão era a cisma entre o catolicismo e a ortodoxia, formalizada em 1054 com a quebra de comunhão entre as igrejas. Esta cisma estava relacionada à autoridade do papa (rejeitada em Bizâncio e na Rússia) e a diferenças litúrgicas, entre outras, que surgiram por haver diversos sistemas de autoridade teológica na Europa Ocidental e no Leste Europeu. Enquanto isso, o proselitismo espalhava a religião; foi o que ocorreu com o catolicismo no nordeste da Europa (o qual vivenciou várias cruzadas bálticas, como a da Letônia, e outros proselitistas mais pacíficos) até que, no final, a última grande região pagã, a Lituânia, foi convertida em 1386.

Abaixo: Matilda de Toscana tenta mediar o conflito entre o imperador Henrique IV e o papa Gregório VII durante a Controvérsia das Investiduras.

Apesar de só terem sido autorizadas pelo papa Alexandre III no início dos anos 1170, as cruzadas contra os pagãos do norte já haviam começado antes, como a Cruzada dos Vendos no nordeste da Alemanha em 1147, a conquista de Rugen pelos danos em 1165 e as cruzadas suecas na Finlândia nos anos 1150. A partir do final do século 12, as cruzadas aumentaram em extensão e escala, mas na prática sobreviveram graças ao duradouro conflito do período. Ordens de cavaleiros, como os Cavaleiros Teutônicos, foram fundadas para auxiliar nesses esforços, mas fracassaram nas campanhas contra a Lituânia e Novgorod, na Rússia.

A divisão ficava mais evidente nas principais áreas dominadas pelo catolicismo. Nelas o clero devia lealdade a dois senhores: ao papa e ao rei. A Igreja Católica

UMA NOVA ENERGIA MONÁSTICA

A Igreja Católica Romana conseguiu desenvolver o monasticismo como uma força mais dinâmica. Além da principal e mais duradoura ordem monástica, os beneditinos, houve outras ordens posteriores como os cistercienses, que surgiram em 1098. Essas ordens foram particularmente adeptas de fundar monastérios em áreas pouco povoadas ou não povoadas, desenvolvendo-as economicamente como parte do processo geral de sua expansão, como aconteceu na Inglaterra e em Portugal. A Igreja explorou esse dinamismo fundando novas ordens de frades, como os dominicanos e os franciscanos, essa última fundada por São Francisco de Assis e reconhecida pelo papa em 1210. As ordens tinham uma forma ativa de ministério, em contraste com o isolamento social que havia no monasticismo.

À esquerda: Apesar de nunca ter sido ordenado sacerdote, São Francisco de Assis (1181-1226) fundou a ordem monástica franciscana.

Romana estava sujeita na lei e na prática ao papado. Porém, um sério conflito de poder entre o Sacro Império Romano, baseado na Alemanha, e o papado em Roma repetidas vezes causaram problemas, especialmente depois da Crise das Investiduras a partir do final do século 11. Em teoria, os dois deveriam estar alinhados e se ajudando mutuamente, mas na prática houve uma busca por primazia, surgida de sérias diferenças políticas italianas e

> ## ANTISSEMITISMO
> *O antissemitismo já existia há séculos, por exemplo na Espanha visigótica do sétimo século, mas teve rápido crescimento em todo o continente europeu a partir dos anos 1090. O antissemitismo era reflexo da hostilidade a estrangeiros que logo se tornou característica da Inglaterra medieval, fazendo lembrar as cruzadas. A perseguição de não cristãos estava focada nos judeus e ligada a massacres sangrentos e a falsas acusações, especialmente de assassinato de crianças. Os judeus foram expulsos da Inglaterra em 1290, medida que teoricamente continuou em vigor até 1655.*

importantes tensões ideológicas. Em várias ocasiões, os imperadores patrocinaram "antipapas" como Honório II (1061-1064), que contestavam a autoridade do papa, e os papas, por sua vez, davam apoio a rivais que reivindicavam o trono imperial. Entretanto, a ideia de um papa universal e de um catolicismo não dividido não foi desafiada, e em todas as vezes a cisma acabou se resolvendo. Ainda assim, as cismas do século 14, em que houve papas rivais em Roma e Avignon, duraram até 1417.

Papas assertivos como Gregório VII (1073-1085), Inocêncio III (1198-1216) e Alexandre IV (1254-1261) disciplinaram e depuseram governantes por toda a Europa, como os reis Henrique II e João da Inglaterra, e os sacro imperadores romanos Henrique IV e Frederico II. O rápido crescimento nas pretensões papais a partir do final do século 11 veio em um tempo em que a cúria (corte) papal, liderada por uma sucessão de papas juristas, estava se tornando o centro legal da cristandade ocidental e fonte primária da autoridade e finanças papais, o que levou a disputas por toda a cristandade ocidental. Na Crise das Investiduras, o ambicioso e determinado papa Gregório VII reuniu os oponentes do imperador Henrique IV (que reinou de 1084 a 1106), o que enfraqueceu a autoridade imperial. Henrique foi obrigado a mostrar arrependimento e a pedir perdão na famosa cena de Canossa em 1077, mas isso só levou a uma breve pausa nas disputas. O papado era apoiado pela maioria das comunas (cidades) da Itália, ao passo que os imperadores costumavam ter o apoio da aristocracia.

As disputas sobre reivindicações papais ajudaram a formar igrejas "proto-nacionais" e uma consciência eclesiástica "nacional", que geralmente demonstrava

PINTURA

As igrejas precisavam de pinturas, e a nobreza cada vez mais queria pinturas também. Muita riqueza foi canalizada para a aquisição artística. Entre os grandes pintores temos os italianos Cimabué (1240-1302) e seu aluno Giotto (1266-1337); ambos promoveram a representação da forma humana, introduzindo caracterização e individualidade. Giotto deu importante contribuição nos afrescos da igreja de Assis, dedicada a São Francisco.

Acima: Pintado por Giotto, um dos afrescos da igreja de Assis retrata São Francisco falando com pássaros.

hostilidade a clérigos "estrangeiros". O governo papal também estimulava a criação de governos locais. O surgimento dessa consciência eclesiástica nacional foi muito promovido durante a Grande Cisma (1378-1417), que fragmentou o universalismo do governo papal. A transferência do papado de Roma para Avignon (1305-1377) e a grande cisma na cristandade ocidental entre áreas leais aos papas rivais em Roma e Avignon minaram a confiança e estabilidade da Igreja.

Além disso, temas políticos mais específicos levaram a repetidas tensões. A hostilidade de sucessivos imperadores às pretensões e interesses italianos do papado afetaram a situação na Alemanha. E, mais ainda, as relações entre a Inglaterra e o papado eram complicadas pela resposta inglesa hostil à posição papal quanto aos conflitos ingleses com França e Escócia.

A Igreja Católica Romana tinha papel central na sociedade, a começar por ser fonte vital de educação, saúde e bem-estar social. Hospitais medievais, por exemplo, eram basicamente instituições religiosas que ofereciam aquecimento, alimento e abrigo, mais do que tratamento clínico. Eles davam abrigo a leprosos e outros que, de outra sorte, seriam excluídos da sociedade. Confraternizações de devotos leigos (pessoas não ordenadas) também exerciam importante papel no bem-estar social.

A piedade leiga se mantinha às custas da força da religião popular, que também era expressa no culto aos santos e na crença em magia. No imaginário popular, o papel das trevas – mundo fora do entendimento e controle humano – era produto de um senso de medo generalizado. Esse "mundo" era considerado um local de maldade em que o Diabo e bruxos eram reais como personagens das legiões do mal. Práticas e crenças religiosas tradicionais eram sustentadas por uma série de narrativas verbais e visuais, incluindo canções, peças teatrais de mistério, vitrais, estátuas e pinturas em paredes. Os leigos piedosos tinham vieses heréticos, como o catarismo (a heresia albigense) no sul da França e, em menor escala, o lolardismo na Inglaterra (que seguia os ensinamentos de João Wycliffe, rejeitando a transubstanciação, a autoridade papal e a oração aos santos, focando na autoridade da Bíblia e em uma abordagem diferente da eucaristia). Ambos foram erradicados, o catarismo depois de uma cruzada no início do século 13.

Feudalismo

Base da política e da sociedade da Europa Ocidental após a Idade das Trevas, o feudalismo estava fundamentado em um contrato; não um contrato escrito, mas de lealdade pessoal. Ao jurar lealdade a seus senhores, os homens se tornavam seus "vassalos" e recebiam terras. Em troca dessas terras, eles realizavam serviços militares. Os reis eram os senhores mais poderosos. Quando bem-sucedidos na guerra, estavam mais aptos a liderar o sistema feudal em seus países. Por outro lado, a liderança fraca podia ser fatal.

Ao mesmo tempo, o poder real e a formação do estado não eram por natureza opostos ao feudalismo e ao poder aristocrático. Pelo contrário, eles se mantinham às custas um do outro, e o poder aristocrático podia existir tanto dentro das instituições governamentais como fora delas. A tensão entre esses dois desfechos era importante para a história política daquela era.

Todo o sistema era fundamentado no controle do trabalho dos servos, o que variava em termos de base legal, contexto e implicações práticas, mas basicamente era um sistema de trabalho forçado fundamentado na ligação hereditária com a terra. Assim, os servos eram comprados e vendidos junto com a terra. Essa estratégia era usada para prover a grande quantidade de mão de obra necessária para a agricultura. Ela restringia a liberdade das pessoas e, em sua forma mais severa, era semelhante à escravidão. Os servos estavam sujeitos a várias obrigações, como usar os moinhos de seus senhores e pagar taxas em várias ocasiões (inclusive casamento e morte), podendo também ser vendidos.

CASTELOS

Centros de poder e símbolos de autoridade, controle militar e expansão territorial, os castelos eram erguidos literalmente em cima da cidade e pelos campos vizinhos. O uso frequente de nomes como Newcastle, Neuburg e Neufchâteau mostram a importância de novas fortificações. Ao longo do tempo, desenvolveram-se técnicas de fortificação para aumentar a área, altura e complexidade do castelo. Durante a Reconquista em Espanha e Portugal, construíram-se castelos para proteger as regiões conquistadas contra revanches islâmicas. Os castelos também serviam para proteção contra outros rivais cristãos, como na ocasião em que Portugal construiu castelos em Alcoutim e Castro Marim para resistir à pressão castelhana (espanhola). Por toda a Europa, as cidades eram muradas, tanto para defesa como para estabelecer a jurisdição de autoridades relevantes, e os muros costumavam ser grandiosos, como os de Constantinopla e Paris.

Acima: O Castelo de Castro Marim em Portugal foi construído para resistir a ataques castelhanos.

O feudalismo era um conceito em constante mudança. Em lugar do feudalismo clássico, em que os senhores cediam terras aos servos em troca de serviço militar, no novo sistema passou-se a ter um pagamento anual em troca do trabalho dos servos. Os tributos pagos pelos servos eram rapidamente transformados em dinheiro, e isso por vários fatores, como a flexibilidade e necessidade de dinheiro, e a necessidade de subdivisão das terras dadas a cavaleiros. Com o tempo e com o impacto dos direitos de propriedade hereditária, a relação inicial criada pela concessão de terras se afrouxou e mudou de uma relação senhor-servo para uma relação senhor-locatário e senhor-cliente. Além disso, alguns senhores prefeririam cumprir suas obrigações militares para com o rei contratando cavaleiros particulares e esperando que seus servos-locatários provessem o dinheiro para pagá-los, em vez de prestarem eles mesmos o serviço militar. Essa oferta atendeu à demanda de nobres poderosos que precisavam de tropas para formar o exército de seus reis. Embora não tenha sido causa de um conflito civil, quando havia rompimento de relações entre monarcas e nobres, ou de nobres entre si, essa forma de oferta e demanda tornava mais fácil que os nobres contratassem e mobilizassem tropas.

Conquistas normandas

Um dos últimos invasores "bárbaros" foram os normandos, descendentes dos vikings que, em 911, estabeleceram-se na Normandia, no norte da França, e começaram a construir

Abaixo: Guilherme, o Conquistador, representado na Tapeçaria de Bayeux. Este lorde normando reivindicou o trono inglês após a morte de Eduardo, o Confessor.

Acima: No sul da Itália, o Castelo de Melfi foi construído por conquistadores normandos para ajudar a consolidar seu poder.

um estado ali. Em 1066, o duque Guilherme da Normandia ("Guilherme, o Conquistador") invadiu a Inglaterra após a morte de Eduardo, o Confessor, alegando que Eduardo lhe legara o trono e que seu sucessor, Haroldo, era um usurpador. Guilherme derrotou Haroldo e o matou na Batalha de Hastings. Após chegar a Londres, foi aclamado rei da Inglaterra.

A unificação anterior da Inglaterra pela casa de Wessex facilitou sua tomada por Guilherme. Mesmo assim, a conquista não foi tão simples e Guilherme não massacrou totalmente a elite anglo-saxônica em 1066, pois houve grande rebelião, especialmente no norte, em 1068-1070. A Inglaterra só foi controlada de fato no final dos anos 1070.

Após 1066, a Inglaterra fez parte de um estado que abrangia o Canal da Mancha, que foi forçado a se defender das ambições de outros territórios em expansão. A Normandia tinha uma longa fronteira em terra e vizinhos agressivos, especialmente o reino da França. O contínuo conflito militar que se seguiu levou os reis normandos a tornar o governo inglês uma fonte de renda para custeá-lo.

Nas fronteiras com os celtas dentro da Grã-Bretanha, a posição normanda era bem menos definida. Em Gales e na Irlanda, isso criou oportunidade para que aventureiros normandos conquistassem terras. O mesmo aconteceu no sul da Itália, onde aventureiros normandos deixaram de ser soldados profissionais e conseguiram chegar ao poder. Roberto Guiscardo (1015-1085) estabeleceu forte posição, e seu irmão mais novo Rogério terminou de conquistar a Sicília. Por sua vez, Rogério II da Sicília (que reinou de 1105-1154) uniu o sul da Itália e a Sicília e criou um estado poderoso. Nos locais em que chegaram ao poder, os normandos substituíram a elite, mas não fizeram substituição em massa da população original e mantiveram boa parte da estrutura administrativa anterior.

Em contraste com Gales e Irlanda, na Escócia os reis locais conseguiam pedir ajuda das famílias aristocratas normandas sem enfrentar invasões. O cinturão central fértil estava sob controle da coroa escocesa e, embora a Escócia fosse etnicamente variada, ela recebeu direção política e certo grau de unidade de governantes capazes, como David I (que reinou de 1124 a 1153).

Cidades e comércio

Durante a Idade Média e após os danos causados pelas invasões "bárbaras" do quinto e sexto século e o reflexo disso na economia, as cidades reviveram. Muitas delas eram independentes. No Mediterrâneo, as cidades de Veneza, Gênova e Pisa se desenvolveram e se tornaram grandes cidades comerciais. Elas exploraram seu crescente poder marítimo e estabeleceram redes financeiras para se tornarem as principais potências econômicas da região. O mesmo processo aconteceu nas cidades bálticas da Liga Hanseática (confederação que surgiu no final do século 12), das quais a mais importante era Lübeck. Essas cidades organizaram amplas redes comerciais e algumas delas, como Veneza e Gênova, também se desenvolveram como importantes potências territoriais. Por várias vezes Gênova controlou Ligúria, Córsega e Sardenha, além de ilhas no Mar Egeu. Veneza se expandiu muito no início do século 15, especialmente às custas de outras cidades que conquistou, como Pádua (1405), Verona (1405) e Bréscia (1426).

O Sacro Império Romano na Idade Média

Alemanha, Itália e o estado imperial se fundiram no Sacro Império Romano, legado do prestígio de Carlos Magno, a fim de criar a maior potência política e militar a oeste de Bizâncio. No entanto, o império era mais um sistema de prestígio do que um estado. As dinastias de imperadores otonianos (919-1024) e salianos foram sucedidas pela dinastia Hohenstaufen na pessoa de Conrado III (que reinou de 1138 a 1152). A dinastia, que dominou a Europa Ocidental no final do século 12 e início do século 13, trazendo o auge do Império medieval, recebeu o nome do castelo suábio de Staufen. Os imperadores mais importantes dessa dinastia, Frederico I (que reinou de 1152-1190) e Frederico II (que reinou de 1220-1250), enfrentaram a oposição do papado, de príncipes alemães e de cidades lombardas da Itália.

Apelidado de "Barbarossa" ou Barba Ruiva, Frederico I (que reinou de 1152-1190) foi o segundo imperador da dinastia Hohenstaufen. Sucessor de seu tio, Conrado III, ele era um governante forte, mas sua posição foi afetada pelo crescente poder de muitas das principais famílias aristocratas, especialmente os guelfos na Saxônia. Henrique, o Orgulhoso, líder dos guelfos, resistiu a Conrado III. Depois dele, seu filho, Henrique, o Leão, duque da Saxônia e da Bavária, rompeu com o imperador em 1176, ficou sem suas terras em 1180 e foi exilado. Frederico estava comprometido a preservar e expandir o poder imperial na Itália, para a qual liderou seis expedições a partir de 1154, sendo derrotado pela Liga Lombarda em Legnano, em 1176. Isso enfraqueceu sua posição na Alemanha, embora a extensão do território Hohenstaufen tenha continuado grande. Ele morreu afogado durante a Terceira Cruzada.

Acima: Ilustração de Veneza no século 13, tirada de um manuscrito iluminado. A cidade se tornou um centro comercial durante a Idade Média.

À esquerda: Frederico I Barbarossa foi sacro imperador romano de 1155 até sua morte, sendo um dos governantes alemães medievais mais importantes.

Frederico II era perito em artes e na vida intelectual, fundou a Universidade de Nápoles. Ele falava seis idiomas, incluindo árabe, e tinha estudiosos árabes, gregos e judeus em sua corte. Ele ajudou a introduzir a ciência árabe e grega na Itália e em toda a Europa, desenvolvendo a língua e literatura italiana vernacular.

O neto de Frederico II, Conradino, foi derrotado e executado em 1268 por Carlos de Anjou, irmão de Luís IX da França, que fora feito rei da Sicília pelo papa. Isso pôs fim à dinastia Hohenstaufen no sul da Itália, mas em 1282 a Sicília se rebelou e depôs Carlos, substituindo-o pela casa de Aragão, governantes do leste da Espanha. Tamanho empenho em conflitos na Itália enfraqueceu o poder imperial na Alemanha.

Rússia, Leste Europeu e as conquistas mongóis

As extensas conquistas dos mongóis liderados por Gengis Khan (1160-1227) e seus sucessores afetaram muito da Eurásia e do Leste Europeu. Os europeus nunca conseguiram derrotar os mongóis e tiveram sorte que Gengis se concentrou na

China e depois na Ásia Central. No entanto, a situação mudou a partir do início dos anos 1220, quando um exército mongol invadiu a Crimeia e derrotou os russos no Rio Kalka, ao norte do Mar de Azov. Para piorar, no final dos anos 1230, o conflito foi retomado e os principados russos foram invadidos. Grandes centros caíram quando engenheiros de cerco mongóis enfraqueceram estruturas defensivas, como a grandemente fortificada cidade de Ryazan, que sofreu um ataque bem-sucedido em 1237, depois que um exército de reforços foi derrotado pelos mongóis. Em 1238 e 1239, muitas outras cidades caíram, incluindo Suzdal e Kiev. Nenhuma cidade era segura.

Em 1241, os mongóis conseguiram invadir Polônia e Hungria. Cruzando o Rio Vístula congelado, os mongóis saquearam Cracóvia e avançaram para Silésia, derrotando um exército de poloneses e alemães em Leignitz, onde as forças mongóis encurralaram seus oponentes. Eles avançaram para derrotar os húngaros em

Abaixo: Os mongóis rapidamente avançaram pela Europa, mas esse processo rápido chegou a um fim abrupto em 1241 e, dali em diante, seu impacto na Europa se limitou à Rússia.

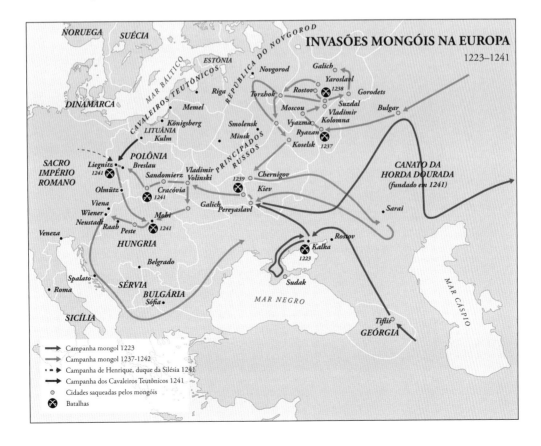

Acima: Ilustração da Batalha de Leignitz, tirada do *Codex Hedwig*, do século 14.

LESTE EUROPEU NA IDADE MÉDIA

996 – Adoção do cristianismo na Polônia

1000 – Surgimento do reino da Hungria

1091 – Independência da Sérvia

1097 – União de Hungria e Croácia

1102 – Conquista húngara da Dalmácia

1138-1320 – Período de fragmentação na Polônia

1180-1184 – Guerra Húngaro--bizantina

1223 – Batalha do Rio Kalka

1237 – Mongóis conquistam Ryazan

1239 – Mongóis conquistam Kiev

1241 – Mongóis invadem Polônia e Hungria

1241 – Batalha de Leignitz

1370 – União de Hungria e Polônia

1384 – Morte de Luís, o Grande, e fim da união entre Polônia e Hungria

1385 – União de Polônia e Lituânia

Mohi. Buda caiu pouco depois. Os mongóis que invadiram a Europa só recuaram quando receberam notícias da morte do Grande Khan.

Os mongóis desenvolveram ligações já existentes na Rota da Seda, que se tornaram uma fonte de novas ideias e produtos para a Europa, como a pólvora da China, em meados do século 13. Os europeus foram menos bem-sucedidos em projetar sua influência para o leste.

Os principais estados do Leste Europeu eram Hungria e Polônia, mas seu poder e estabilidade eram muito variáveis. Havia também estados menores, como a Sérvia, que conseguiam ter influência no cenário da época. A Polônia se tornou um estado importante a partir do final do século 10, quando a conversão ao cristianismo facilitou seu reconhecimento pela Alemanha. No entanto, a força da monarquia polonesa foi gravemente afetada pela ascensão de nobres ao poder e pela concessão de províncias a membros da dinastia piasta, que estava no poder. Em seu testamento, Boleslau III (que reinou de 1102 a 1138) dividiu a Polônia entre seus filhos, o que tornou difícil a resistência à ascensão de nobres e à expansão alemã; esse "período de fragmentação" durou até 1320. Por outro lado, a Hungria se expandiu consideravelmente no final do século 12, especialmente no sul da Croácia, na Bósnia e Valáquia. Nos anos 1180, Sérvia e Bulgária se tornaram independentes de Bizâncio e se expandiram muito a suas custas.

Depois do grande rebuliço causado pela invasão mongol veio a fundação de estados tributários na Rússia, surgindo novas dinastias em Hungria e Polônia. Ambas encontraram dificuldades em controlar a nobreza e ao mesmo tempo enfrentar as complexas políticas de poder da época. Estes e outros estados não tinham fronteiras territoriais claras. Os reis angevinos da Hungria encabeçaram uma grande

À esquerda: Luís, o Grande, ilustrado no *Chronica Hungarorum* de 1488, que reinou sobre Hungria e Polônia.

expansão territorial em meados do século 14 e, em 1370, Luís, o Grande, rei da Hungria, sucedeu Casimiro, o Grande, como rei da Polônia, visto que ele não tinha filhos. No entanto, a fusão não sobreviveu depois da morte de Luís em 1382, indicando a natureza temporária dessa forma de construção de estado, especialmente no Leste Europeu. A autoridade de Luís ia do Mar Adriático ao Mar Báltico, do vale sérvio de Vardar até a fronteira com a Prússia, mas não havia uma lógica política, estratégica, econômica, geográfica e étnica que justificasse tal conglomerado, nem um público de opinião interessado nele.

Luís não teve filhos homens, dividiu a herança entre suas duas filhas. O casamento de Edviges com o lituano Jagelão uniu Polônia e Lituânia até o final do século 18 e ajudou a fortalecer a Lituânia, que se expandira durante o caos que houve após as invasões mongóis na Europa Católica. O outro genro de Luís, Sigismundo (que reinou de 1387-1437) teve sucesso em unir Hungria e Boêmia, além de se tornar sacro imperador romano e conseguir importantes posses nesse império. No entanto, ele não conseguiu superar a rebelião hussita na Boêmia, o que fez com que a posição de sua família no império fosse tomada pela família austríaca Habsburgo, cada vez mais poderosa e que assumira o controle da Áustria no final do século 13. Em 1438, Alberto II da casa de Habsburgo se tornou sacro imperador romano, e sua posição foi mantida pelos Habsburgo, com uma breve pausa, até 1806.

A *Reconquista*

No início do século oitavo, a conquista islâmica de Espanha e Portugal foi seguida de um longo processo de *Reconquista*. Os cristãos foram mais bem-sucedidos em Espanha e Portugal do que no Oriente Próximo. A *Reconquista* foi impulsionada no final do século 11 com a conquista de Toledo em 1085 e Valença em 1094. No entanto, intervenções vindas do Norte da África – primeiro dos almorávidas (anos

Acima: A Batalha de Navas de Tolosa em 1212 foi um ponto de virada na Reconquista.

1060) e depois dos almóadas (anos 1150) – trouxeram novo ânimo à resistência muçulmana. No século 12 houve importantes vitórias cristãs. Independente, Portugal se expandiu muito com a conquista de Lisboa em 1147, conquista em que teve apoio significativo de cruzados ingleses.

No início do século 13, a *Reconquista* conseguiu novo impulso, recuperando o vigor demonstrado no final do século 11. Em 1212, Alfonso VIII de Castela – em comando dos exércitos unidos de Castela, Aragão, Navarra e Portugal – massacrou o califa em Navas de Tolosa. Essa foi a vitória mais importante e duradoura da *Reconquista*.

A maior parte do sul da Espanha foi invadida em 1275, incluindo Córdoba (1236) e Sevilha (1248). Faro, a última posição islâmica em Portugal, caiu em 1249, e Granada, na Espanha, caiu em 1492. Essas guerras ajudaram a definir as sociedades e culturas de grandes áreas. As regiões islâmicas foram destruídas ou convertidas. Muitas mesquitas, como a de Faro, voltaram a ser igrejas. Em Córdoba, uma catedral foi construída dentro de uma grande mesquita. Os muçulmanos foram expulsos ou reduzidos a servos e escravos. Naquela época, a prática do islã era proibida. A *Reconquista* produziu sociedades cristãs militantes.

Unificando a França

O último rei carolíngio, Luís V, morreu em 987. Em seu lugar foi escolhido Hugo Capeto, inaugurando uma nova dinastia francesa, a capetiana, que duraria mais de 800 anos. Porém, os nobres líderes conseguiram mais autonomia. No final do século 10, o domínio do rei estava basicamente limitado à Ilha de França, a área ao redor de Paris. No restante do país, os condados e cortes deixaram de ser instituições públicas e os postos oficiais locais foram absorvidos pelos sistemas de domínio de grandes nobres. Os condes tinham poderes governamentais: eles cunhavam moedas, reuniam tropas e construíam castelos. Os condes não queriam substituir o rei e nem precisavam, alguns deles eram tão poderosos quanto o rei. Isso aconteceu especialmente em duas ocasiões: quando o duque da Normandia se tornou rei Guilherme I da Inglaterra em 1066, e quando o casamento de Henri-

À esquerda: Hugo Capeto fundou a dinastia capetiana na França em 987.

Abaixo: Henrique II da Inglaterra com Eleanora de Aquitânia, do manuscrito *Les Grands Chroniques de France*, de meados do século 14.

que II da Inglaterra (que reinou de 1154-1189 e também governava a Normandia, Maine e Anjou) com Eleanora de Aquitânia lhe deu o controle da maior parte do sul da França.

Ainda assim, o século seguinte viveu forte expansão no domínio real na França, na parte diretamente governada pelo rei. A determinação e o sucesso militar de Filipe Augusto (que reinou de 1180-1223) fez com que o rei João da Inglaterra perdesse a Normandia e Anjou em 1203-1204, não conseguindo manter sua reconquista. O filho de João, Henrique III (que reinou de 1216-1272), também fracassou em recuperar essas terras e ainda perdeu Poitou. Seus sucessores, Eduardo I (que reinou de 1272-1307) e Eduardo II (que reinou de 1307-1327), concentraram-se em uma tentativa fracassada de subjugar a Escócia.

Magna Carta e o surgimento do parlamento

Devido à derrota para a França e a seu mau governo, o rei João (que reinou de 1199-1216) sofreu uma crise de impopularidade e, em 1215, recebeu uma *Magna Carta* dos barões que se opunham a ele. Tratava-se de uma carta de liberdades exigidas do rei, uma limitação dos direitos reais, colocando o poder real submisso à lei.

Embora não haja menção a parlamento neste documento, a *Magna Carta* foi um importante passo para sua criação, especialmente por associar impostos ao consentimento. Mais do que isso, o parlamento acabou sendo um caminho

Acima: A Magna Carta, assinada em 1215, impunha limites ao poder do monarca.

para o governo constitucional mais efetivo do que a emissão de cartas por um monarca. Na época de Henrique III (que reinou de 1216-1272), cavaleiros dos condados começaram a ser eleitos para o parlamento e cidades selecionadas enviaram representantes. As práticas institucionais e pretensões do parlamento foram estabelecidas e elaboradas, e a frequente necessidade de coletar impostos para custear a guerra fez com que o parlamento se tornasse ainda mais importante. Isso ajudou a diferenciar o parlamento inglês de outros parlamentos. Além disso, o parlamento era a assembleia representativa de todo o reino, e não apenas de parte dele.

Escócia independente

A Escócia manteve sua independência em meio a grandes conflitos. Do final do século 12 ao final do século 13, os monarcas expandiram seu poder das planícies centrais até Galloway, Moray, Argyll, Ross, Caithness e as Ilhas Ocidentais. Desenvolvimentos culturais, econômicos e sociais mais amplos também contribuíram para a coesão nacional. A noção de "Escócia" se tornou mais forte quando padrões de comportamento típicos da região central real se espalharam para outras regiões. A formação de uma igreja tipicamente escocesa também ajudou a criar um senso de identidade nacional. Alexandre II (que reinou de 1214 a 1249) não teve sucesso em utilizar as divisões inglesas para reivindicar Northumberland, Cumberland e Westmorland para a Escócia, mas a dinastia Canmore alcançou o auge no reinado de Alexandre III (que reinou de 1249 a 1286). Ele foi sucedido por uma menina de três anos, Margarete, dama da Noruega. Ela estava prometida em casamento ao futuro rei Eduardo II, o que teria levado à união com a coroa inglesa, mas ela morreu em 1290. Assim, Eduardo I da Inglaterra buscou dominar a Escócia, mas enfrentou forte resistên-

Acima: Na Batalha de Bannockburn, em 1314, Roberto de Bruce enfrentou Eduardo II e ajudou a restaurar a independência escocesa.

cia a partir dos anos 1290. Em 1314, Roberto de Bruce, Roberto I da Escócia, enfrentou Eduardo II em Bannockburn e, em 1328, o Tratado de Northampton-Edimburgo reconheceu a independência escocesa e o reinado de Bruce.

A Guerra dos Cem Anos

O conflito entre Inglaterra e França foi retomado com o início da Guerra dos Cem Anos em 1337, em que o rei Eduardo III da Inglaterra (que reinou de 1327-1377) reivindicou o trono francês. A guerra foi acirrada, mas o uso de arqueiros trouxe vitória aos ingleses em Crécy (1346) e Poitiers (1356), levando à Paz de Brétigny (1360). Nesse acordo, Eduardo prometeu abdicar de sua reivindicação da Normandia, de Anjou e do trono francês, mas foi reconhecido como duque de Aquitâ-

Abaixo: A Batalha de Poitiers, na qual o rei francês João II foi capturado em 1356, foi uma vitória inglesa importante na Guerra dos Cem Anos.

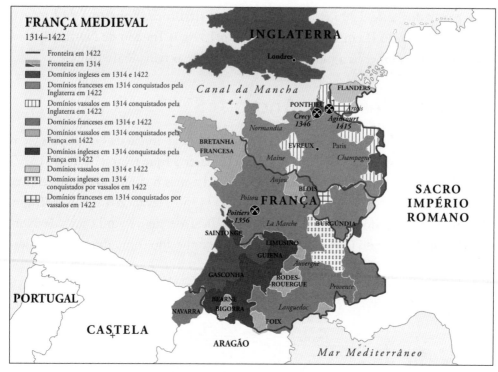

Acima: A Guerra dos Cem Anos fez parte de um complexo processo de formação de estado na França.

nia e soberano do Porto de Calais, que foi tomado em 1347. No entanto, foi difícil manter o controle da Aquitânia e logo os ingleses perderam boa parte dela. Esse foi um lembrete da natureza altamente mutável do futuro político naquele período.

Os ingleses não voltaram a ter iniciativas nesse sentido até que Henrique V (que reinou de 1413-1422) invadiu a França em 1415. Na Batalha de Agincourt, seus arqueiros desbarataram os sucessivos avanços franceses, com muitas baixas. Henrique também recebeu forte apoio de dentro da França, pois o conflito envolvia uma guerra civil francesa entre os duques de Orléans e da Burgúndia. O conflito também foi influenciado pelas relações internacionais nos Países Baixos, na Alemanha e na Península Ibérica. Depois que Henrique V conquistou a Normandia em 1415-1417, o rei Carlos VI da França lhe deu sua filha Catarina como esposa e Henrique foi reconhecido como herdeiro de Carlos. Henrique V queria dominar toda a cristandade francesa e isso deixou o parlamento agitado, buscando manter as duas coroas separadas para que a Inglaterra não se tornasse um reino vassalo da França.

No entanto, o filho de Carlos VI, Carlos VII (que reinou a partir de 1422) continuou a resistir aos ingleses, que obtiveram sucesso até 1429, quando Carlos

AS ORIGENS DA SUÍÇA

A Suíça teve sucesso em desafiar a dinastia Habsburgo do final do século 13, levando ao surgimento de uma confederação de cantões autônomos em 1389, depois das grandes vitórias em Morgarten (1315) e Zug (1386). O personagem fictício Guilherme Tell simboliza a luta pela independência. Nos séculos 14 e 15, a confederação rapidamente se expandiu para o sudeste, noroeste e oeste. Algumas dessas conquistas foram temporárias, mas a habilidade militar da infantaria suíça foi crucial para o sucesso. Em 1499, os suíços forçaram o imperador Maximiliano a reconhecer a independência como recompensa por sua determinação.

À esquerda: Ilustração de Batalha de Morgarten em 1315, de Diebold Schilling no *Amtliche Berner Chronik*, que conta a história da cidade de Berne, com conclusão em 1484.

VII foi encorajado pela carismática Joana D´Arc e conseguiu fazer o cerco inglês de Orléans fracassar. Com essa mudança no equilíbrio militar, os ingleses perderam apoio político e a França conquistou a Normandia e a Gasconha entre 1449 e 1451, derrotando o contra-ataque inglês de 1453. Apesar de ainda reivindicarem o trono francês, os ingleses acabaram dominando apenas Calais, território que perderam em 1558. A ideia de reivindicar o trono francês só foi abandonada em 1802, quando já haviam perdido o ducado normando, o império angevino e a França Lancastriana.

Contudo, esta derrota não prejudicou o senso inglês de consciência nacional. Pelo contrário, o envolvimento inglês na França sem dúvida fez avançar, e não retroceder, o desenvolvimento de um estado nacional, encorajando a xenofobia, a propaganda real militar, o serviço militar, os impostos nacionais e a expansão do papel do parlamento. Tal como em outras ocasiões, a guerra ajudou a criar um senso de "nós" e "eles" importante para a identidade inglesa. Houve também a consolidação de uma igreja pré-reformada "nacional", separada do contexto de reivindicações papais e da resistência real a elas.

Jurisdições sobrepostas, uma aristocracia que atravessava fronteiras e a paz inglesa dentro da dinastia plantageneta que mesclava diferentes territórios, tudo isso inibia o desenvolvimento da consciência nacional. Assim, quando houve a derrota total da tentativa de tomar o trono da França na Guerra dos Cem Anos, essa derrota foi muito importante. A perda do império francês ajudou a tornar a Inglaterra diferente das dinastias continentais, especialmente das dinastias Habsburg, Valois, Aragonesa e Vasa, que queriam criar impérios extensos por toda a Europa Ocidental.

A expansão da economia de mercado

Do século 10 ao 14, a prosperidade agrícola aumentou com a crescente população, que lhe provia trabalhadores, clientes e melhoras tecnológicas, como os moinhos de vento do século 11. A difusão de moinhos movidos a água também ajudou a desenvolver a moagem do milho. No arado, houve substituição de gado por cavalos, que eram mais rápidos e adaptáveis, embora mais caros. No século 13, houve início na Inglaterra e em outras partes da Europa o cultivo de legumes (como feijões e ervilhas) em larga escala, o que enriquecia o solo e servia de forragem para os animais. Foi mais fácil para os ricos se beneficiarem dessas mudanças do que para os camponeses independentes, muitos dos quais foram prejudicados e tiveram de se subordinar a outros.

À direita: A ilustração retrata as atividades do mês de julho, incluindo a tosquia de ovelhas e a colheita de trigo, publicada em *Très Riches Heures du Duc de Berry*, um livro de horas criado entre 1412 e 1416.

Houve também mercantilismo associado à crescente produção agrícola para o mercado, especialmente com a mudança da tosa de ovelhas para obtenção de lã para a indústria têxtil. Essa foi a primeira indústria europeia, que se espalhou por todo o continente, especialmente norte da Itália, Bélgica (cidades de Bruges e Ghent) e por fim, Inglaterra. A tosa de ovelhas beneficiava os comerciantes e proprietários de terras envolvidos.

As regiões desenvolviam atividades diferentes. Por exemplo, o norte da Itália se tornou uma região economicamente desenvolvida por causa do crescente comércio e das indústrias locais, como têxtil e metalúrgica. Por outro lado, o sul da Itália ficou estagnado e acabou se tornando fonte de alimento e matérias-primas para as cidades do norte, como Gênova e Veneza, que controlavam o comércio externo.

Com a maior distribuição de riqueza, a sociedade se tornou mais complexa. Tudo se expandiu: transações monetárias, volume de moeda, comércio interno e externo, especialização nas profissões, mobilidade e alfabetização, e a indústria se espalhou para algumas regiões rurais.

Na sociedade rural, o principal desenvolvimento foi a substituição do pagamento de aluguéis com bens e serviços pelo pagamento com dinheiro. Isso foi crucial para a expansão da economia de mercado. Em termos militares, o serviço de trabalhadores feudais foi substituído pelo de soldados profissionais pagos. A administração do dinheiro se tornou mais importante para senhores feudais, instituições e governos, que passaram a recompensar a experiência e o profissionalismo. Por toda a Europa, as práticas capitalistas se difundiram e se tornaram mais sofisticadas.

Acima: A Praga de Florença, ilustração da peste negra do início do século 19, de acordo com a descrição de Giovanni Boccaccio. Em Florença, mais de metade da população morreu por causa da praga.

A peste negra e a sociedade

A peste negra (1348-1350) foi um terrível surto que provavelmente começou na China e se espalhou para o ocidente através da Rota da Seda, transmitida por pulgas de rato, moscas e piolhos. Comerciantes genoveses fugindo dos mongóis na Crimeia trouxeram a doença para a Europa, a começar pela Sicília, devido a pulgas de ratos negros em seus barcos. No início de 1348, a doença alcançou o norte da Itália e de lá se espalhou rapidamente.

Alguns fatores que influenciaram o devastador efeito da praga foram a queda na qualidade de vida causada pelo aumento populacional e o impacto de longo prazo na produtividade agrícola e na saúde em razão da persistente mudança climática conhecida como "Pequena Era do Gelo", que perdurou até o século 18. As temperaturas caíram afetando grandemente as plantações de alimentos, a estação de crescimento das colheitas diminuiu e as geadas avançaram.

Como resultado da peste negra, de 30 a 60% da população europeia morreu, principalmente nas cidades. Em Florença, cerca de 60% da população morreu pela peste em 1348. Depois de superada a peste, a população europeia continuou relativamente pequena e só voltou a crescer no século 16. Outro importante resultado foi a falta de trabalhadores. A terra ficou abandonada, os vilarejos ficaram desertos e a produção agrícola caiu, restringindo a renda.

A enorme queda na população levou a falta de trabalhadores, mas as consequências variaram muito. No Leste Europeu, motivou o aumento da escravidão, ao passo que na Europa Ocidental não houve sucesso em aumentar o controle sobre os camponeses; pelo contrário, a falta de trabalhadores deu aos camponeses a chance de exigir o fim da escravidão.

O avanço otomano

O estado otomano surgiu como uma principalidade fronteira ao noroeste da Anatólia. No século 14, os otomanos se tornaram uma importante potência dos dois lados do Mar de Mármara, entre o Mar Negro e o Mar Egeu. Em 1316 eles conquistaram Adrianópolis (atual Edirne) e mudaram a capital para lá em 1402. Os estados cristãos estavam impotentes diante da incansável onda de ataques otomanos e a Bulgária rapidamente sucumbiu. Em 1385, Sófia foi tomada pelos turcos, seguida de Nish em 1386. Esse avanço aparentemente incansável dos turco-otomanos demonstrou de forma crítica a fraqueza da resistência cristã.

Então a crise se agravou. Em 1389, o exército de Lázaro, rei da Sérvia, foi derrotado pelos otomanos em Kosovo, quebrando o restante da resistência sérvia. Sérvia e Valáquia se tornaram estados vassalos dos otomanos, Constantinopla foi cercada e Tessália, na Grécia, foi conquistada. Em 1396, uma cruzada de húngaros e franceses enviada para socorrer os bizantinos foi massacrada em Nicópolis, às margens do Rio Danúbio. Uma cavalaria ocidental, vinda principalmente da França, avançou impetuosamente contra a infantaria otomana, mas foi derrubada pelas linhas de tiro otomanas, depois forçada a recuar e expulsa pela cavalaria reserva otomana. A cristandade no Oriente parecia condenada.

O que sobrou de Bizâncio só foi salvo porque os otomanos foram ainda mais massacrados em Ankara pelo conquistador da Ásia Central Timur, o Coxo (Tamerlão) em 1402; foi como no passado, no século 13, quando os mongóis venceram os árabes e isso retardou a queda dos cruzados sobreviventes no Oriente Médio.

Acima: Afresco do século 16 sobre o Cerco de Constantinopla em 1453. A queda da cidade marcou o fim do Império Bizantino.

O sultão Murade II (que reinou de 1421 a 1444 e de 1446 a 1451) restaurou os otomanos, embora tenha fracassado no cerco de Constantinopla em 1421. Nos anos 1430, Murade invadiu boa parte dos Bálcãs e anexou a Sérvia em 1439. Em 1443, em resposta aos sucessos otomanos, partiu uma cruzada liderada por Ladislau I da Hungria (Ladislau III da Polônia). Inicialmente os cruzados conquistaram Nish e Sófia e, em 1444, chegaram a Varna, no Mar Negro. No entanto, foram expulsos e Ladislau foi morto ali por Murade II, que foi protagonista na batalha. Em 1448, Murade derrotou uma cruzada húngara em Kosovo e isso pôs fim às esperanças de salvar Constantinopla.

Maomé II (que reinou de 1444 a 1446 e de 1451 a 1481) conquistou Constantinopla em 1453, valendo-se de seu exército maior e do uso habilidoso da artilharia. Ele também invadiu a Moreia (Peloponeso) e algumas ilhas do Mar Egeu. Apesar do cerco otomano de Belgrado de 1440 ter falhado, o de 1456 foi bem-sucedido. A Sérvia foi anexada em 1458, a Valáquia se tornou vassala, a Bósnia foi conquistada em 1463 e a Albânia finalmente foi conquistada em 1478-1479.

Em 1480, as tropas otomanas chegaram a Otranto, no sul da Itália, a pouca distância de Roma. O Império Romano ocidental já fora extinto um milênio antes e agora uma nova conquista da Europa Ocidental parecia iminente.

O surgimento do poder de Moscou

Depois das conquistas mongóis, a Rússia europeia foi dominada pelo Canato da Horda Dourada, um estado sucessor mongol que impunha tributos às principalidades russas e as invadia para arranjar escravos. Contudo, após ser enfraquecida por Timur (Tamerlão), a Horda Dourada foi dividida. Isso criou oportunidades para as principalidades russas prosperarem, especialmente Moscou. A queda de Constantinopla em 1453 fez com que a Rússia pudesse reivindicar a liderança da cristandade ortodoxa, motivando a política de "unir as terras russas". Em 1456, em Staraya Russa, o grande príncipe Basílio II de Moscou conseguiu derrotar um exército da poderosa cidade-estado de Novgorod e seus lanceiros fortes fazendo bom uso de arqueiros montados a cavalo, parcialmente ajudados pelos tártaros. Assim, Novgorod foi forçada a aceitar o domínio de Moscou, um importante passo para a consolidação da Rússia cristã. A cidade finalmente foi conquistada em 1477, e um dos motivos foi que o grande príncipe Ivan III conseguiu tirar vantagem de suas divisões sociais e políticas. Outras principalidades russas foram subjugadas nos anos 1450 e 1460.

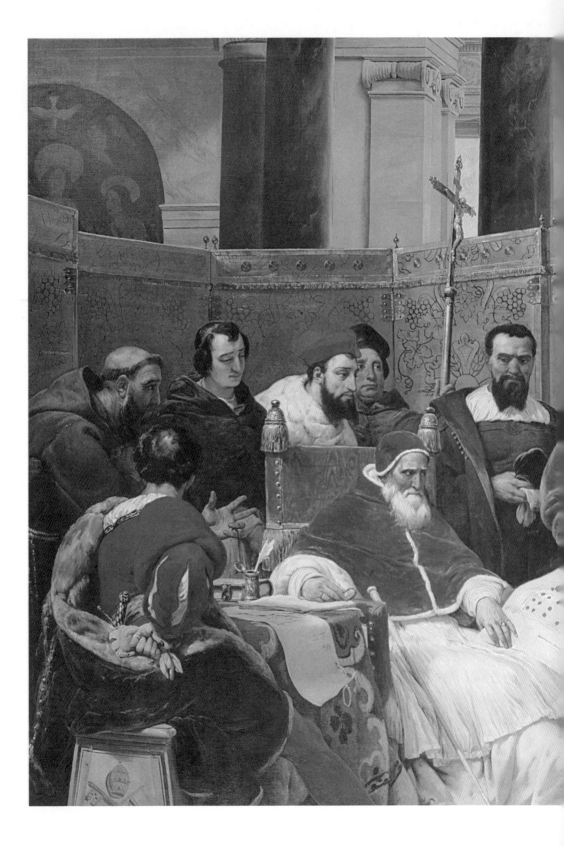

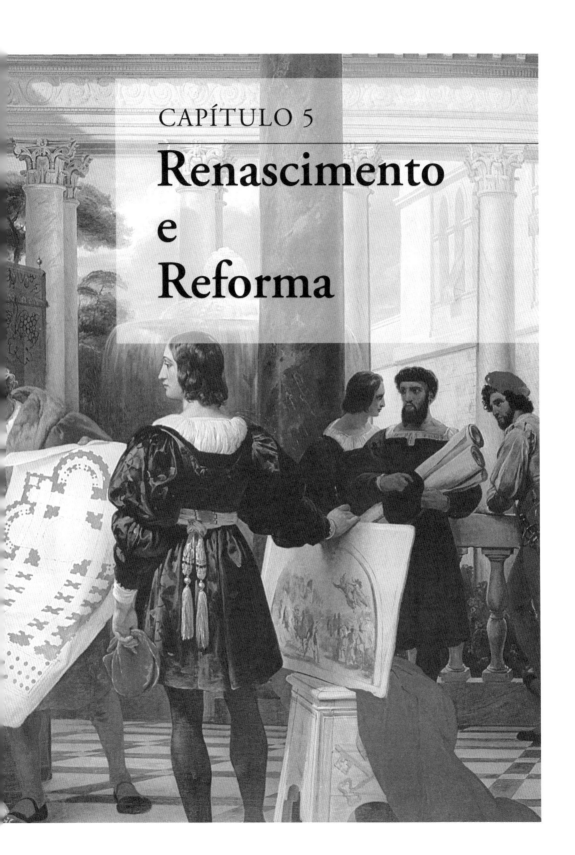

CAPÍTULO 5
Renascimento e Reforma

CAPÍTULO 5

Renascimento e Reforma

1450-1650

Muito do que nos é familiar hoje surgiu entre os séculos 15 a 18, período conhecido como "pré-moderno", embora haja certa participação dos séculos medievais. Viagens internacionais de exploração, Renascimento e Reforma: tudo isso levou a uma época em que a Europa Ocidental era mais dinâmica, com os comerciantes e as grandes potências chegando ao mundo todo por volta de 1650.

Explorando os oceanos

Os portugueses conquistaram Ceuta, no Marrocos, em 1415, e dali viajaram para o sul ao longo da costa atlântica do Norte da África, esperando encontrar as fontes do ouro trazido de lá pelo Saara e encontrar também Preste João, lendário rei do cristianismo etíope com quem planejavam libertar a Terra Santa do Islã. Por volta

PRÍNCIPE HENRIQUE, O NAVEGADOR (1394-1460)

Terceiro filho do rei João I e figura central na expansão marítima portuguesa além-mar, Henrique nunca viajou para além do Marrocos. Por outro lado, a fim de dar continuidade ao conflito com os mouros, Henrique aproveitou seu controle da Ordem de Cristo para financiar a expansão e a experiência navega-cional. Para isso, ele fundou uma escola de navegação em Sagres, em 1416. Sob a liderança de Henrique, a navegação portuguesa descobriu o padrão dos ventos alísios atlânticos. Após encorajar a conquista de Ceuta, em 1415, e com a ajuda de seu irmão Eduardo (que reinou de 1433 a 1438), Henrique buscou encontrar as fontes de ouro que algumas caravanas traziam do oeste africano. Muito religioso, Henrique era celibatário e morreu endividado, recebendo mais tarde o título de "O Navegador".

Páginas anteriores: Papa Júlio II discute a construção do Vaticano e da Basílica de São Pedro com Michelangelo e Rafael. Pintura do século 19.

À esquerda: Henrique, o Navegador, buscou melhorar as habilidades navais portuguesas para descobrir a fonte do ouro do oeste africano.

dos anos 1440, chegaram à costa da Guiné, depois, aproximadamente em 1480, chegaram à entrada do Rio Congo.

Os europeus conheciam cada vez mais o tamanho do mundo. Em nome de Portugal, Bartolomeu Dias deu a volta no Cabo da Boa Esperança em 1488, seguindo uma nova rota para o Oceano Índico. Outro navegador português, Vasco da Gama, chegou a Calicute (atual Kozhikode) na Índia em 1498, no final da primeira viagem da Europa à Índia. Com pesados canhões, seus navios venceram a resistência de navios indianos.

Portugal fundou um império naval comercial no Oceano Índico. O comércio de longa distância gerava lucros, mas tinha despesas; com isso foram surgindo

A TROCA COLOMBIANA

Com o fluxo de pessoas e produtos vindos dos dois lados do Atlântico surgiu um "Mundo Atlântico". As Américas produziam vegetais como batata, tomate, tabaco e cranberry. O Velho Mundo enviava cavalos, armas e doenças, como varíola, que afetaram gravemente a população americana nativa.

novas práticas comerciais ocidentais até chegar às companhias de sociedade por ações. Foram criadas bases comerciais além-mar, como em Macau na China e em Nagasaki, no Japão. A crescente expansão transoceânica deixou um legado de magníficos edifícios, como o belíssimo Mosteiro dos Jerônimos em Belém, Lisboa.

Na divisão papal do novo mundo em 1493, seguida do Tratado de Tordesilhas em 1494, Portugal "recebeu" a África, o Oceano Índico e o que mais tarde foi "descoberto" como sendo o Brasil; ao passo que a Espanha ficou com o restante das Américas. Em 1529, o Tratado de Saragossa traçou outra linha semelhante no leste da Ásia. Portugal e Espanha também conquistaram e se estabeleceram nas ilhas do Atlântico Leste – Ilhas Canárias, Madeira, Açores e Cabo Verde – que se tornaram importantes pontos de parada nas rotas para as Índias Ocidentais e a América do Sul. A Ilha Grande Canária finalmente foi subjugada pelos castelhanos em 1483, e Tenerife em 1496, mas Açores era inabitada.

Inovações tecnológicas desempenharam papel importante na exploração europeia. Os ocidentais começaram a usar a bússola para navegação no século 12. Inicialmente, a bússola era uma simples agulha flutuando em água, mas depois se desenvolveu em um articulado indicador e, por volta do século 15, já conseguia compensar a significativa diferença entre o norte verdadeiro e o norte magnético, tornando fácil para os navegadores marcar as direções.

O aumento do comércio ocidental foi ameaçado pela pirataria europeia e não europeia. O poder naval turco também ameaçava a posição ocidental no Mar Mediterrâneo e competia com o avanço para o Oceano Índico. No entanto, os europeus foram bem-sucedidos em uma série de batalhas nesses dois locais, especialmente em Lepanto, em 1571, e fortaleceram também o comércio de longa distância.

O Renascimento

Havia mais em jogo do que apenas arte no Renascimento, o qual, após certas antecipações,

À esquerda: O humanismo envolveu a redescoberta de antigos textos greco-romanos. Nesta figura do século 15, Coluccio Saluati (1331-1406), um dos líderes do movimento humanista italiano, lê um texto clássico.

Acima: Desidério Erasmo foi um dos líderes do Renascimento Nórdico. Seus escritos levantaram várias questões filosóficas e teológicas que prepararam o palco para a Reforma.

chegou com força no norte e centro da Itália no século 15. Um passo importante foi a renovação do interesse e aumento do conhecimento da literatura clássica (greco-romana) por estudiosos humanistas. Esses estudiosos e escritores usavam, cada vez mais, a filologia (o estudo da linguagem) para ler textos clássicos de forma precisa e entendê-los. Essa renovação trouxe novas informações sobre o mundo antigo e, mais importante, trouxe modelos para a compreensão dos tempos recentes e a situação da época. O aprendizado humanista estava ligado à leitura crítica autoconsciente das fontes. Houve transformação na compreensão ocidental de tempo: os pensadores renascentistas buscavam ir além do alegado presente decrépito e degenerado a fim de alcançar a realidade de um passado mais virtuoso. A classificação do tempo criou uma distinção que não fazia parte do pensamento cristão, com sua ênfase na huma-

> **GALILEU**
> *Muitas das tendências de pesquisa intelectual do Renascimento continuaram sendo investigadas depois dele, mas com crescente oposição. Galileu (1564-1642) foi professor de Matemática em Pádua e depois matemático do grão-duque Cosme da Toscana, atuou como um racionalista autoconsciente e pesquisador empírico do Sistema Solar. Com base em seu trabalho usando o recém-inventado telescópio, Galileu ajudou a tornar relevantes e convincentes as ideias de Nicolau Copérnico (1473-1543), especialmente a de que a Terra se move em torno do Sol. Ao fazer isso, Galileu ficou malvisto aos olhos da Igreja Católica.*

Acima: A obra de Michelangelo "A criação de Adão", pintada entre 1508 e 1512 no teto da Capela Sistina, foi uma das mais impressionantes criadas durante o Renascimento.

nidade caída aguardando a redenção na Segunda Vinda de Cristo. Em lugar disso, a história poderia ser levada em conta para distinguir uma "Idade das Trevas" de uma Antiguidade anterior que podia trazer renovação presente e futura. Em 1345, o poeta Francesco Petrarca (1304-1374), o primeiro dos grandes humanistas italianos, descobriu a obra de Cícero *Cartas a Ático*, que foi crucial no processo de descoberta de textos clássicos esquecidos e que muito chamou a atenção para eles.

O centro artístico do Renascimento foi o centro-norte da Itália, especialmente Florença, Veneza e Roma. Cortes principescas como Mantua e Urbino também merecem ser citadas. Pintura, escultura e arquitetura foram importantes áreas de atividade. A representação precisa da figura humana foi particularmente especial na pintura e na escultura. Michelangelo e Leonardo da Vinci foram figuras-chave, criaram algumas das mais memoráveis obras do período, como a escultura *David*, de Michelangelo, e a pintura *Mona Lisa*, de Leonardo da Vinci. Houve também um Renascimento Nórdico, especialmente em Bruges e Ghent, na Bélgica. Sua figura principal foi Desidério Erasmo (1469-1536), um humanista holandês que editou o Novo Testamento. Outro grande centro cultural do norte foi Augsburg, na Alemanha.

Imprensa

Por volta de 1439, Johannes Gutenberg começou a usar sua primeira prensa de impressão em Mainz, Alemanha. Sendo ourives, ele utilizou as máquinas e técnicas da época (entre elas a técnica de gravar letras invertidas no molde, no perfurador de metal e na prensa) e criou um sistema de impressão usando letras isoladas que podiam ser mudadas de lugar e reutilizadas. Ele beneficiou-se da quantidade limitada de caracteres da linguagem ocidental (comparada à chinesa) e da disponibilidade de informações sobre as propriedades dos metais latão, chumbo e antimônio, utilizados para fazer os tipos.

Acima: Reprodução da prensa de impressão criada por Johannes Gutenberg em 1439. A invenção se espalhou rapidamente por toda a Europa e a escrita impressa se tornou uma grande influência na sociedade.

A primeira prensa de impressão chegou à Itália em 1464-1465. Por volta de 1500, havia prensas em 236 cidades da Europa. Por volta de 1600, mais de 392 mil títulos diferentes já haviam sido publicados no continente europeu. Entre os grandes centros de impressão estavam Veneza, Lyons, Nuremberg e Antuérpia. Embora visassem lucro, os impressores também desempenhavam o papel de promover mudanças que ajudariam a criar um mundo diferente. Isso foi especialmente marcante durante a Reforma Protestante, que se apoiou muito no poder da publicação impressa para superar as restrições tradicionais em discussões e propagação de ideias. Além disso, a impressão da Bíblia fez com que a imprensa se tornasse uma fonte mais confiável de informação. Embora imprimir fosse uma das principais formas de transmissão intelectual e cultural, criou, ao mesmo tempo, grandes contrastes sociais e geográficos, especialmente por causa da alfabetização.

As guerras italianas

A invasão francesa de 1494 deu início às chamadas Guerras Italianas. Essas guerras foram um reflexo não apenas das divisões que havia na Itália, mas de um desejo novo (ou melhor, renovado) de intervenção por governantes estrangeiros. Carlos

Abaixo: Pintura do século 16 mostra a Batalha de Pávia, em que Francisco I foi derrotado pelas tropas do imperador Carlos V.

VIII da França (que reinou de 1483 a 1498) conquistou e reivindicou Nápoles em 1495, o que despertou oposição da Itália e de dois poderosos governantes que tinham suas próprias ambições: Maximiliano I (que reinou entre 1508-1519), sacro imperador romano, e Ferdinando II (que reinou entre 1479-1516), rei de Aragão, Sicília e Sardenha e marido de Isabella de Castela. A rivalidade que surgiu levou a uma série de conflitos e grandes batalhas, especialmente a derrota e captura de Francisco I da França por Carlos em Pávia, em 1525. Essas guerras enfraqueceram a reação cristã ao avanço turco e só acabaram em 1559. Os governantes italianos tiveram de se adaptar aos desejos dos estrangeiros e os Médici só restabeleceram

Acima: Carlos V foi o governante mais poderoso de sua época. Senhor do Sacro Império Romano e da Espanha, seus territórios forneciam grande riqueza e tropas militares.

sua posição na Toscana graças ao apoio de Carlos. No final, em 1559, Espanha e França concordaram, com o Tratado de Cateau-Cambrésis, que Filipe II da Espanha (bisneto de Maximiliano, Ferdinando e Isabella) controlaria Milão e Nápoles, e assim a Espanha dos Habsburgo dominou a Itália e o papado.

Carlos V, o primeiro monarca "global"

Em 1519, Carlos I da Espanha, herdeiro dos tronos de Aragão, Castela, Habsburgo e Burgúndia, foi escolhido para se tornar o sacro imperador romano Carlos V. Isso lhe trouxe poder e pretensões sem precedentes, especialmente porque seus súditos espanhóis estavam conquistando as Américas, que seriam uma fonte de grande riqueza. Graças à extensão de seu poder, Carlos V se beneficiou das redes comerciais e financeiras italianas e alemãs. Essa disponibilidade garantiu a possibilidade de exploração transoceânica espanhola usando práticas melhores do que simplesmente "destruir e saquear", como era comum nas primeiras fases de conquista. Os interesses alemães e italianos foram protegidos pela cooperação com a Espanha.

No entanto, Carlos V enfrentou três desafios persistentes: a França, os turcos e a Reforma. A princípio ele também enfrentou oposição na Espanha, onde houve revoltas de 1519 a 1521 contra seu uso do idioma francês e de conselheiros não espanhóis, contra a cobrança de novos impostos e

Acima: A obra de Alejo Fernandéz "A Virgem dos Navegadores", pintada entre 1531 e 1536, ilustra a Virgem protegendo os navios de Carlos V nas viagens ao Novo Mundo.

RENASCIMENTO E REFORMA 135

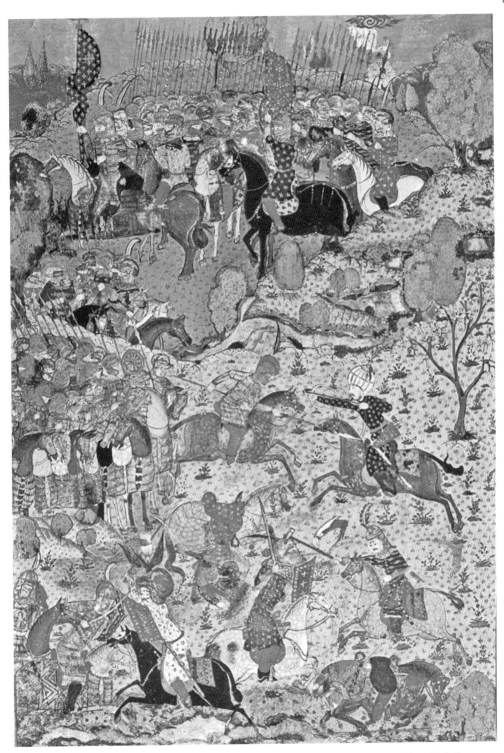

Acima: Depois da morte de Luís II da Hungria na Batalha de Mohács em 1526, os Habsburgo tentaram expandir sua influência ainda mais, reivindicando as coroas da Boêmia e da Hungria.

o fato de ele ter abalado as redes de clientelismo já existentes. Persuadindo a nobreza, Carlos pôs fim a esses protestos.

O principal foco das ambições de Carlos era honra e glória e, assim como seus antecessores, ele dava grande ênfase a prestígio e classe. Sua busca por renome tinha grande impacto em suas escolhas, inclusive na maneira como ele resolvia as prioridades conflitantes em seus muitos domínios. Além das questões de interesse familiar e de desejos pessoais, houve a implantação do poder coletivo dos muitos domínios que Carlos governou.

Como propagador da Igreja Católica no Novo Mundo e seu protetor contra os protestantes e muçulmanos, Carlos V atribuiu um novo papel global à monarquia espanhola iniciada por seus avós, Ferdinando de Aragão e Isabella de Castela. Esse papel é ilustrado na "Sala de audiências" do palácio de Sevilha, em que um *retablo* (retábulo) de Alejo Fernandéz ilustra a Virgem dos Navegadores estendendo seu manto protetor sobre os *conquistadores,* seus vassalos e Carlos. Em outras partes dessa obra, a pomposa inscrição latina acima da entrada do mausoléu real do Palácio Escorial, construído perto de Madrid pelo filho de Carlos, Filipe II, chama Carlos de "o mais exaltado de todos os césares". Após a morte do rei Luís da Hungria pelos turcos na Batalha de Mohács em 1526, o irmão de Carlos, Ferdinando, foi coroado rei da Boêmia e, com certa contenda, reivindicou a coroa da Hungria.

Carlos parece ter sido bem-sucedido em promover seus interesses no final dos anos 1540, derrotando príncipes protestantes alemães, especialmente na Batalha de Mühlberg, em 1547. Porém, a situação piorou muito em 1552, quando muitos dos príncipes protestantes cooperaram com Henrique II da França em atacar Carlos. Pouco depois, Carlos, exausto, dividiu seu império entre seu irmão Ferdinando I, o novo sacro imperador romano (que recebeu a parte austríaca da herança), e seu filho único, Filipe, que ficou com o restante: Espanha, territórios italianos, Países Baixos e territórios espanhóis no Novo Mundo, tornando-se Filipe II da Espanha.

O avanço turco

Na época de Selim I, o Resoluto (que reinou de 1512 a 1520), os turcos focaram na Pérsia (Irã) e no Egito, derrotando ambos e, ao conquistar o Egito, puseram fim a uma divisão geopolítica que durara meio milênio.

Na época do filho de Selim, Suleiman, o Magnífico (que reinou de 1520 a 1566) houve grandes avanços no sudeste da Europa e no Mediterrâneo. No sudeste da Europa, Belgrado caiu em 1521, já Viena foi cercada em 1529.

RENASCIMENTO E REFORMA 137

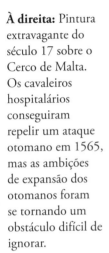

À direita: Pintura extravagante do século 17 sobre o Cerco de Malta. Os cavaleiros hospitalários conseguiram repelir um ataque otomano em 1565, mas as ambições de expansão dos otomanos foram se tornando um obstáculo difícil de ignorar.

Suleiman não a conquistou, mas não havia dúvida para onde ele estava indo. Na Hungria, Suleiman inicialmente preferiu exercer influência por meio de seu governante anti-Habsburgo, János Szapolyai, mas depois que ele morreu em 1540, Suleiman lutou diretamente com o sacro imperador romano, Ferdinando, irmão de Carlos V, conquistando Buda em 1541, Eztergom em 1543 e Temesvár em 1552. No Mediterrâneo, os turcos conquistaram Rodes (1522), fracassaram em Malta (1565) e conquistaram Chipre (1570-1571). Ao estabelecerem presença em Algiers a partir de 1519, sua capacidade de suportar oposição no oeste do Mediterrâneo aumentou.

A Reforma

No início do século 16, a Igreja Católica buscou ser uma igreja universal com práticas padronizadas. Havia variações locais, como o apego a certos santos e santuários, e o recrutamento local de clérigos. No entanto, a obediência ao papado em Roma permaneceu fundamental. Embora houvesse claros abusos clericais que levaram à pressão por mudança, a devoção popular às práticas religiosas era inegável.

Essa situação foi mudada com a Reforma. Houve alguns precursores anteriores à Reforma, como os lolardos na Inglaterra e os hussitas na Boêmia. Em 1420-1431,

REFORMA E CONTRA-REFORMA

Acima: Ilustração do *Kaiser Sigismund's Book* (1445-1450) mostra João Hus sendo queimado numa fogueira. O movimento hussita foi importante precursor da Reforma.

1420-1431 – Rebelião hussita

1492 – Judeus expulsos da Espanha

1517 – Lutero posta as 95 teses

1521 – Dieta de Worms

1522 – Anabatismo surge como um ramo das reformas de Ulrico Zuínglio

1529 – Lutero e Zuínglio se encontram, mas não conseguem chegar a um acordo

1534 – É aprovado o Ato de Supremacia, confirmando o rompimento da Inglaterra com a Igreja Romana

1534 – Surge a Sociedade de Jesus

1536 – João Calvino publica as *Institutio Christianae Religionis*

1536 – Henrique VII dissolve os mosteiros

1545-1563 – Concílio de Trento

1553 – Rainha Maria I restaura o catolicismo na Inglaterra

1555 – Paz de Augsburgo

1558 – Rainha Elizabeth I restaura o protestantismo na Inglaterra

1559 – João Knox estabelece uma Igreja Protestante na Escócia, seguindo os princípios de João Calvino

1562-1598 – Guerras Francesas da Religião

1598 – Edito de Nantes garante tolerância aos huguenotes

o movimento herético hussita derrotou uma série de cruzadas autorizadas pelo papado, em parte devido ao fato de terem criado uma infantaria capaz de vencer cavalaria pesada.

A Reforma propriamente começou em Wittenberg, Alemanha, em 1517, quando o padre Martinho Lutero atacou a corrupção da Igreja Católica. Mal administrada pela Igreja e aproveitada pelos príncipes para reaver territórios, a Reforma foi radicalizada. Em vez de se tornar uma tendência de reavivamento dentro da Igreja, tornou-se uma nova forma de cristianismo chamada protestantismo, o qual, por sua vez, foi dividido em luteranismo e calvinismo (conforme João Calvino, que liderou a reforma em Genebra). Também houve um ramo radical chamado anabatismo.

Rejeitando a autoridade do papa, os protestantes buscaram validação diretamente da Bíblia, em vez da Igreja Católica. Isso os levou a enfatizar a importância de as pessoas lerem a Bíblia, e eles apoiaram sua publicação e tradução vernacular

RENASCIMENTO E REFORMA 139

(tradução para o idioma popular) em vez da versão em latim. Assim, a alfabetização se tornou importante. A impressão em papel foi fundamental para o sucesso da Reforma, pois os impressores produziam cópias dos sermões de Lutero com mais rapidez do que a Igreja conseguia destruí-los.

A panóplia visual do mundo milagroso foi atacada pelos protestantes. Em contraste, a Contra-Reforma Católica enfatizou a arte usando-a com efeitos teatrais, como no Barroco, e os "santos vivos" como visionários, estigmatizados, místicos, operadores de milagres, curas e exorcistas.

Os protestantes pensaram ser mais fácil destruir ou mudar as instituições e práticas públicas do catolicismo medieval erradicando muito de suas formas artísticas, como vitrais e pinturas de parede em igrejas, impedindo peregrinações e abolindo monastérios, do que criar uma nova ordem eclesiástica nacional estável ou um interesse nacional pelo protestantismo. O analfabetismo, que impedia a leitura das traduções da Bíblia, a falta de pregadores protestantes qualificados e a relutância em abandonar a "velha religião" limitaram o avanço do protestantismo. No entanto, o apoio de governantes – como os reis da Dinamarca, Suécia, Inglaterra e por fim Escócia, vários príncipes do Sacro Império Romano e concílios de cidades livres – garantiu a adoção da Reforma.

O protestantismo se tornou a religião dominante no norte da Europa e Inglaterra, onde o resultado do rompimento de Henrique VIII com Roma nos anos 1530 tomou uma direção mais radical no governo de Eduardo VI (que reinou de 1547 a 1553). No

Acima: Uma impressão das 95 teses de Lutero, de 1517, que deram início a uma revolução religiosa em toda Europa: a Reforma.

Acima: Retrato de Henrique VIII feito por Hans Holbein, o Jovem, pintado em 1537. Henrique VIII rompeu com a fé católica durante os anos 1530, tal como muitos governantes do norte da Europa.

À direita: Xilogravura que ilustra a venda de indulgências, do panfleto de 1521 *On Aplas von Rom jan man wol slig warden.*

reinado de Maria (1553-1558) houve uma reação católica e depois foi estabelecido um protestantismo moderado no reinado de Elizabeth I (1558-1603). Escócia, Genebra, Países Baixos e partes da Alemanha seguiram as ideias calvinistas, como a ausência de bispos. O luteranismo foi seguido na Escandinávia e no norte da Alemanha.

Alguns resultados da Reforma foram divisão e conflito civil, imensa conspiração política, busca de apoio de correligionários estrangeiros e as diferenças regionais, sociais e faccionais exacerbadas pelo antagonismo confessional. A religião impulsionou o surgimento de teorias e práticas de resistência, o que era de se esperar em um mundo político em que tudo parecia estar em jogo por causa do prospecto de mudança religiosa envolvendo o Estado. Estados e governantes começaram a se definir por suas opções religiosas. Isso significou, por exemplo, que os católicos podiam ser vistos como apoiadores de potências estrangeiras hostis, fazendo com que essas potências se mostrassem ainda mais ameaçadoras pelo fato de parecerem ter apoio interno.

A Contrarreforma

A Contrarreforma foi um movimento de reforma dirigido contra o protestantismo e a favor de uma renovação do catolicismo. Ela começou em Trento, capital de um príncipe-bispado (território sob controle de um clérigo católico) no norte da Itália,

Acima: O Concílio de Trento em 1545 tentou corrigir os abusos do catolicismo medieval ao mesmo tempo que condenava claramente o protestantismo como heresia.

onde um concílio da Igreja foi aberto em 1545 e durou até 1563. Um dos aspectos positivos da Contrarreforma foi o aumento do papel vital da Igreja no cuidado social. No entanto, de forma menos positiva, as tentativas de restaurar a unidade da Igreja por meio de um acordo doutrinário com o protestantismo junto com reformas na Igreja Católica foram deixadas de lado, mantendo o ensino católico existente e adotando uma abordagem rígida e intolerante pelo papado. Foi criado um *index* (uma lista) de livros proibidos e a Inquisição se tornou mais poderosa.

A Contrarreforma se baseou em raízes pré-reformadas que buscavam introduzir mudanças no clero, aumentar a piedade dos leigos, fazer proselitismo de não crentes – o que foi impulsionado pela fundação da Ordem de Jesus (os jesuítas) – e garantir a ortodoxia entre os cristãos. Essa busca por ortodoxia significou que os que tinham visão diferente seriam tratados com dureza.

LIDANDO COM A HERESIA

Na Espanha, Lucrécia de León, jovem de origem modesta nascida em 1568, era uma sonhadora profética vista por seus apoiadores como uma vidente divinamente inspirada. Seus sonhos criticavam o governo de Filipe II da Espanha. Em três sonhos, em 1588, ela viu um dragão de sete cabeças com os sete pecados capitais cuspindo fogo na Espanha. Filipe ordenou que a Inquisição a prendesse sob acusação de heresia e sedição, e ela foi torturada e confinada em um convento.

AS GUERRAS FRANCESAS DA RELIGIÃO, 1562-1598

Junto com a divisão religiosa e o fracasso político na França, o colapso do sistema político e governamental significou que não era possível reunir recursos para formar um grande exército, resultando em colapso militar. A intervenção estrangeira na França, especialmente da Espanha em favor dos franceses católicos e da Inglaterra em favor dos huguenotes protestantes, complicou a situação. Um acordo pôs fim às guerras em 1598. Henrique IV (Henrique de Navarra) se converteu ao catolicismo em 1593 a fim de obter o controle de Paris (supostamente afirmando que "Paris vale uma missa"). Ele teve de se comprometer com a Liga Católica, com a Espanha e, pelo Edito de Nantes, com os huguenotes, que ganharam o direito de fortificar cidades. Esse direito foi reflexo do poder que tinham.

À direita: O Massacre do Dia de São Bartolomeu em 1572 foi um dos eventos mais chocantes das Guerras Francesas da Religião. Milhares de protestantes (conhecidos como huguenotes) foram assassinados em todo o país.

144   CAPÍTULO 5

Em geral, os *autos-da-fé* (fogueiras) organizados pela Inquisição eram populares, visto serem estrangeiros os punidos, geralmente judeus e muçulmanos secretos.

A hostilidade contra judeus e muçulmanos já era antiga, mas foi promovida ainda mais durante o século 16. Na Espanha em 1492 e em Portugal em 1496, os judeus receberam ordem de se converterem ao cristianismo ou seriam expulsos do país. Sinagogas foram transformadas em igrejas. Os muçulmanos na Espanha no início do século 16 foram tratados da mesma forma. No entanto, a conversão já não bastava nessas sociedades paranoicas. Leis de "pureza-de-sangue" foram emitidas para banir os judeus *conversos* de posições e honras especiais, ao passo que os *moriscos* (muçulmanos convertidos) foram expulsos da Espanha em 1609. Essa limpeza da sociedade foi um reflexo da imposição da norma ideológica do catolicismo autoritário.

Na Contra-Reforma, especialmente entre 1580 e 1648, o protestantismo foi derrotado na Bélgica, França, Áustria, República Tcheca, Hungria, Eslováquia, Polônia e boa parte da Alemanha. As Guerras Francesas da Religião terminaram em 1598 mas logo retornaram, levando à vitória católica em 1629. A dinastia Valois terminou com o assassinato de Henrique III em 1589, durante o cerco de Paris. O líder protestante Henrique de Navarra converteu-se ao catolicismo a fim de ser coroado rei Henrique IV da França em 1594.

A Revolta Holandesa (1568-1609 e 1621-1648) e a Guerra dos Trinta Anos (1618-1648) terminaram com Holanda e Alemanha se dividindo entre protestantismo e catolicismo. Os governantes católicos foram expulsos da Escócia e da Suécia, e a Irlanda católica foi conquistada pela Inglaterra.

A era da Espanha

Em escala global, nada se comparava ao sucesso imperial da Espanha, que estava mais apta que seus inimigos para enfrentar conflitos em grande escala por ter a vantagem da prata vinda do Novo Mundo, de instituições financeiras parcialmente baseadas nessa prata e por ter a capacidade de mobilizar recursos por todo o império. Nos anos 1560, a Espanha focou no conflito com os turcos, processo que culminou na Batalha de Lepanto, em 1571 (um grande embate de navios em que os turcos foram vencidos), e no conflito seguinte pelo controle de Tunis.

Em meados dos anos 1570, a Espanha resolveu mudar o foco e ser a protagonista das Guerras da Religião (1562-1598) na Europa Ocidental. Os sucessos da Espanha demonstraram seu poder sem igual na Europa cristã: a conquista de Portugal em 1580, a reconquista de boa parte dos Países Baixos (onde Filipe

O ESCORIAL

El Escorial, o palácio real e monastério próximo de Madri, foi construído entre 1563-1584 por ordem de Filipe II para ser uma declaração do papel da Espanha como defensora da cristandade. Há várias explicações sobre a planta em forma de grelha: uns diziam que se tratava de uma homenagem a São Lourenço, que foi assado até a morte em uma grelha; outros diziam que era baseada nas descrições do Templo de Salomão, figura pela qual Filipe tinha grande interesse.

Acima: Próximo a Madri, o Escorial foi construído para ser um monastério e um palácio que mostrassem o prestígio real e a piedade de Filipe II.

enfrentou a Revolta Holandesa) nos anos 1580, a inicialmente bem-sucedida intervenção nas Guerras Francesas da Religião, a habilidade com que frustrou os ataques ingleses a Portugal e ao Novo Mundo espanhol, e o contínuo controle sobre a Itália. Contudo, a tentativa da Armada Espanhola de invadir a Inglaterra em 1588 foi um fracasso total e, nos anos 1590, Filipe II não conseguiu reconquistar o norte da Holanda nem impedir a derrota de seus aliados na França.

A REVOLTA HOLANDESA

Entre 1566 e 1567, a política fiscal e religiosa altamente impopular de Filipe II da Espanha, bem como sua negligência para com a nobreza holandesa, levaram ao colapso do controle da Holanda. Em 1566, os calvinistas atacaram igrejas e destruíram as imagens católicas, um dramático rompimento com o passado. Preocupado com seu dever para com a Igreja e com o perigo de que a crise pudesse beneficiar os objetivos protestantes e franceses, Filipe enviou um grande exército liderado por um general veterano, Ferdinando, terceiro duque de Alba, a fim de restaurar a ordem. Alba chegou à Holanda em 1567, impôs novos impostos impopulares e tratou os opositores com dureza. No entanto, isso motivou ainda mais oposição a partir de 1572. A brutalidade de Alba não foi capaz de reprimir a oposição. Ainda assim, as grandes divisões entre rebeldes católicos e protestantes e o crescente radicalismo das cidades protestantes da província holandesa de Brabant (especialmente Bruges e Ghent) levaram ao colapso da precária unidade da revolta, principalmente a partir de 1577. Os nobres católicos do sul se mostraram desejosos de reconciliação com Filipe e de restauração da ordem social. Junto com a campanha bem-sucedida da Espanha no sul nos anos 1580, essa foi a base do surgimento de dois estados: a Bélgica católica, que permaneceu sob controle espanhol, e a Holanda protestante independente.

O antagonismo religioso tornou impossível que Filipe II, um católico rígido, fizesse acordos, minando também a prática da incorporação política. Como resultado, Filipe teve bem menos sucesso com a Revolta Holandesa do que com a oposição na Itália, em Portugal e Aragão.

À direita: Uma gravura contemporânea da Batalha de Dahlen, em 1568, um dos primeiros encontros da Revolta Holandesa. O exército espanhol sob Sancho Dávila y Daza derrotou o exército holandês, que perdeu a maior parte de sua força.

A Armada Espanhola

A Armada era parte de uma tentativa de vencer a rainha Elizabeth I da Inglaterra, pondo fim ao apoio inglês à causa holandesa. Isso envolveu enviar uma frota Canal da Mancha acima a fim de dar cobertura a uma invasão à Inglaterra por tropas espanholas na Bélgica. Essa estratégia estava baseada no mau conhecimento de como funcionam operações conjuntas e não deu certo. A frota espanhola abriu caminho pelo Canal da Mancha, mantendo sua coesão e força diante dos persistentes ataques ingleses. Todavia, antes que conseguissem se livrar dos navios ingleses e holandeses que bloqueavam a invasão de barcos espanhóis vindos dos portos belgas, a frota espanhola foi vencida pelo ataque inglês e forçada a sair para o Mar do Norte. De lá a frota tentou navegar de volta para a Espanha dando a volta pela Escócia e Irlanda, mas sofreu várias tempestades pelo caminho.

A crise da Espanha

Os historiadores costumam empregar a imagem de Dom Quixote atacando um moinho de vento no livro de Cervantes para representar a Espanha tola e pouco realista em sua busca por glória, tentando obter mais do que era capaz. Essa metáfora famosa e instrutiva serve como narrativa de seu declínio ou colapso. O grande império mundial de 1598 foi derrotado por França, Inglaterra e Holanda ao longo do século seguinte. Além disso, houve sérias dificuldades econômicas no século 17, provavelmente devido ao esfriamento global. Filipe IV da Espanha (que reinou de 1621 a 1625) também enfrentou revoltas, especialmente em Portugal e na Catalunha em 1640, como parte do que muitos historiadores chamam de "crise de meados do século 17", também vista nas Ilhas Britânicas, na França, Holanda e Rússia. A primeira revolta contra Filipe, parte de uma guerra que durou até 1668, acabou tornando Portugal independente, ao passo que a Catalunha só foi recuperada com grande esforço.

Apesar de seu suposto "declínio", na verdade a Espanha desfrutou de considerável sucesso nas três primeiras décadas do século 17, mas não permaneceu nesse estado. Os contínuos conflitos de 1621 a 1668 causaram terrível pressão financeira e nas estruturas e sistemas político-administrativas. Os encargos fiscais da guerra criaram crescentes problemas políticos. Em 1624, a tentativa de introduzir uma União de Armas, em que as regiões da Espanha proviam tropas proporcionais a sua população e tamanho, foi rejeitada pela Catalunha e, em 1627, o governo foi à falência. Essa crise causada pelo custo da guerra e pelas tentativas de reparti-lo

RENASCIMENTO E REFORMA   149

À esquerda: A Armada Espanhola enviada em 1588 para invadir a Inglaterra era uma força formidável. No entanto, os navios ingleses e holandeses conseguiram causar dano suficiente para forçar a frota espanhola a voltar para casa.

150   CAPÍTULO 5

deram ensejo à Revolta da Catalunha, em 1640. Nesse mesmo ano houve outra revolta bem-sucedida em Portugal e duas revoltas malsucedidas em Nápoles e na Sicília.

As Ilhas Britânicas no século 16

A Reforma estava diretamente envolvida nas relações entre Inglaterra, Escócia e Gales. A independência escocesa da Inglaterra estava ligada à aliança da Escócia com a França, o que repetidas vezes causou conflito, e o rei escocês Jaime IV foi morto na derrota em Flodden em 1512. A liderança francesa da causa católica e o avanço da Reforma na Escócia levaram à deposição da rainha Maria e sua substituição por seu jovem filho protestante Jaime VI. A aceitação da Reforma por Escócia e Gales foi crucial para sua integração à mentalidade e política britânica. No entanto, a Irlanda rejeitou a Reforma, o que ensejou sua conquista pelos ingleses e à imposição do governo.

As Ilhas Britânicas diferiam do resto da Europa em muitos aspectos. A Igreja da Inglaterra, o tamanho e a importância de Londres, o papel da *Common Law* (Lei Comum) e o pequeno tamanho do exército eram, de certa forma, exclusivos do estado da ilha. A tradição da *Common Law* (baseada em jurisprudência e precedentes, e não em um código legal) foi importante para a divergência legal, intelectual e política entre a Grã-Bretanha e a Europa continental, divergência em que a lei romana em código prevaleceu. Por exemplo, o sistema de júri inglês garantia a participação popular na justiça. Londres promovia a interação entre o pensamento e os valores burgueses e aristocráticos, bem como a influência de considerações comerciais na política nacional.

Elizabeth I (que reinou de 1558 a 1603), por 45 anos, foi a monarca inglesa que reinou por mais tempo depois de Eduardo III (que reinou de 1312 a 1377, 65 anos). Essa longevidade foi uma oportunidade para a consolidação da Igreja Elizabetana, o desenvolvimento de certa estabilidade política e o estabelecimento de sucessão protestante aceita pela maioria. Em seu reinado houve a expansão comercial inglesa, o desenvolvimento financeiro do Estado, o crescimento da cidade de Londres e o florescimento do teatro. Os benefícios da longevidade contrastam com a França, em que havia sucessão de reinados curtos, com o assassinato de Henrique III em 1589 e de Henrique IV em 1610.

À direita: Elizabeth I foi uma das monarcas inglesas que reinou por mais tempo; sua longevidade se deveu, em grande parte, à conjuntura política.

RENASCIMENTO E REFORMA 151

A crise da Grã-Bretanha

Em 1603 Escócia e Inglaterra se uniram, o que Jaime VI da Escócia e Jaime I da Inglaterra chamaram de Grã-Bretanha. No entanto, essa união foi quebrada por causa das políticas de Carlos I (que reinou de 1625 a 1649). Sem bom senso, flexibilidade nem pragmatismo, Carlos não era honesto nem confiável. Sua crença na ordem e na dignidade real o levaram a atitudes insensíveis e arrogantes diante de qualquer desentendimento. A tensão causada por seus impostos absurdos e suas políticas eclesiásticas aparentemente criptocatólicas (ser católico, mas camuflar-se dizendo ser de outra religião) fizeram com que Carlos perdesse apoio na Inglaterra. Contudo, o verdadeiro colapso aconteceu na Escócia, levando às Guerras dos Bispos (1639-1640). Isso marcou o início das guerras civis e caracterizou todo o período. Carlos não lidou bem com a situação e com a perda, a religião teve papel importante na guerra e envolveu diferentes partes das Ilhas Britânicas, todas divididas.

A crise forçou Carlos a retomar o Parlamento na Inglaterra, mas o período de seu "governo pessoal" sem Parlamento, desde 1629, gerou ressentimen-

Acima: O duque de Hamilton liderou a Força Real Escocesa na Guerra dos Bispos.

> **O SURGIMENTO DA ÓPERA**
>
> *A ópera foi uma forma de arte particularmente nova e marcante; seu desenvolvimento refletiu a energia e flexibilidade da cultura europeia, o papel da Corte e do patrocínio público. Claudio Monteverdi (1567-1643) foi contratado pelo duque de Mântua de 1602 a 1612 para desenvolver um novo tipo de entretenimento, a ópera, com as peças Orfeu (1607) e Ariana (1608). Houve precursores importantes e havia interlúdios entre os atos das peças, além de dramas em verso acompanhados por música. Mas Monteverdi produziu uma unidade musical, projetando sua música em grande escala. Mântua, Ferrara, Florença e Veneza se tornaram importantes centros de inovação musical.*

tos e muito medo de suas intenções. Numa atmosfera de crise crescente, a necessidade de formar um exército para lidar com uma grande revolta católica na Irlanda em novembro de 1641 polarizou a situação. Debates sobre quem iria controlar esse exército exacerbaram as tensões sobre a pressão do Parlamento por uma mudança no governo da Igreja. O poder e autoridade da coroa e do Parlamento vieram à tona e estavam em evidente oposição.

Os conflitos na Inglaterra começaram em julho de 1642. Repetidos sucessos levaram à vitória do Parlamento em 1646. Essa vitória se devia em parte ao apoio das regiões mais ricas da Inglaterra e da Escócia, bem como à tolice de Carlos; habilidades de combate e comando – além do acaso – foram muito importantes.

Após a vitória, os vencedores caíram. Em 1648, os escoceses invadiram a Inglaterra a favor de Carlos, mas foram derrotados por um exército liderado por Oliver Cromwell, que deu

À esquerda: Oliver Cromwell assumiu o título de lorde protetor da Inglaterra após a vitória do Parlamento na guerra civil inglesa. Ele governou de 1653 a 1658.

seguimento a sua vitória dissolvendo o Parlamento. Carlos foi julgado e executado por traição em 1649 e a Inglaterra foi declarada uma república.

Cromwell avançou para conquistar a Irlanda e a Escócia, assumindo o poder em 1653. Ele impôs um regime militar com um intolerante senso de propósito divino. Cromwell morreu em 1658 e o fraco e dividido regime republicano foi derrubado em 1660, com a restauração da monarquia por Carlos II.

A segunda escravidão

A transformação da sociedade rural do Leste Europeu numa "segunda escravidão", em que os camponeses faziam pesados serviços braçais, foi uma reação à demanda

GUERRA E DINHEIRO

Guerras se financiam com empréstimos, e empréstimos dependem de redes de crédito nacional ou internacional. Os Habsburgo pediram ajuda da família bancária Fugger de Augsburg, bem como de mercadores financiadores de Gênova. A França pediu ajuda aos banqueiros de Lyons e de Veneza. O financiamento público holandês e inglês veio de instituições como o Banco de Amsterdã e o Banco da Inglaterra, fundados em 1650 e 1694, respectivamente.

À esquerda: Banco de Amsterdã, obra elaborada em 1657. Esse banco se tornou o primeiro banco central da Europa e foi uma instituição financeira essencial para os mercadores da cidade.

de cereais para exportação para outras partes da Europa. Essa demanda aumentou muito na Europa Ocidental depois do rápido crescimento populacional no século 16 (após um crescimento limitado no século 15). A demanda foi atendida por exportações de centeio da Polônia via importantes rios como o Vístula e o Niemen. A exportação fez com que fosse importante controlar portos, como o de Danzig (Gdansk) no Vístula e Oresund entre o Mar Báltico e o Mar do Norte. Graças à exportação de cereal, ferro e madeira pelo Mar Báltico, seu papel na história europeia foi maior do que nunca, desde a era dos *vikings*. Mais que isso, o comércio pelo Mar Báltico uniu o Leste Europeu à parte Ocidental e financiou uma especialização que sustentou a "Segunda Escravidão".

Mas a Segunda Escravidão começou antes disso, com as mudanças do século 15 que ocorriam quando os lordes que haviam recebido posse privada de jurisdições públicas iam reagindo aos problemas econômicos do final do período medieval, especialmente à baixa demanda e às rendas fixas em dinheiro. A Segunda Escravidão controlou a expansão da economia monetária no Leste Europeu garantindo a contínua provisão de alimentos e serviços, em vez de dinheiro, para transações como aluguéis.

Disputas pelo Mar Báltico

A região báltica era a principal fonte de material de construção naval, exportando também cereais, cobre e ferro. A região ficou instável no século 16 por vários motivos. Em 1523, a União de Calmar – período em que Dinamarca, Noruega, Suécia e Finlândia tinham um único rei desde 1397

Acima: Ivan, o Terrível, ajudou a transformar o pequeno estado medieval da Rússia em um vasto império, mas enfrentou grande oposição de seus vizinhos no ocidente.

– chegou ao fim, dando origem a dois estados que competiam entre si pela hegemonia no norte: Dinamarca (que também governava a Noruega) e Suécia (que também governava a Finlândia).

Enquanto isso, a expansão do poder russo em direção ao Mar Báltico ameaçava a estabilidade política das terras na costa leste. Novgorod foi tomada pelos russos em 1477 e Pskov em 1510; a Lituânia foi atacada em 1500-1503, 1507-1508 e 1512-1515, e Smolensk foi conquistada em 1514.

Além disso, a Reforma levantou um debate sobre o que aconteceria com os grandes territórios controlados por ordens cruzadas, como os Cavaleiros Teutônicos e a Ordem Livoniana. A Reforma também separou a Polônia católica da Dinamarca e Suécia protestantes (Dinamarca e Suécia eram luteranas, porém fortes rivais). Ao mesmo tempo, Ivan IV da Rússia, o Terrível (que reinou de 1533 a

À esquerda: Pintura do século 19 de Sergey Ivanov sobre o "Tempo de Dificuldades" (1604-1613). Neste período houve crise de sucessão, fome e muitas guerras com a Polônia.

1584), enfrentou forte oposição da Dinamarca e da Suécia, ao passo que Polônia, Lituânia e Ucrânia, que formaram uma união em 1569, opuseram-se a seu avanço rumo ao Mar Báltico.

No oeste, a guerra entre Dinamarca e Suécia estava ligada ao estabelecimento da nova dinastia sueca Vasa e ao conflito entre protestantes e católicos (nos anos 1520 e 1530). A rivalidade religiosa foi um tema bem mais controverso na guerra entre Suécia e Polônia, conflito intensificado pela rivalidade (a partir dos anos 1590) entre diferentes ramos da família Vasa que governavam cada estado. Os poloneses conseguiram aproveitar a desunião russa no "Tempo de Dificuldades" (1604-1613), mas acabaram sendo expulsos da Rússia. Nos anos 1620, com certa dificuldade, Gustavo Adolfo da Suécia (que reinou de 1611 a 1632) conquistou a Livônia dos poloneses.

O surgimento da Rússia

O surgimento da Rússia foi um processo constante no Leste Europeu, interrompido apenas pela divisão e invasões estrangeiras do "Tempo de Dificuldades" (1604-1613). No reinado de Ivan IV (que reinou de 1533 a 1584), a Rússia obteve duas importantes vitórias no longo conflito com o islã. A primeira foi a conquista de Kazan, o estado islâmico mais ao norte, após muito esforço entre 1545 e 1552. Depois que Kazan foi conquistado por Ivan IV, houve intensas revoltas (1553-1556), mas foram reprimidas com grande brutalidade, reflexo de anos de medo e fúria por causa do conflito com Kazan e suas invasões em busca de escravos, além da hostilidade religiosa contra os muçulmanos.

A conquista de Kazan abriu caminho para a expansão ao longo do Rio Volga até Astrakhan (conquistada pelos russos em 1556), Cáucaso, Montes Urais e oeste da Sibéria. Essa vitória foi muito importante para a nova configuração da geopolítica da Eurásia a curto e longo prazo.

Ainda assim, não foi um processo fácil. As invasões do centro da Moscóvia pelos tártaros da Crimeia causaram enorme devastação no século 16. Moscou foi saqueada em 1571 e boa parte de sua população foi levada como escrava.

A Guerra dos Trinta Anos

A Guerra dos Trinta Anos (1618-1648) foi uma verdadeira guerra civil europeia, com vários conflitos: os Habsburgo da Áustria tentando manter o domínio do Sacro Império, as hostilidades da longa guerra entre Espanha e Holanda, a rivalidade entre França e Espanha, e o conflito dentro da dinastia Vasa entre os reis da Polônia e da Suécia.

RENASCIMENTO E REFORMA 159

Acima: Gravura da Defenestração[1] de Praga, em 1618. Esse incidente marcou o início da Guerra dos Trinta Anos, quando protestantes revoltosos jogaram pela janela agentes imperiais na sala do concílio em Praga.

Acima: Na Batalha de Nördlingen, em 1634, uma aliança católica de tropas austríacas e espanholas impôs grande derrota ao pequeno exército protestante sueco; os suecos estavam em desvantagem de 33 mil para 25 mil. Depois dessa batalha, as tropas suecas se retiraram da Alemanha.

---

[1] Nota do tradutor: Defenestração é o ato de jogar pessoas pela janela.

160 CAPÍTULO 5

Acima: Em 1648, a Paz de Vestfália pôs fim à Guerra dos Trinta Anos.

162   CAPÍTULO 5

A princípio, a guerra começou com uma revolta em 1618 contra a autoridade dos Habsburgo na Boêmia (atual República Tcheca). Essa revolta uniu a antipatia boêmia à forma de controle dos Habsburgo, a oposição protestante ao zelo católico cada vez mais ameaçador com o avanço da Contra-Reforma, e a força dos políticos aristocratas. Frederico, o Eleitor Palatino, um governante protestante, foi eleito por nobres boêmios rebeldes. Essa revolta foi massacrada pelas forças superiores dos Habsburgo na Batalha da Montanha Branca, nos arredores de Praga (1620). Assim, a autoridade dos Habsburgo foi reimposta e a Boêmia se tornou católica novamente. Ao mesmo tempo, houve a expropriação dos aristocratas rebeldes pelo Estado e a criação de uma nova aristocracia de apoiadores do sacro imperador romano Ferdinando II.

Depois que os boêmios ofereceram o trono a Frederico, tropas espanholas e bávaras invadiram seu palatinado em 1620. A guerra entre Holanda e Espanha foi retomada em 1621, após o fim de uma trégua de 12 anos negociada em 1609, e então os holandeses promoveram a oposição aos Habsburgo na Alemanha. O imperador Ferdinando II confiou suas tropas a um empreendedor militar boêmio, Albrecht von Wallenstein, que obteve uma série de vitórias, assim como Tilly, o general bávaro da Liga Católica. Em 1625, Cristiano IV da Dinamarca interveio na Alemanha do lado protestante, mas foi derrotado em 1626. A Dinamarca acabou sendo invadida e forçada a sair da guerra em 1629. A essa altura, o poder dos Habsburgo já alcançava o Mar Báltico. Espanha, Áustria e Polônia estavam alinhadas.

Ferdinando dominou o Império até a invasão sueca de 1630, mas não soube usar esse período para obter apoio e consolidar sua posição. Além disso, a mediação francesa resgatou o rei Gustavo Adolfo da Suécia (que reinou de 1611 a 1632) de uma guerra indefinida com a Polônia em 1629, e em 1630 ele chegou à Alemanha. Avançando para o sul, ele massacrou Tilly em Breitenfeld (1631), o que levou muitos príncipes alemães protestantes a ir até a Suécia. Depois disso, Gustavo avançou para a Alemanha central, a fim de invadir a Baviera em 1632. Naquele mesmo ano, Wallenstein e Gustavo lutaram em Lützen, na Saxônia, em uma batalha nublada e sem vitoriosos, com ambos os lados perdendo um terço de suas tropas e Gustavo sendo morto.

Em 1634, Wallenstein, cada vez mais independente, foi assassinado pelos próprios oficiais por ordem do imperador. No mesmo ano, em Nördlingen, um exército austro-espanhol massacrou os suecos, expulsando-os do sul da Alemanha. Por causa disso, em 1635 a França entrou na guerra para fazer oposição à hegemonia dos Habsburgo. A guerra teve altos e baixos nos anos seguintes mas, no final dos anos 1640, os Habsburgo ficaram sob grande pressão das forças suecas na Boêmia e das forças francesas no sul da Alemanha.

Em 1648, a guerra terminou com a Paz de Vestfália. Nesse acordo, os Habsburgo ficaram com o domínio de suas terras hereditárias (principalmente Áustria e Boêmia) até a queda do Império em 1918. Já os príncipes alemães ficaram com um controle bem maior de seus territórios. A França ganhou boa parte da Alsácia. Brandemburgo-Prússia ganhou muito território e ficou à frente da Saxônia como principal estado protestante no norte. Os suecos ficaram com os estuários dos Rios Elbe, Oder e Weser. A Suécia superou a Dinamarca em termos de poder, o que ficou claro no conflito entre os dois países no final dos anos 1650.

O acordo de Vestfália serviu de base para as relações internacionais europeias até a Revolução Francesa. Ele foi uma estrutura política para a Alemanha e de diplomacia para outros países. Ao mesmo tempo, o acordo não afetou o Leste Europeu, onde as relações internacionais mais mudaram no século seguinte, e, mesmo no Oeste Europeu, o acordo só foi mantido por ser resultado de guerra.

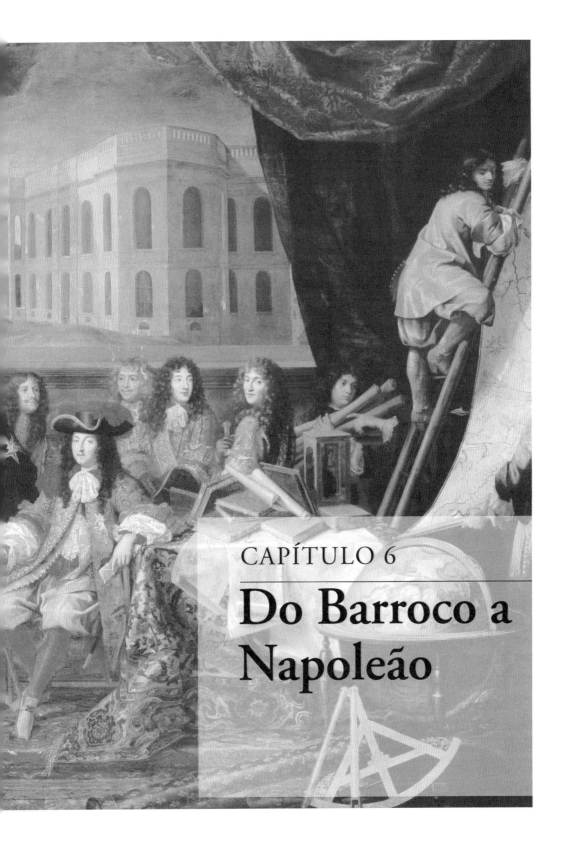

CAPÍTULO 6

Do Barroco a Napoleão

CAPÍTULO 6
Do Barroco a Napoleão
1650-1815

O "longo século 18", aquele que foi da crise de meados do século 17 até a queda de Napoleão em 1815, foi um período de turbulência, cheio de conflitos internacionais e incerteza política. A maior parte da economia tornou-se baseada na agricultura e a sociedade foi dominada pelos aristocratas donos de terras. Ao mesmo tempo, havia importantes centros de vida urbana e a Europa Atlântica foi se tornando cada vez mais importante.

Páginas anteriores: Os membros da Real Academia de Ciências são apresentados a Luís XIV da França. Pintura do século 17.

À direita: Em 12 de setembro de 1683, as forças do Sacro Império Romano conseguiram expulsar o exército otomano de Viena, pondo fim ao avanço turco na Europa.

O Cerco de Viena, 1683

O Cerco de Viena foi um confronto dramático e memorável. Em vez de focar nas fortalezas de fronteira, os turcos, liderados por Kara Mustafá, grão-vizir do Império Otomano (que reinou de 1676 a 1683), marcharam diretamente para Viena e a cercaram em 16 de julho. Os turcos usaram bombardeios e minas para enfraque-

DO BARROCO A NAPOLEÃO 167

cer as defesas. A guarnição sofreu pesadas baixas na defesa e perdas por disenteria. Os turcos, que estavam mal preparados para montar cerco a um oponente tão poderoso com seu fosso profundo e grandes muralhas, também sofreram. Ainda assim, durante agosto as defesas da cidade foram constantemente sucumbindo. Os turcos não tinham canhões de grande calibre e estavam em desvantagem, então decidiram enfraquecer as defesas, o que fizeram com certo sucesso, conseguindo criar brechas onde havia confronto mais intenso. Em 4 de setembro, a guarnição lançou sinais de socorro para chamar reforços para atacar as forças turcas. Em 12 de setembro, os reforços chegaram e expulsaram o exército turco. Vitoriosos, os austríacos decidiram partir para conquistar a Hungria, tomando Buda em 1686 após fracassarem dois anos antes.

O surgimento do absolutismo

Em resposta à desordem e instabilidade do século 16 e início do século 17, reis de toda a Europa buscaram fortalecer suas posições durante o período, criando

A CULTURA DO BARROCO

Principal estilo cultural do final do século 17 e início do século 18, o Barroco foi especialmente proeminente nos centros católicos de Itália e Espanha, mas era encontrado em outras regiões, inclusive na Europa protestante. Esse estilo, que enfatizava a simetria e coerência, podia ser visto na arquitetura (com a obra de Bernini e Wren), na música (Bach), no drama (Dryden) e em outras formas criativas. A monarquia sacra era importante para o Barroco. A Catedral de São Paulo ainda hoje é uma expressão dos valores religiosos com a grandiosidade barroca.

À esquerda: A Catedral de São Paulo, em Londres, é um exemplo da magnífica arquitetura que caracterizava o estilo barroco.

Acima: Luís XIV foi o pináculo da monarquia absolutista, exibiu seu poder com a construção de um grandioso palácio real em Versalhes.

um sistema de governo conhecido como "absolutismo". Tradicionalmente considerado em termos de governos poderosos, o termo absolutismo representava o conceito de cooperação entre a coroa e a aristocracia. A evidente hostilidade à ideia de despotismo e as convenções sobre o comportamento real aceitável limitaram as possibilidades de ação do rei. Esperava-se que a monarquia funcionasse em um

Acima: O Palácio de Het Loo na Holanda foi a versão de Guilherme III do Palácio de Versalhes.

contexto de legalidade e tradição, o que fez com que novas iniciativas fossem vistas como politicamente perigosas e administrativamente difíceis de lidar.

Naquele período, os estados enfatizaram a uniformidade, o que causou problemas para minorias religiosas como os huguenotes (protestantes franceses), cujo estado legal era garantido pelo Edito de Nantes de 1598, mas foi revogado por outro edito de 1685. Afinal, a tolerância era considerada um sinal de fraqueza e fracasso pelos governantes da época.

Os governos se concentraram nas políticas domésticas de evitar a desordem e levantar fundos para a guerra. As histórias dos reis encorajavam essa atitude ao aplaudir antigos reis "heróis" que obtiveram glória através da guerra, destacando que foi por meio de conflitos que se estabeleceram as dinastias (como os Bourbon na França, Espanha e Nápoles, os Tudor na Inglaterra e os Romanov na Rússia).

Luís XIV deliberadamente exibia sua majestade como "O Rei Sol" em seu espetacular palácio novo em Versalhes, estabelecendo um padrão para Berlim, Estocolmo e Het Loo na Holanda, palácio do oponente mais persistente de Luís, Guilherme III de Orange. Esses palácios eram cenários impressionantes para peças teatrais sobre o poder real, que claramente destacavam o monarca como figura especial.

Abaixo: Guilherme III de Orange liderou a "Revolução Gloriosa" após o convite de oponentes de Jaime II.

Uma demonstração de poder bem diferente foram as muitas fortalezas construídas para Luís XIV por Sébastien Le Prestre de Vauban. Nomeado comissário geral de fortificações em 1678, ele supervisionou a construção de 33 novas fortalezas e a reforma de muitas outras.

Alguns governantes tentaram imitar Luís, mas outros o viram como um sinal de perigo. A preocupação de que Jaime II (que reinou de 1685 a 1688) estivesse guiando a Inglaterra rumo ao absolutismo levou a uma conspiração em 1688. Católico, Jaime estava governando sem Parlamento (assim como seu pai fez de 1629 a 1640) e expandindo seu exército. A revolta teve sucesso graças à invasão de Guilherme III de Orange, principal figura política holandesa e sobrinho e genro de Jaime. Jaime não conseguiu lidar com a crise e fugiu.

Tendo chegado ao poder, Guilherme declarou a si mesmo e sua esposa Maria como soberanos adjuntos. Um novo sistema político e constitucional foi introduzido e esses eventos mais tarde foram chamados de "Revolução Gloriosa". O principal elemento do novo sistema foi o poder parlamentar, em total contraste com

a França, onde a Assembleia dos Estados Gerais não se reuniu em nenhum momento de 1648 a 1789. Em Portugal, as *Cortes* também não se reuniram durante o século 18. Na Inglaterra, o Parlamento se reunia anualmente, havia eleições periódicas e o Ato Trienal de 1694 tornou as finanças governamentais dependentes do apoio do Parlamento.

Consequentemente, a partir do final do século 17 a Europa tinha modelos constitucionais bem diferentes do que significava um estado forte. As Províncias Unidas (a república holandesa) eram um estado forte e republicano. Já a Inglaterra era uma alternativa monárquica à França. A invasão bem-sucedida de Guilherme III garantiu que o Parlamento de Westminster fosse diferente da tendência geral de instituições representativas menores ou inexistentes.

O Império Russo

No início do século 17, durante o "Tempo de Dificuldades" e logo após o final do reinado de Ivan, o Terrível, a Rússia quase entrou em colapso. Junto com sérias revoltas e desordem social, a invasão

À esquerda: Aleixo I expandiu a autoridade russa até a Ucrânia, mas seu reinado ficou malvisto devido a uma cisma na Igreja Ortodoxa.

À direita: Pedro, o Grande, pintado por Maria Clementi (1692-1761). Pedro I se orgulhava de seus avanços militares e costumava liderar pessoalmente seus exércitos nas batalhas.

RÚSSIA: DAS PRINCIPALIDADES AO IMPÉRIO

1547 – Ivan IV, "o Terrível", é coroado czar de todas as Rússias
1552 – Cerco de Kazan
1556 – Anexação de Astrakhan
1570-1572 – Guerras Russo-Crimeias
1571 – Moscou é saqueada
1580 – Cossacos russos invadem a Sibéria
1598-1613 – Tempo de Dificuldades
1605-1618 – Guerra Polaco-moscovita
1613 – Czar Miguel funda a dinastia Romanov
1632-1634 – Guerra de Smolensk
1689 – Pedro, o Grande, se torna czar
1696 – Conquista de Azov
1700-1721 – Grande Guerra do Norte
1709 – Batalha de Poltava
1712 – São Petersburgo se torna capital da Rússia
1773-1775 – Revolta de Pugachev
1783 – Anexação da Crimeia

A REVOLTA DE PUGACHEV, 1773-1775

A maior rebelião do século 18 foi iniciada pelos cossacos dos Montes Urais, liderados por Yemelyan Pugachev, que alegava ser o falecido czar Pedro III do Império Russo. O número de pessoas na revolta foi aumentado por conta de escravos de fazendas e camponeses que fugiam das difíceis condições de trabalho das minas e usinas metalúrgicas dos Montes Urais. Alguns padres insatisfeitos, pessoas da cidade e membros descontentes de baixos escalões da nobreza também entraram na revolta. Após tomar a grande cidade de Kazan em 1774, matando aqueles que se vestiam como ocidentais, Pugachev prometeu liberdade aos escravos, o que levou a um amplo massacre da nobreza. No entanto, a desorganização e divisões entre os rebeldes, bem como a superioridade do exército em se concentrar na revolta após negociar a paz com os turcos em 1774, levou ao fracasso de Pugachev. Ele foi executado com grande crueldade, devido ao medo que sua revolta causou.

À direita: Pintura russa do início do século 20 mostra o líder cossaco Pugachev recebendo armas para a revolta.

estrangeira dos poloneses e suecos culminou em uma guarnição polonesa em Moscou. Esse foi o pano de fundo do surgimento de uma nova dinastia, os Romanov, que derrotaram os inimigos estrangeiros e fortaleceram a Rússia internamente. O czar Miguel fundou a dinastia em 1613. Seu filho, o czar Aleixo (que reinou de 1645 a 1676), foi uma figura-chave que estabeleceu o poder russo na Ucrânia, mas foi também relativamente tradicional em sua imagem de monarquia russa, inclusive na ligação com a Igreja Ortodoxa.

Não obstante, a Rússia não foi derrubada e, a partir dos anos 1680, os russos se dedicaram a projetar seu poder para o sul, atravessando a estepe a fim de vencer os tártaros. Sem sucesso nos anos 1680, os russos venceram quando Azov caiu em 1696, depois novamente de 1736 a 1739, na guerra de 1768 a 1774 e finalmente em 1783, quando a Crimeia foi anexada. Em seu avanço para o sul, os russos

dependeram muito da construção de linhas de postos de controle para conter os tártaros e manter os cossacos sob controle. No início do século 17, foi construída uma linha entre os rios Don e Vorskla, seguida de outras linhas sucessivamente ao sul. A expansão de um sistema de governo local supervisionado pela Chancelaria Militar de Moscou facilitou muito a mobilização de recursos necessária para avançar para o sul.

Por outro lado, o filho do czar Aleixo, Pedro, mais tarde conhecido como "Pedro, o Grande", optou por uma nova forma de governar. Pedro foi criado ao estilo europeu ocidental. Nascido em 1672, ele se tornou czar junto com seu meio-irmão Ivan V em 1682, e sua meia-irmã Sofia era regente. Pedro tirou Sofia do poder em 1689, Ivan morreu em 1696 e Pedro ficou sendo o único governante. Ao viajar para a Inglaterra e para a República Holandesa em 1697-1698, ele observou um modelo de progresso que desejou implementar e imitar. Em 1712, ele mudou a capital de Moscou para São Petersburgo, a nova cidade que fundou no Mar Báltico em 1703, após tomá-la dos suecos. Esse foi um ato prático e muito simbólico. A posição de São Petersburgo era mais voltada para o exterior que Moscou, e Pedro conseguiu controlar a estrutura da nova cidade.

Pedro também buscou fazer com que a nobreza agisse a serviço da modernização e a organizou em uma Tabela de Patentes. O papel da Igreja Ortodoxa foi reduzido e foi criada uma frota naval e uma série de ministérios. Embora grandes reformas governamentais, eclesiásticas, militares e romanas tenham sido propostas, muitas delas só foram implementadas parcialmente. Pedro ajudou a dar uma visão ocidental ao governo russo e à elite, o que aumentou a distância entre eles e o grosso da população. Ele impressionou muitos comentaristas estrangeiros, incluindo o filósofo e escritor francês Voltaire, mas não era popular na Rússia, onde muitos o viam como um diabo intratável.

Pedro passou boa parte de seu reinado na guerra, especialmente contra a Suécia na Grande Guerra do Norte (1700-1721) e contra os turcos (1689-1698, conflito que foi iniciado anteriormente por Aleixo e retomado em 1710-1711). Pedro também invadiu a Pérsia (1722-1723). Agindo como um líder de guerra moderno, Pedro liderou seu exército nos cercos de Azov em 1695 e 1696, na expedição do Rio Pruth em 1711 e na invasão da Pérsia em 1722. Ele teve especial sucesso na Batalha de Poltava (1709), derrotando uma invasão liderada por Carlos XII da Suécia. Pedro avançou para conquistar as atuais Estônia e Letônia, ambas anexadas na Paz de Nystad em 1721, mas a Finlândia, que fora conquistada, foi devolvida à Suécia.

Seus sucessores e especialmente sua viúva Catarina I (que reinou de 1725 a 1727) consolidaram sua posição e, com exceção de Pedro II (que reinou de 1727 a 1730), deram continuidade à política de ocidentalização. Nenhum deles foi famoso como Pedro até chegar a época de Catarina, a Grande (Catarina II, que reinou de 1762 a 1796), mas todos foram parte de um processo em que a Rússia ia se tornando cada vez mais parte do sistema europeu. De fato, tropas russas chegaram a avançar para o oeste até a Alemanha em 1735 e 1748, ocupando Berlim por pouco tempo em 1760.

Desenvolvimento científico

No século 18 houve importantes avanços na Física, seguidos de avanços na Química, especialmente com a descoberta de novos elementos gasosos. Foi difícil aplicar os novos conceitos, mas os avanços na Física foram além da importante melhoria

Acima: Reconstrução do motor a vapor projetada por James Watt em 1781.

NEWTON E O SURGIMENTO DA CIÊNCIA
O cientista britânico Sir Isaac Newton (1642-1727) foi um dos cientistas mais importantes e influentes da história, responsável por importantes avanços na Astronomia, Matemática e Física. Ele publicou o livro Princípios Matemáticos da Filosofia Natural *em 1687, delineando uma nova forma de entender a mecânica e a gravitação universal, fundamentada na ideia de unidade entre Terra e Céus, considerando os Céus abertos ao conhecimento com o uso de telescópios e sujeitos às mesmas leis físicas que a Terra. Newton descobriu o cálculo, a gravitação universal e formulou as leis dos movimentos. Presidente da Sociedade Real de 1703 a 1727, ele ajudou a tornar a ciência realmente prestigiada, tanto na Grã-Bretanha como no continente europeu.*

do motor a vapor de James Watt. Havia outros pontos a melhorar. A combinação de técnicas de vidraria ajudou a padronizar equipamentos e medidas. Mais que isso, a melhoria da vista com o uso de óculos encorajou o foco na realidade e ajudou a preservar as funções dos idosos.

Europa e a economia mundial

A singular experiência europeia de criar uma rede global de impérios e comércio transoceânico ocorreu graças a uma relação diferenciada entre economia, tecnologia e formação de estado. Esse processo deu início a um novo período da história mundial.

Ganhos financeiros encorajaram a projeção do poder marítimo europeu, aplicando a ciência para promover o desenvolvimento marítimo. Reis e ministros ansiavam por apoiar o comércio transoceânico, tentando se beneficiar do desenvolvimento de uma economia de mercado global. No entanto, a competição entre as potências europeias teve efeitos adversos, principalmente em Portugal no século 17.

Ironicamente, a Europa às vezes era afetada negativamente pelas importações de além-mar. A partir do século 16, a prata vinda das Américas contribuiu para a inflação no século 17, e bens agrícolas, como o açúcar e o tabaco, tiveram impacto cada vez maior na dieta e passatempos europeus. De fato, a economia mundial mudou a natureza da alimentação europeia adicionando o vício em açúcar, tabaco, chá e café à influência já grande do álcool.

Impérios europeus: colônias e companhias

Durante o século 18, as colônias se tornaram mais importantes para os cálculos políticos e econômicos dos estados europeus atlânticos. A Grã-Bretanha fez incursões no império francês, notavelmente conquistando o Canadá através da Paz de Paris de 1763, porém tendo menos sucesso contra o império espanhol.

Em algumas partes do mundo, especialmente no Oceano Índico, a atividade

À esquerda: Guarda de espada da Companhia das Índias Orientais, exibindo as iniciais "VOC".

imperial europeia foi organizada por companhias comerciais que tinham permissão de criar tropas. (Esse método era menos importante quando já havia grande número de colonos europeus.) As Companhias holandesa e inglesa das Índias Orientais foram imitadas por muitas outras, como as francesas, dinamarquesas, austríacas e suecas. A Companhia Holandesa das Índias Orientais não conseguiu expulsar os portugueses do Brasil dos anos 1630 aos 1650, e a Companhia Real Africana inglesa não conseguiu dominar o comércio de escravos do oeste africano, ao passo que a Companhia da Baía de Hudson inglesa foi a principal personagem do comércio de peles na América do Norte, sendo uma potência no norte do Canadá.

A emigração era grande no mundo atlântico. Muitos europeus se mudavam para as colônias, especialmente os ingleses para a América do Norte. Bem menos colonos foram para a África e o Oceano Índico do que para o Novo Mundo. Esses colonos eram usados para suprir a falta de mão de obra nas colônias, causada pelo tamanho limitado da população original. O tamanho da população já era pequeno e foi ainda mais afetado pelas doenças. Cerca de 10,7 milhões de escravos foram levados para o Novo Mundo, principalmente para o Brasil, colônia portuguesa. Muitos outros colonos foram para as colônias britânicas, francesas e espanholas no Caribe, geralmente indo trabalhar em plantações de açúcar, tabaco, café, arroz e algodão.

A ENCYCLOPÉDIE (ENCICLOPÉDIA)

A sistematização e aplicação do conhecimento fizeram brilhar a Encyclopédie, *grande síntese francesa das visões do Iluminismo. Publicada por Denis Diderot e Jean le Rond d'Alembert, seu objetivo original era traduzir a tentativa de Ephraim Chambers de organizar e referenciar o conhecimento contido em sua obra* Cyclopaedia, *ou* Um Dicionário Universitário de Artes e Ciências *(1728). A* Encyclopédie *se tornou uma obra de referência e um veículo de propaganda das ideias dos filósofos. Em um artigo intitulado "Encyclopédie", Diderot escreveu que, ajudando as pessoas a estarem mais informadas, esta obra colaboraria para que fossem mais virtuosas e felizes. Sendo um guia daquilo que era conhecido, a* Encyclopédie *não tinha interesse em especular sobre o desconhecido, encorajando um senso de realização humana e distanciando a obra de elementos ocultos e místicos. A obra também foi publicada na forma vernacular (idioma nacional).*

180   CAPÍTULO 6

Comparados a sistemas políticos estatais, os sistemas políticos liberais da Holanda e Grã-Bretanha eram bem-sucedidos por permitirem a cooperação de capitalistas nacionais e internacionais, produzindo uma simbiose entre governo e setor privado efetiva e valiosa, que fortalecia especialmente a força naval. O lucro encorajava o investimento, embora não fosse sem custos e não estivesse disponível a todos. A possibilidade de lucro também foi um forte estímulo ao desenvolvimento tecnológico, melhorando a organização para guerra, comércio e colonização. Esses fatores haveriam de moldar o mundo do século 19.

O Iluminismo

No século 18, a tendência europeia de usar a razão praticamente se tornou um culto à razão. Embora não fosse um movimento consistente, essa aplicação da razão, conhecida como Iluminismo, buscou combinar o utilitarismo (código moral que visa criar o máximo de felicidade possível para o maior número de pessoas) e a busca pela felicidade individual.

Na prática, tais impulsos e suas consequências foram muito variados. Embora houvesse tendências de reforma na Itália e na Polônia, não havia tanta crítica ao catolicismo quanto na França. O elemento-chave do pensamento iluminista era a crença no valor de se usar a razão e na possibilidade de melhoria das condições humanas. Como resultado, o Iluminismo se sobrepôs à Revolução Científica. No movimento iluminista, duas figuras principais que certamente se tornaram celebridades foram os escritores franceses Voltaire e Rousseau. O produto mais proeminente do Iluminismo foi a *Encyclopédie.*

Foram considerados "déspotas esclarecidos" [ou "iluminados"]: Frederico II, "o Grande", da Prússia (que reinou de 1740 a 1786); Catarina II, "a Grande", da Rússia (que reinou de 1762 a 1796); José II da Áustria (que reinou de 1780 a 1790); e Gustavo III da Suécia (que reinou de 1771 a 1792); além de ministros como o Marquês de Pombal, que governou Portugal de 1755 a 1777. Eles queriam estados mais fortes, a fim de ter grandes exércitos e conseguir conviver com a pressão da competição internacional.

O declínio dos jesuítas

A supressão dos jesuítas foi um rompimento decisivo com o catolicismo da Contra-Reforma. Os jesuítas eram uma ordem religiosa internacional com voto de lealdade ao papado. Embora fossem invejados dentro da Igreja, sua queda foi mais um triunfo do estado sobre a igreja. Expulsa de Portugal em 1759, a ordem foi reprimida na França em 1764 e na Espanha e Nápoles em 1767. Os governantes Bourbon da França se apossaram dos redutos papais de Avignon e Benevento e pressionaram o papa Clemente XIV a abolir a Ordem Jesuíta em 1773, um reflexo do prestígio cada vez menor do papado. Assim, a Ordem Jesuíta foi reprimida nos demais estados católicos. Os jesuítas foram abolidos não por causa dos intelectuais iluministas, mas devido à fúria dos tribunais católicos.

Os papéis pastorais e educacionais dos jesuítas foram amplamente assumidos por outras instituições, mostrando o pouco crédito recebido por aqueles que a provocaram. Muitos jesuítas foram tratados com brutalidade e muitas instituições úteis foram destruídas ou danificadas. Dois poetas húngaros ex-jesuítas, Ferenc Faludi e David Szabó, viram a supressão como a morte de uma cultura, um sintoma do declínio da sociedade europeia. Esse evento certamente marcou o fim da "antiga" Europa.

O Sacro Império Romano no tempo dos Habsburgo

Além do papado, o Sacro Império Romano era o principal sobrevivente constitucional da Idade Média. O império abrangia aproximadamente o território das atuais Alemanha, Áustria e Boêmia [República Tcheca], sendo governado por um imperador eleito e tendo várias instituições comuns, como a "Dieta" (assembleia) de Ratisbon (Regensburg) e um tribunal imperial em Wetzlar. De 1438 a 1740 e de 1745 a 1806, os imperadores sempre foram membros da família Habsburgo, governantes da Áustria, Boêmia e Hungria cristã. Em 1742, na ausência de um Habsburgo do sexo masculino, Carlos Alberto da Baviera foi coroado como o imperador Carlos VII.

Especialmente no norte da Alemanha e depois da Guerra dos Trinta Anos, o poder e a autoridade de cada imperador eram limitados pelo poder das grandes principalidades, como Prússia, Hanover, Saxônia e Baviera. Havia certa unidade frente a inimigos comuns, como os turcos (de 1683 a 1699) e Luís XIV da França (de 1702 a 1714). No final dos anos 1710 e início dos 1720, Carlos VI obteve certo sucesso em renovar a autoridade imperial. Contudo, a partir de meados dos anos 1730, essa autoridade foi enfraquecida pela animosidade austro-prussiana. As políticas e intenções de José II, imperador de 1765 a 1790 e rei da Áustria de 1780 a 1790, foram temidas por muitos. A unidade alemã demandava um novo fórum para poder sobreviver.

182 CAPÍTULO 6

Acima: Essa obra de Jost de Negker de 1510, representa os vários estados e principalidades que compunham o Sacro Império Romano.

Em 1806, o Sacro Império Romano foi dissolvido. O último imperador, Francisco II, tornou-se imperador da Áustria e boa parte da Alemanha se uniu à Confederação do Reno, onde não havia influência austríaca. Essas mudanças foram feitas em resposta aos desejos de Napoleão.

Uma era de guerra

No final do século 17 e início do século 18, era comum haver conflitos militares, em parte porque os governantes buscavam seus próprios interesses sem qualquer sistema efetivo de mediação pacífica. As guerras motivaram investimentos em larga escala em exércitos e marinhas, o que sobrecarregou as políticas domésticas.

GUERRAS ANGLO-HOLANDESAS

Foram três guerras (1652-1654, 1665-1667 e 1672-1674), confrontos navais e coloniais entre as duas maiores potências europeias em termos navais e protestantes. O controle das rotas comerciais era crucial. Em 1674, a Inglaterra claramente havia vencido os holandeses e se tornou a principal potência protestante na América do Norte. Após ser conquistada, Nova Amsterdã foi renomeada como Nova York, por causa do lorde almirante supremo, Jaime, duque de York, que mais tarde se tornaria o rei Jaime II.

GUERRA DA SUCESSÃO ESPANHOLA, 1701-1714

Foi um grande conflito pela sucessão da herança dos Habsburgo espanhóis depois que

Acima: A Batalha da Baía de Quiberon, em 20 de novembro de 1759, foi um confronto naval crucial entre as marinhas britânica e francesa durante a Guerra dos Sete Anos. O resultado foi o estabelecimento da supremacia naval britânica não só na Europa, mas em todo o mundo.

Carlos II da Espanha (que reinou de 1665 a 1700) morreu sem deixar filhos. Luís XIV apoiou seu segundo filho, que se tornou Filipe V da Espanha (e reinou de 1700 a 1746), em vez do arquiduque austríaco Carlos, que tinha o apoio dos britânicos e holandeses. Filipe enfrentou seus oponentes na Espa-

nha, mas os franceses foram derrotados nas atuais Bélgica, Alemanha e Itália, nas batalhas de Blenheim (1704) e Turim (1706). Como resultado da guerra, a sucessão foi compartilhada. Carlos, que se tornou o imperador Carlos VI (reinou de 1711 a 1740) depois da morte de seu irmão mais velho, ficou com Lombardia, Nápoles, Bélgica e Sardenha em troca da Áustria, e trocou a Sardenha pela Sicília com Vítor Amadeu II, de Saboia-Piemonte, em 1720. Filipe ficou com o resto.

GUERRA DA SUCESSÃO AUSTRÍACA, 1740-1748

Depois que o imperador austríaco Carlos VI morreu em 1740 sem deixar um herdeiro do sexo masculino, houve uma guerra em que Frederico II, "o Grande", da Prússia, reivindicou parte da herança. A França interveio em favor da Prússia em 1741 e a Grã-Bretanha em favor da Áustria em 1742. Na guerra, a França não conseguiu dominar as atuais Alemanha e Itália, mas conquistou a Bélgica dos austríacos em 1745-1747. A tentativa de invasão da Grã-Bretanha por Carlos Eduardo Stuart (*Bonnie Prince Charlie* [como foi apelidado], o filho dos Stuarts a reivindicar o trono britânico apoiado pela França) acabou sendo massacrada na Batalha de Culloden (1746).

A GUERRA DOS SETE ANOS, 1756-1763

Essa guerra foi uma sobreposição de dois conflitos: o primeiro entre Grã-Bretanha e França (apoiada pela Espanha) e o segundo entre Frederico, o Grande (que reinou de 1740 a 1786), da Prússia, e uma coalizão entre Áustria, França e Rússia. A Grã-Bretanha venceu os oponentes de maneira definitiva, e Frederico conseguiu uma série de vitórias e conteve os inimigos. A Grã-Bretanha ficou em uma posição muito poderosa e por causa disso conseguiu se recuperar da perda dos atuais Estados Unidos na Guerra da Independência Americana (1775-1783) e resistir a outras pressões de França, Espanha e Holanda.

O crescimento da Prússia

O crescimento da Prússia no reinado de Frederico II (1740-1786) ocorreu devido ao sucesso na batalha. Herdeiro do brutal Frederico Guilherme I, hábil militar que desenvolveu um exército impressionante, o jovem Frederico foi criado para a vida militar. Ao subir ao trono, rapidamente deu início à Guerra da Sucessão Austríaca,

Acima: Frederico II da Prússia foi um comandante militar selvagem e bem-sucedido que venceu importantes batalhas contra Áustria e França em meados do século 18.

conseguindo invadir a província austríaca da Silésia em 1740-1741. A postura agressiva de Frederico no campo de batalha foi decisiva contra os austríacos em Kolin (1757) e Leuthen (1757) e contra os franceses em Rossbach (1757). Em meados dos anos 1740, ele desenvolveu o "ataque oblíquo", em que concentrava sua força em um lado da linha de ataque enquanto se defendia do outro lado. Isso permitia que desse um golpe fatal e revertesse a linha de oposição. A política doméstica prussiana era focada no preparo para a guerra, mas o sistema de Frederico não funcionou contra Napoleão Bonaparte em 1806.

Gustavo III da Suécia

"Para que serve o governo?" foi uma pergunta levantada pelo imprevisível Gustavo III (que reinou de 1771 a 1792). Após a morte de Carlos XII em combate em 1718, a monarquia perdeu força na "Era da Liberdade" sueca. Por outro lado, em 1772, Gustavo deflagrou um golpe sem derramamento de sangue, com apoio da insatisfação generalizada. Os poderes da coroa foram restaurados, os componentes do senado foram presos e o *Riksdag* (Parla-

À direita: Gustavo III da Suécia chegou ao poder com um golpe em 1772. Ele foi um dos muitos "déspotas esclarecidos" da Europa naquele período.

Acima: Em junho de 1789, membros do Terceiro Estado fizeram o Juramento da Quadra de Tênis, desafiando o rei Luís XVI e afirmando que não iriam debandar até que a França tivesse uma Constituição escrita.

mento) foi novamente reunido. Uma nova constituição foi aprovada, dando mais poderes à coroa.

Gustavo III foi um dos "déspotas esclarecidos" mais talentosos. Entre suas reformas estavam a tolerância religiosa limitada, a redução do número de ofensas capitais e a reforma da moeda. Em 1783, em Roma, ele anunciou sua tolerância aos católicos na Suécia. Em 1786, reorganizou a Academia de Letras e fundou uma academia sueca dedicada ao idioma e literatura suecos, escolhendo pessoalmente os primeiros membros e incluindo os principais poetas do período. No entanto, Gustavo não deu muita atenção à necessidade de obter o apoio da elite e preferiu trabalhar com pessoas escolhidas por ele, em vez de com seu concílio. Em 1789, junto com as classes não nobres, ele impôs um Ato de União e Segurança segundo o qual o poder da coroa de emitir leis foi significativamente ampliado. A maioria dos escritórios públicos foi aberta a pessoas comuns, e aumentou-se o direito de os camponeses comprarem terras. Em seus últimos anos, Gustavo seguiu uma política internacional mais ousada, entrando em guerra contra a Rússia entre 1788-1790. Em 16 de março de 1792, Gustavo foi assassinado por uma conspiração de aristocratas.

FRANÇA REVOLUCIONÁRIA

5 de maio de 1789 – Reunião da Assembleia dos Estados Gerais

17 de junho de 1789 – Criação da Assembleia Nacional

14 de julho de 1789 – Queda da Bastilha

26 de agosto de 1789 – Declaração dos Direitos do Homem e do Cidadão

5 de outubro de 1789 – Marcha sobre Versalhes

1790 – Estatização de propriedades da igreja

20-21 de junho 1791 – Luís XVI foge e é capturado em Varennes

Setembro de 1791 – Ratificação da nova Constituição

Abril de 1792 – Declaração de guerra contra a Áustria

10 de agosto de 1792 – Ataque ao palácio real em Paris

21 de janeiro de 1793 – Execução de Luís XVI

Março de 1793-julho de 1794 – O Terror

7 de março de 1793 – Revolta da Vendeia

31 de maio-2 de junho de 1794 – Jacobinos depõem os girondinos

27 de julho de 1794 – Golpe de 9 de Termidor

1795 – Criação do Diretório

A Revolução Francesa

Nos séculos 16 e 17 era muito comum haver revoltas nos estados europeus, mas não mais a partir dos anos 1720. Não houve nenhuma revolta importante na França desde as *Frondas,* em meados do século 17. A Revolução Francesa, que começou em 1789, foi incomum por ter começado no centro do governo. A revolta inicial foi ficando cada vez mais radical por falhas de segurança nos locais atacados e devido ao início da guerra com vizinhos da França a partir de 1792.

Tudo isso poderia ter sido evitado. Nos anos 1770 e 1780, os ministérios franceses tentaram criar um consenso semelhante ao do Parlamento britânico, baseando o governo francês em instituições que representassem a opinião pública, planejando assembleias provinciais e reunindo a Assembleia dos Notáveis (1787) e depois a Assembleia dos Estados Gerais (1789). Em 1789, comentaristas britânicos estavam discutindo com entusiasmo os estágios iniciais do que parecia ser uma revolta popular bem-sucedida, comparável aos eventos de 1688-1689 na Grã-Bretanha.

A última reunião da Assembleia dos Estados Gerais havia sido em 1614. Quando se reuniu novamente em Versalhes em 5 de maio de 1789, foi um reflexo da distribuição do poder político na França. Não havia camponeses nem artesãos entre os representantes do Terceiro Estado, que só representavam os interesses da burguesia e da classe média. Na primavera de 1789, havia expectativas de se criar um consenso político, mas Luís XVI, sem habilidades políticas, estava indisposto a lidar com aqueles que defendiam a reforma. A Assembleia dos Estados Gerais se tornou não apenas um fórum de políticas nacionais, mas uma instituição diante da qual

Acima: Em 14 de julho de 1789, rebeldes franceses tomaram a prisão da Bastilha, onde estavam encarcerados muitos prisioneiros políticos. A queda da Bastilha foi o início da Revolução Francesa.

o governo estava paralisado, em comparação com a Grã-Bretanha. O ritmo da reforma política, o desejo urgente de criar uma Constituição e, principalmente, a oposição à reforma por pessoas importantes do país, além de divisões entre aqueles que queriam mudanças, tudo isso garantiu que o que iria acontecer seria de fato uma "revolução".

Em 17 de junho, discursos violentos, a pressão das circunstâncias e um crescente senso de crise levaram o Terceiro Estado a declarar-se como a Assembleia Nacional, reivindicando certa soberania, por serem os únicos representantes eleitos do povo. A crise política coincidiu com uma escassez de alimentos e com o preço dos cereais nas alturas em Paris. A prisão da Bastilha foi tomada em 14 de julho com uma explosão de violência popular. Os planos de uma contrarrevolução real foram frustrados e a Assembleia Nacional aboliu todos os direitos e deveres feudais, criando em 26 de agosto a "Declaração dos Direitos do Homem e do Cidadão", que dizia que os homens eram livres e iguais em direitos, e que o objetivo de toda instituição política era as-

> **O SISTEMA MÉTRICO**
> *Em 1790, a Assembleia Nacional francesa aprovou um relatório propondo pesos e medidas uniformes, baseados em modelos imutáveis da natureza.*
> *A ideia foi inicialmente proposta em 1673 por Christiaan Huygens, inventor do relógio de pêndulo, que sugeriu usar o comprimento de um movimento do pêndulo batendo em segundos como unidade básica dessa medida universal. Em 1790, os franceses propuseram que essa unidade fosse o comprimento de um pêndulo batendo em segundos na latitude 45°, na metade do caminho entre o Equador e o Polo Norte. Em 1791, a Assembleia Nacional adotou o metro como medida universal, isto é, um dez-milionésimo da distância entre o Polo Norte e o Equador, determinado ao se medir um arco do meridiano de Paris entre Dunkirk e Barcelona. O metro-padrão foi adotado em 1799 pela Comissão Internacional de Pesos e Medidas em Paris.*

segurar os direitos do ser humano. O palácio real de Versalhes foi atacado em 5 de outubro e Luís XVI fugiu para Paris.

Em 1790, as divergências sobre o papel de uma monarquia constitucional focaram na Igreja. A propriedade da Igreja foi estatizada e a Igreja se tornou um ramo de serviços civis. A Assembleia Nacional obrigou o clero a

Abaixo: Gravura mostra a execução dos girondinos em junho de 1793.

> ## A VENDEIA
> *Houve significativa oposição à revolução dentro da própria França. Em 1793, uma grande revolta realista na região da Vendeia, no oeste da França, começou devido a tentativas do novo governo de impor o recrutamento e pelo ataque à Igreja Católica. Os rebeldes se autodenominavam o Exército Católico Real. O sucesso inicial dos realistas, beneficiados pelas vantagens de lutar em terreno arborizado, levou a uma repressão brutal, com atrocidades generalizadas feitas pelas forças do governo. Esse foi um aspecto da forma como a Revolução se tornou uma guerra contra o povo francês.*

Acima: A Batalha de Le Mans, 1793, importante confronto na Guerra da Vendeia, pintada por Jean Sourieul em 1852.

jurar lealdade à nova ordem; caso contrário, seriam punidos com demissão. Esse passo controverso fez com que muitas áreas rurais da França deixassem de apoiar a revolução.

Luís decidiu fugir do país e depois negociar a restauração de sua autoridade, mas em 21 de junho de 1791 ele foi flagrado fugindo, foi parado em Varennes e

> ## OS MASSACRES DE SETEMBRO
> *Além do ataque ao palácio real em Paris, 1792 também foi o ano do massacre dos prisioneiros de Paris, muitos presos por suspeita de traição. Eles foram rapidamente sentenciados à morte como um símbolo da "justiça do povo". Mais de duzentos padres foram mortos. Os massacres ajudaram a unir a opinião de muitos europeus que eram contrários à revolução. Buscando comparações no mundo clássico, o conde de Dalkeith considerou que eles superaram "os massacres de Roma em seu pior estado".*

teve de voltar para Paris. O problema de um monarca sem simpatia pelo que acontecia em seu país levou ao crescente apoio à república, principalmente quando foi declarada guerra à Áustria em abril de 1792.

Para os revolucionários parecia crucial mobilizar o apoio das massas para enfrentar um inimigo traiçoeiro, mas evidente: um rival estrangeiro notório que apoiava a conspiração e insurreição nacional. Esses eventos destacam um tema especialmente moderno, mas que também remonta à Antiguidade, isto é, a paranoia que leva ao rápido surgimento de um discurso nacionalista, com revolução e radicalização sendo a causa e consequência desse conflito.

Esse fervor foi encorajado pela criação de um conceito de vontade soberana do povo revolucionário, à qual toda oposição era ilegítima. Finalmente, em 10 de agosto de 1792, os radicais assumiram o poder e o palácio real em Paris foi tomado. Luís foi capturado. A monarquia foi suspensa pela Assembleia Legislativa e por uma Convenção Nacional, teoricamente eleita pelo direito de voto universal masculino, estabelecido em setembro. Em 21 de janeiro de 1793, Luís foi guilhotinado.

À medida que o regime revolucionário tinha de enfrentar um crescente número de inimigos estrangeiros, foi se tornando cada vez mais radical. Em junho de 1793, os girondinos foram substituídos pelos jacobinos. Usando o Tribunal Revolucionário criado em março de 1793 e o Comitê de Segurança Geral criado em outubro de 1792, e liderados por Maximilien Robespierre, eles instauraram um Terror de pleno direito. O regime denunciava todos os obstáculos como sendo obra dos nefastos "inimigos da Revolução". A justiça sumária levou à morte de muitos realistas e revolucionários que foram considerados pouco radicais. A "descristianização" tornou-se um aspecto central da política de estado.

O Terror causou medo, mas, em 27 de julho de 1794, a perspectiva de novos massacres levou ao golpe de "9 de Termidor" (nome do mês em que estavam no calendário revolucionário). Robespierre foi tirado do poder e executado, e um regime menos radical assumiu seu lugar. Assim, em 1795, foi criado o governo do "Diretório". No entanto, o Diretório enfrentou considerável pressão internacional na Guerra da Segunda Coalisão, que começou em 1798.

Napoleão

O general corso Napoleão Bonaparte, que ficou famoso pelas vitórias da França contra a Áustria (1795-1796) e pela invasão do Egito (1798), subiu ao poder com um golpe em novembro de 1799. Ele se tornou um grande líder militar, obtendo

Abaixo: Napoleão Bonaparte tomou o poder em 1799. Seu reinado foi marcado por uma guerra sem fim e por rápida expansão, mas sua decisão de invadir a Rússia o levou à derrota.

Abaixo: Em 1815, na Batalha de Waterloo, o general britânico duque de Wellington – comandando um exército de forças britânicas, holandesas e alemãs, e aliado ao exército prussiano do marechal Blücher – obteve vitória decisiva contra Napoleão.

importantes vitórias contra a Áustria em 1800 (na Batalha de Marengo) e em 1805 (na Batalha de Ulm e Austerlitz) e contra a Prússia em 1806 (na Batalha de Jena). Como general, valorizava a mobilidade e a concentração de força no ataque. Contudo, as forças russas foram oponentes difíceis em 1807 e causaram um fim desastroso em 1812.

Napoleão tornou-se um "déspota esclarecido" com poucos limites. Contudo, na política externa, ele demonstrou várias vezes indisposição em fazer acordos, um desejo oportunista e brutal (porém modernizador) de reformar a Europa, a exploração cínica de seus aliados e apego implacável a políticas de expropriação.

Ao tentar tomar a Espanha em 1808 e invadir a Rússia em 1812, Napoleão não entendeu a situação em nenhum dos casos. Contra a Espanha houve um conflito difícil, e contra a Rússia houve derrota total. Depois que o exército francês entrou em colapso ao fugir de Moscou em 1812 e Prússia e Áustria se uniram à Rússia, o império de Napoleão entrou em colapso em 1813, derrotado na Batalha de Leipzig. A França foi invadida em 1814 e, com seus oponentes avançando para

Paris e seus generais revoltosos, Napoleão foi forçado a abdicar. A monarquia Bourbon foi restaurada na pessoa de Luís XVIII, irmão de Luís XVI.

Em 1814, Napoleão foi exilado na Ilha de Elba, a oeste da Itália, parte de uma colônia pacífica de Viena, mas conseguiu escapar em 1815. Evitando navios de guerra no oeste mediterrâneo e chegando ao sul da França, Napoleão rapidamente recuperou o controle da França, mas as potências europeias não estavam preparadas para aceitá-lo de volta. Assim, ele invadiu a Bélgica, mas foi massacrado por forças britânicas, holandesas, alemãs e prussianas em Waterloo, onde o general britânico Arthur, duque de Wellington, foi seu arqui-inimigo. Napoleão se rendeu a um navio de guerra britânico e foi exilado na distante ilha britânica de Santa Helena, no Atlântico sul, onde morreu em 1821.

O Tratado de Viena, 1814-1815

O breve retorno de Napoleão [ao poder na França] em 1815 interrompeu as negociações de paz em Viena e alterou algumas determinações. A França foi tratada com mais dureza, perdendo posições de fronteira estratégicas e tendo de pagar indenização forçada através de uma ocupação. Os aliados vitoriosos ganharam importantes vantagens. A Áustria pôde dominar a Itália, com Lombardia e Vêneto sob governo direto, e Parma e Toscana governadas por parentes do rei da Áustria; mas, comparando com a situação antes da guerra, a Áustria perdeu a Bélgica. A Prússia ganhou partes importantes do oeste da Alemanha, como Colônia e o vale do Rio Mosela, que foram projetados para ser uma barreira à expansão francesa.

Acima: No Congresso de Viena foi criado um equilíbrio geopolítico novo. Uma nova confederação alemã foi estabelecida, a França foi restringida e a Grã-Bretanha foi recompensada com várias colônias ao redor do mundo.

Porém, Áustria e Prússia perderam territórios que adquiriram anteriormente nas Partilhas da Polônia (1772-1795), e a Polônia passou a ser governada pela Rússia. A Grã-Bretanha obteve uma série de colônias ao redor do mundo e, em águas europeias, ganhou Malta, Heligoland e as Ilhas Jônicas. Piemonte ganhou Gênova, e a Bélgica foi cedida à casa reinante holandesa de Orange. A Alemanha continuou dividida, agora em menos estados.

Mudanças geopolíticas

O diferencial dos impérios europeus pós-medievais era o desejo e a capacidade de projetar seu poder no mundo inteiro; e, no final do século 18 e início do século 19, a Grã-Bretanha claramente era a melhor em fazer isso. Assim surgiu um interessante paralelo com a Rússia. Em quase todos os outros aspectos – social, econômico, religioso e político – as diferenças entre Grã-Bretanha e Rússia eram enormes. Porém, ambas as potências estavam, de certa forma, fora da Europa, sendo significativamente capazes de proteger suas bases e centros de poder de outros estados europeus, mas ainda assim capazes de protagonizar a política europeia. Mas o isolamento geopolítico russo e britânico não deve ser exagerado. O governo britânico teve bons motivos para temer uma invasão em várias ocasiões entre 1690-1813, ao passo que a Rússia foi invadida (pela Suécia em 1708-1709, e por Napoleão em 1812), atacada (pela Suécia em 1741 e 1788) e ameaçada (pela Prússia e Grã-Bretanha em 1791). Ainda assim, suas posições estratégicas eram diferentes das de outros estados europeus: ambas conseguiram evitar a devastação da Guerra dos Trinta Anos e ambas conseguiram expulsar Napoleão e frustrar a última tentativa (antes da era do nacionalismo) de remodelar o espaço político europeu.

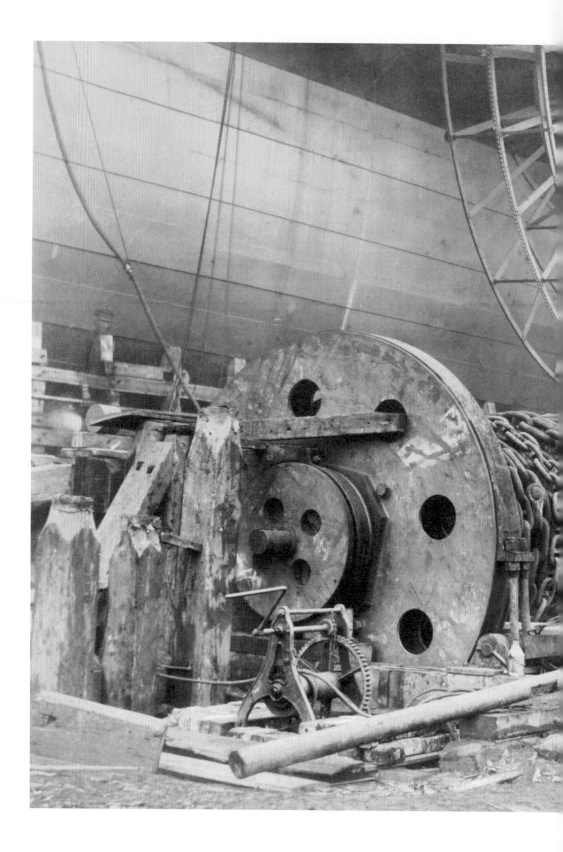

CAPÍTULO 7
Europa Industrial

CAPÍTULO 7
Europa Industrial
1815-1914

A transformação da Europa pela industrialização era consequência de sua posição imperial e comercial dominante no mundo. No continente, a população cresceu rapidamente e mais pessoas viviam em cidades. A política se tornou mais populista com o surgimento do nacionalismo e da democracia representativa (masculina).

A Revolução Industrial

A Europa foi o centro da industrialização no final do século 18 e mais ainda no século 19, e foi beneficiada com a maior parte da industrialização. Mas esse benefício foi desigual e concentrado no noroeste europeu.

Páginas anteriores: Isambard Kingdom Brunel supervisiona a construção do navio *Great Eastern*, em 1857.

Abaixo: O pequeno vilarejo de Merthyr Tydfil em Gales tornou-se um dos principais produtores mundiais de ferro graças às muitas reservas de carvão na região.

Em outras partes da Europa, a história era diferente: em Portugal, por exemplo, os manufatureiros foram pressionados pelas importações da Grã-Bretanha. No entanto, a demanda da população europeia crescente e mais rica ajudava a movimentar a produção em todo o continente. Essa demanda vinha de partes mais distantes da Europa, como os Bálcãs, onde a demanda encorajou a produção de algodão e tabaco para os mercados das regiões industriais.

O combustível da industrialização foi o carvão, já que era necessário madeira em grande quantidade para ter valor calorífico e produzir calor pouco controlado, o que fazia com que não fosse uma boa base para a maioria dos processos industriais. Já o carvão, combustível facilmente controlável e transportável, com alto valor calorífico, foi muito útil para a manufatura. O carvão podia ser minerado o ano todo, ao passo que os moinhos de água eram afetados por gelo, enchentes e redução do fluxo de água no verão. A Grã-Bretanha foi o grande centro dessa transformação tecnológica. Em 1750, o carvão gerava 61% de toda a energia utilizada na Inglaterra e produzia energia equivalente à de 4,3 milhões de acres florestais. O carvão era especialmente importante para o desenvolvimento de certas indústrias, como a de ferro; no sul de Gales, por exemplo, havia

Acima: William Wordsworth (1770-1850), um dos principais poetas do romantismo.

ROMANTISMO

Principal movimento cultural do início do século 19, o romantismo foi um movimento particularmente associado aos jovens, focado na experiência e imaginação do indivíduo, e rejeitando as regras artísticas vigentes. São figuras importantes da época o compositor francês Hector Berlioz e o poeta britânico William Wordsworth. Houve um radicalismo voltado aos movimentos políticos, embora nem todas as figuras artísticas do romantismo fossem politicamente radicais.

25 fornalhas em 1796 e 148 em 1811. Em 1801, Merthyr Tydfil, um vilarejo galês, tornou-se o principal centro de produção de ferro do mundo.

Em países e regiões nos quais havia pouco carvão, como Portugal, o crescimento industrial foi pequeno. A falta de carvão também afetou a economia na Holanda e na Escandinávia, e foi intensa na Itália e na Espanha. Em 1880-1884, a média de produção anual de lignito (carvão marrom) e carvão foi de 159 milhões de toneladas na Grã-Bretanha e 108 milhões de toneladas juntando França, Alemanha, Bélgica e Rússia. Em 1880, a produção de ferro gusa era de 7,9 na Grã-Bretanha e 5,4 no resto da Europa.

O carvão era o combustível da nova tecnologia das ferrovias, dava energia aos motores a vapor das locomotivas, motores que eram móveis, diferentemente dos motores fixos do século 18. As ferrovias revolucionaram o transporte, mas, novamente, de forma desigual. Por quilômetros quadrados, havia bem menos ferrovias nos Bálcãs, no sul da Itália e na Espanha do que na Alemanha, Holanda e Grã-Bretanha.

Da mesma forma, os navios a vapor melhoraram muito a navegação em termos de previsibilidade e épocas ideais para se navegar. O impacto do vento e das marés diminuiu, mas os navios a vela continuaram importantes por serem mais baratos de comprar e utilizar. Os navios a vapor precisavam de carvão, e suas necessidades e capacidades levaram à concentração do comércio nos poucos portos que possuíam a

NACIONALISMO E REVOLUÇÃO

1817 – Sérvia autônoma

1821 – Revolta da Valáquia

1821-1830 – Guerra da Independência Grega

1830 – Revoluções em toda a Europa

1848 – Revoluções em toda a Europa

1848-1849 – Primeira Guerra da Independência Italiana

Abril-julho de 1859 – Segunda Guerra da Independência Italiana

1860-1861 – Garibaldi lidera a Expedição dos Mil

1861 – Vitor Emanuel II de Piemonte é proclamado Vitor Emanuel I, rei da Itália

1864 – Prússia conquista Schleswig-Holstein da Dinamarca

1866 – Guerra Austro-prussiana

1870 – Estados papais passam a fazer parte do novo reino da Itália

1870-1871 – Guerra Franco-prussiana

1871 – Guilherme I é coroado imperador da Alemanha

18 de março-28 de maio de 1871 – Comuna de Paris assume o controle da cidade

1878 – Sérvia é reconhecida como um estado independente

1912-1913 – Primeira Guerra dos Bálcãs

1913 – Independência da Albânia

infraestrutura necessária, como Liverpool e Bordeaux, ao passo que portos menores foram ficando de lado. Essa diferenciação ficou clara nos casos em que navios sobre trilhos a vapor eram usados para transporte em certos portos.

Nacionalismo

A consciência nacional tornou-se mais forte no mundo do século 19. Isso levou ao nacionalismo, à subordinação de outros valores à ideia de uma nação específica ocupando uma área específica. Estados mais fortes, comunicações melhores, sistemas nacionais de educação, alfabetização em massa, industrialização, urbanização e democratização foram pré-requisitos cruciais para o nacionalismo, que não foi apenas uma perspectiva histórica, mas também um movimento em massa socialmente amplo e duradouro.

À medida que o nacionalismo encaminhava e ia de encontro aos aspectos costumeiros da comunidade, ganhava peso simbólico. O idioma e a literatura foram apresentados com base em um caráter nacional e, portanto, em características raciais inatas e específicas, ao passo que em escala global os europeus também foram diferenciados dos "outros". Uma crescente crença em conceitos como "pátria", "terra-mãe" e "terra natal" davam ânimo ao nacionalismo.

O nacionalismo também beneficiou o surgimento do direito de voto masculino universal, pois deu nova base à dinâmica social. Ele também legitimou o recrutamento militar, visando ofuscar as antigas diferenças entre "civis" e "militares".

À esquerda: Barricada na universidade Viena em 1848. As revoluções de 1848 aumentaram o sentimento nacionalista em toda a Europa.

Acima: Na Batalha de Naravino, em 1827, os navios turcos foram massacrados e foi o ponto de virada na Guerra da Independência Grega.

A independência da Grécia e dos Bálcãs

Gravemente enfraquecida pelas derrotas para a Rússia (1806-1812 e 1828-1829), a Turquia estava em más condições de resistir às crescentes demandas balcânicas por independência. A Sérvia se tornou autônoma em 1817 mas, em 1821, as revoltas na Moldávia e Valáquia (hoje partes da Romênia) fracassaram. Ainda assim, a revolta na Grécia, que havia começado naquele mesmo ano, foi bem-sucedida, em grande parte graças ao apoio internacional, como o de simpatizantes ortodoxos do czar Alexandre I da Rússia. Os turcos chegaram a pedir apoio egípcio mas, em 1827, a frota turco-egípcia foi totalmente destruída na Batalha de Navarino por uma frota de ingleses, franceses e russos. Essa batalha impactou o conflito na Grécia, principalmente porque o reforço naval criou oportunidades para atacar as guarnições turcas.

O Tratado de Adrianópolis de 1829 pôs fim à guerra russo-turca e, como resultado, a Sérvia se tornou autônoma e a Rússia obteve o controle da nascente do Danúbio, ocupando a Moldávia e a Valáquia até a Turquia pagar uma grande indenização. Na prática, o sucesso russo e seu avanço até Adrianópolis (Edirne) via Bulgária ajudou a garantir a independência da Grécia em 1830.

A Grécia daquela época era bem menor que a atual, pois só conseguiu as Ilhas Jônicas da Grã-Bretanha em 1863 e Tessália, Creta e Macedônia, Épiro e as Ilhas Egeias da Turquia em 1881, 1908 e 1913, respectivamente. Os grandes ganhos de 1913 foram resultado da Primeira Guerra dos Bálcãs (1912-1913), em que a Turquia perdeu a maior parte de seu império europeu, depois de grandes perdas em 1878. Sérvia, Montenegro e Bulgária também tiveram grandes conquistas nessa guerra, e a Albânia tornou-se independente em 1913.

Então, os vencedores da primeira guerra entraram em conflito, levando à Segunda Guerra dos Bálcãs, também em 1913. Isolada, a Bulgária foi derrotada e perdeu território para Grécia, Romênia e Turquia. A fúria causada por sua derrota ajuda a explicar por que a Bulgária se uniu à Alemanha e à Áustria na Primeira Guerra Mundial.

Acima: *Um episódio dos Cinco Dias de Milão* foi pintado por Baldassare Verazzi, que esteve pessoalmente envolvido nas revoluções de 1848.

As revoluções de 1830

Apesar de menores do que as de 1848, as revoluções de 1830 foram importantes, especialmente por terem dado origem a um novo estado, a Bélgica. Em 1830, a revolta contra o controle austríaco e papal na Itália fracassou, tal como a revolta na Polônia contra o controle russo. Na França e na Bélgica as revoltas foram mais sérias, levando à derrubada do governo. Em 1830, o fracasso das tropas

208   CAPÍTULO 7

oficiais em conter a revolta armada em Paris, conhecida como Revolução de Julho, foi parcialmente devido à falta de habilidade dos oficiais em conflitos de rua.
Conservador, Carlos X da França era impopular. Ele foi tirado do poder e substituído por seu primo, Luís Filipe, duque de Orléans, que governou a chamada
monarquia "orleanista" ou "de julho" até 1848.

A crise de um país serviu de exemplo para outros. Em Bruxelas teve início
uma rebelião contra o governo holandês, e as tropas holandesas não conseguiram
controlar seus oponentes, combatentes de rua. A intervenção internacional acabou forçando a Holanda a recuar. Com a resolução da crise em 1839, a Bélgica
passou a ser um estado neutro e independente sob proteção internacional, que foi
o motivo da Grã-Bretanha ter entrado na guerra contra a Alemanha quando esta
invadiu a Bélgica em 1914.

As revoluções de 1848

Nas tensões de 1848, incluindo as de caráter nacionalista, vários estados deram
origem a uma crise de governança que se espalhou por boa parte da Europa. De
Nápoles, onde a revolução começou em janeiro, a pressão por reformas liberais se
espalhou para França, Itália, Alemanha e para as terras dos Habsburgo [a Áustria].
Houve revoltas por toda a Itália, na Bolonha, Florença, Livorno, Messina, Mode-
na, Nápoles, Roma e Veneza.

As tensões nacionalistas foram um combustível especial para a rejeição da
autoridade em certos estados, especialmente para a hostilidade italiana contra o
governo austríaco, a oposição alemã ao controle dinamarquês de Schleswig e Hols-
tein, e o incômodo húngaro com o governo austríaco. Os húngaros proclamaram
república e criaram um exército nacional. Essas tensões nacionalistas levaram os
conflitos nacionais a interagir com conflitos internacionais.

Algumas revoltas tiveram sucesso, outras não. A Áustria, império multinacional governado pelos Habsburgo, foi a principal potência a se defender de revoltas.
O nacionalismo italiano foi massacrado pelos austríacos em 1848, mas na Hungria
a intervenção russa foi importante para o sucesso austríaco em 1849. Em Roma,
onde o papa Pio IX (que reinou de 1846 a 1878) foi derrubado e a república foi
proclamada em 1849, mas forças austríacas, francesas e espanholas restauraram o
controle papal no mesmo ano.

Em 1848, em Paris, a monarquia foi deposta por uma revolta popular que
estabeleceu a Segunda República (a primeira república francesa foi estabelecida em
1792). Em fevereiro daquele ano, uma revolta de trabalhadores parisienses depôs o

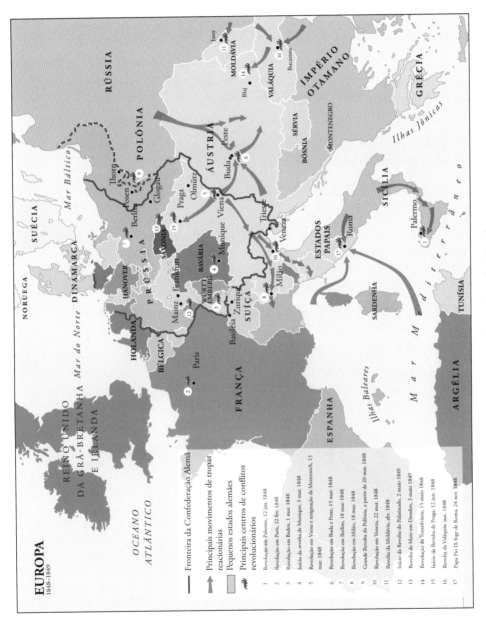

Acima: A instabilidade europeia atingiu o ápice em 1848, o Ano das Revoluções.

rei Luís Filipe e a monarquia orleanista, em parte porque o rei idoso não quis usar tropas oficiais para conter a revolução.

No entanto, em junho daquele ano, quando os trabalhadores de Paris fizeram barricadas contra a abolição dos locais de trabalho nacionais (uma forma de trabalho financiada pelo governo), eles foram massacrados pelo ministro da guerra da Segunda República, general Louis-Eugène Cavaignac. Esse general tinha uma clara vantagem geográfica e social no conflito, usando tropas oficiais de camponeses e guardas nacionais para abrir caminho em meio às barricadas da cidade contra o "Exército do Desespero" dos revoltosos.

Quem se beneficiou com esse massacre dos radicais foi o sobrinho de Napoleão, Luís Napoleão, eleito presidente da Segunda República em dezembro. Ele consolidou sua posição com um golpe em dezembro de 1851 e se tornou o imperador Napoleão III (que reinou de 1852 a 1870).

Unificação da Itália e Alemanha

O nacionalismo levou à formação de estados transformando a Itália (1860-1861) e a Alemanha (1866) em unidades políticas. Nos dois casos foi crucial derrotar a Áustria, império multinacional governado pela dinastia Habsburgo. Apesar da Itália ter sido organizada em torno do reino de Piemonte e a Alemanha em torno do reino da Prússia, ambas reivindicaram ser novos países.

A Prússia teve uma série de vitórias esmagadoras sobre a Dinamarca (1864), Áustria (1866) e França (1870-1871). Além disso, a derrota da Áustria, especial-

À direita: No final da guerra franco-prussiana, o rei da Prússia, Guilherme I, foi coroado imperador alemão no palácio de Versalhes, um acontecimento humilhante para a França.

mente em Sadowa/Königgrätz, foi seguida da derrota de seus aliados alemães – como Hannover, Hesse-Cassel e Saxônia -, e assim a Prússia passou a dominar a Alemanha. O sistema alemão de dois poderes, sendo a Áustria o primeiro, desapareceu. Em vez de buscar revanche contra a Alemanha, a Áustria voltou-se cada vez mais para os Bálcãs, possibilitando a negociação de uma aliança com a Alemanha. A França sofreu com o fato de o número de soldados recrutados para o exército alemão ter ficado maior com as anexações prussianas.

A COMUNA DE PARIS, 1871

Em março, a violenta tomada de poder em Paris por radicais principalmente da classe trabalhadora levou a um enorme ataque do exército do novo governo republicano. Os decretos da Comuna iam desde a separação entre igreja e estado até a abolição do trabalho noturno nas padarias. Em maio, depois de intenso conflito nas ruas, em que cerca de dez mil parisienses foram mortos, a Comuna foi suprimida. Quase todos os que foram capturados foram rapidamente fuzilados.

Abaixo: Barricada na Rua Voltaire durante a Comuna de Paris, em 1871. Imediatamente após a tomada do poder houve uma resposta militar, levando a intenso conflito nas ruas.

Em 1870, a França mal liderada foi massacrada pelos prussianos logo no primeiro mês da guerra, mas a guerra continuou. O imperador Napoleão III da França se rendeu em Sedan, sendo substituído pela Terceira República e pelo Governo de Defesa Nacional. Em seguida, os alemães cercaram Paris e a forçaram à rendição. A França se rendeu em 1871, e a Prússia anexou boa parte da Alsácia e da Lorena, importantes zonas industriais. A vitória permitiu que a Prússia transformasse sua hegemonia na Alemanha em um império alemão com sede em Berlim.

O nacionalismo também levou a uma comoção por independência do governo imperial, como foi o caso da Polônia e da Finlândia contra a Rússia; da Irlanda contra a Grã-Bretanha; e dos Bálcãs contra a Turquia. De fato, o desenvolvimento de ideais democráticos ajudou o nacionalismo e gerou oposição aos estados imperiais.

Acima: Em 1860, Giuseppe Garibaldi liderou a "Expedição dos Mil" para apoiar as revoltas populares na Sicília e em Nápoles. Seu sucesso lhe trouxe aclamação internacional e apreço do povo italiano.

Depois que o sul da Itália se unificou ao norte, continuou havendo forte resistência em Nápoles e Sicília contra o novo regime italiano, considerado estranho.

A QUEDA DE ROMA

O ano de 1870 demonstrou claramente o fim da antiga ordem, quando os estados papais da Itália central foram invadidos pelo novo exército italiano. Esse foi o marco de um grande colapso no poder do catolicismo tradicional. Embora a Igreja ainda tivesse o apoio de boa parte dos fiéis, suas instituições estavam consideravelmente mais fracas e a estrutura do catolicismo da Contra-Reforma havia sido destruída. [A queda de Roma] foi um longo processo, do qual as políticas dos governos nacionalistas seculares na segunda metade do século 19 foram apenas o estágio final, pois já haviam sido feitas tentativas anteriores, primeiro pelos governos iluministas e depois pelos revolucionários franceses e seus clientes.

A oposição foi tão forte que, em 1866, quando jovens de 18 anos foram recrutados para lutar contra a Áustria, os jovens das opositoras Nápoles e Sicília foram dispensados. Em 1860, um exército liderado por Vitor Emanuel II de Piemonte se uniu a tropas voluntárias lideradas por Giuseppe Garibaldi, um revolucionário bastante viajado, a fim de derrubar os Bourbon de Nápoles. Garibaldi e mil voluntários de camisas vermelhas navegaram de Gênova até Marsala para apoiar uma revolta na Sicília contra os Bourbon. Após derrotar uma tropa napolitana em Calatafimi, Garibaldi conquistou Palermo em três dias de luta nas ruas. Ele derrotou as forças napolitanas restantes na Sicília em Milazzo e, tendo atravessado os estreitos de Messina, marchou para o norte para derrotar os napolitanos no Volturno e conquistar Nápoles. Enquanto isso, Vitor Emanuel II marchou de Bolonha para o sul, vencendo batalhas em Castelfidardo e Macerona contra o pequeno exército papal e os napolitanos, respectivamente. Garibaldi atribuiu suas vitórias a Vitor Emanuel, de modo que ele se tornou a figura principal do novo reino da Itália.

Na Espanha, o apoio dos carlistas (conservadores que resistiam ao governo de Madri) vinha do povo local, principalmente de Navarra e Catalunha. Nos Bálcãs e em outras partes, a maior parte da atividade agrícola e industrial ainda estava concentrada na subsistência ou era apenas para a economia local, afetando significativamente a mentalidade coletiva da população.

A Rússia dos czares

Um século antes das revoluções de 1917, a Rússia mudou rapidamente. No século 19 houve industrialização em larga escala, desenvolvimento agrícola, urbanização e o fim da escravidão (ordenado por Alexandre II em 1861), a qual afetava mais de 23 milhões de pessoas. Houve oposição radical, que levou ao assassinato de Alexandre II em 1881. No entanto, essa oposição era de um grupo isolado, não era uma revolta de grande escala, como nos dois séculos anteriores. Apesar do conservadorismo de Alexandre III (que reinou de 1881 a 1894) e de Nicolau II (que reinou de 1894 a 1917), houve um processo de mudança, mas não no mesmo ritmo que na Alemanha.

Culturalmente havia forte divisão entre ocidentalizadores e eslavófilos, que envolvia passado e presente (e futuro). Pedro, o Grande, era o herói dos ocidentalizadores e o vilão dos eslavófilos, fazendo com que sua reputação fosse uma forma de promover o debate sobre a identidade e cultura russa.

A russificação era buscada ativamente no império. Grandes catedrais ortodoxas (russas) foram construídas em Helsinque e Tallinn. A catedral de Tallinn, construída

Acima: O czar Alexandre II decretou o fim da escravidão em 1861, mas a oposição ao czarismo causou seu assassinato.

em um local proeminente entre 1894 e 1900, era uma clara mostra de poder cultural. A catedral foi dedicada ao príncipe Alexandre Nevsky, que derrotara as tropas suecas e alemãs (cavaleiros teutônicos) em 1240 e 1242, sendo canonizado pela Igreja Ortodoxa em 1547.

A Guerra da Crimeia, 1854-1856

O principal fator causador dessa guerra não foi o nacionalismo, mas as políticas internacionais de poder. A expansão russa às custas dos turcos (depois da grande

Abaixo: A carga da Brigada Ligeira em outubro de 1854 foi um evento desastroso para as forças britânicas na Guerra da Crimeia.

vitória naval em Sinope, em 1853) ofendeu os interesses franceses e britânicos, ameaçando a rota terrestre para a Índia. Napoleão III, imperador da França, viu isso como uma forma de fortalecer sua posição nacional, já que ele acabara de assumir a Segunda República.

A grande guerra passou a se concentrar em Sevastopol, a base naval russa na Crimeia que era uma ameaça para os turcos no Mar Negro. A tecnologia de navios a vapor, telégrafos e novos rifles foi crucial no combate. Ambos os lados viram que seus exércitos eram inadequados, o que ajudou a motivar uma reforma. O fracasso russo prejudicou sua imagem de competência militar que prevalecera desde a vitória contra a invasão de Napoleão I em 1812.

Imperialismo e a luta pela África

O imperialismo se fortaleceu em cima de vários fatores interligados. A conquista de territórios pelos impérios em expansão tornou-se obrigatória e à medida que as conquistas se tornaram mais fáceis, houve motivação para o expansionismo e para um senso de superioridade em relação aos não europeus. Além disso, as oportunidades econômicas pareciam mais tentadoras numa economia mundial

À esquerda: Revista francesa de 1898 chama atenção para o entusiasmo pelo imperialismo que caracterizou a "Luta pela África" no final do século 19.

em expansão, porém cada vez mais integrada, movida à busca de matérias-primas e mercados.

As atividades imperialistas foram planejadas em parte como precaução contra potências rivais e, como resultado, as políticas de poder europeias foram contestadas por todo o mundo. A Grã-Bretanha, por exemplo, invadiu o Sudão para impedir a expansão francesa do cinturão do *sahel* para o vale do Alto Nilo, ao passo que a expansão portuguesa, britânica e alemã no sul da África era para impedir tentativas semelhantes por outras potências. Rússia e Grã-Bretanha competiram pelo Afeganistão e Irã; Grã-Bretanha e França competiram pelo sudeste asiático.

A economia do final do século 19

Novos produtos (como carros, medicamentos e telefones) criaram oportunidades e também problemas de adaptação. Muitos desses produtos requeriam investi-

Acima: Em 1894, as "carruagens sem cavalos" eram um dos muitos produtos novos que chegaram ao mercado no final do século 19.

mentos que estavam prontamente disponíveis, e dependiam de mais habilidade e tecnologia do que as antigas tecnologias "ultrapassadas", cruciais para a Primeira Revolução Industrial. O equilíbrio de poder industrial foi alterado com o surgimento da Alemanha – que, por volta de 1914, estava à frente da Grã-Bretanha em produção de ferro e aço, sendo hábil também com química, engenharia elétrica e óptica. A essa altura, porém, a produção da América equivalia à da Europa inteira, que estava ficando para trás em termos de (grande) parcela da economia mundial.

A produção agrícola europeia foi afetada pela produção transoceânica, especialmente por cereais da América do Norte, carne da Argentina, carneiros e lã da Austrália, ovelhas da Nova Zelândia. Tudo era transportado por navios a vapor, com maior capacidade e velocidade, além de por sistemas de transporte marítimo sobre trilhos. Estes produtos importados afetaram grandemente a produção do oeste europeu, levando os países a focar em bens que não fossem importados de tão longe, como leite e vegetais.

Para a indústria, a razão de valor sobre volume incentivava o comércio, tanto de longa como de curta distância. As ligações internas e externas entre as economias dos países aumentaram. Os avanços de um país tendiam a ser compartilhados, o que aconteceu especialmente na recessão de 1873-1896, depois do primeiro período de crescimento generalizado.

Sociedades em transformação

Por toda a Europa, as sociedades hierárquicas e seus valores coexistiam com rápidas mudanças sociais. Essas mudanças causaram deslocamento social, instabilidade e ansiedade, expressos em parte pela hostilidade contra imigrantes. O respeito e os padrões sociais tradicionais entraram em queda. Privilégios coexistiam com noções meritocráticas. Instituições com grande expansão que, dentro de certos limites, refletiam tais noções – como o serviço civil, as profissões, as universidades e as forças armadas – fizeram parte da criação de uma nova estrutura social e cultural, diferente da aristocracia tradicional, embora em menor proporção no exército. Ao mesmo tempo, a consciência e o ativismo político da classe trabalhadora se desenvolveram muito e foram marcados pelo senso de solidariedade internacional. Nas cidades, a educação pública expandiu-se e, posteriormente, os programas de habitação de baixo custo, para lidar com os problemas da urbanização e das mudanças sociais.

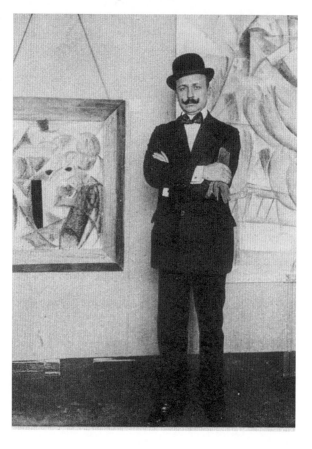

Abaixo: O pintor futurista italiano Emilio Marinetti, ao lado de uma de suas pinturas; 1913.

Tecnologia

No século 19, a tecnologia se desenvolveu livremente e o caráter cumulativo das mudanças ficou evidente. As ferrovias e o telégrafo foram substituídos pelo carro a motor e pelo telefone, pela eletricidade e pelas tecnologias sem fio. Inovações como voos tripulados foram precedidas de várias tentativas experimentais. O crescimento do gênero literário "ficção científica", como a obra de Júlio Verne e H. G. Wells, foi um testemunho do progresso aparentemente sem fim do potencial humano pela tecnologia, bem como do impacto desses avanços na imaginação coletiva.

A fascinação do século 19 com as máquinas continuou forte e influenciou tanto a cultura popular como a da alta sociedade, como o surgimento do cinema. O *Manifesto* de Emilio Filippo Marinetti em 1909 e o *Manifesto dos Pintores Futuristas* de 1910 lançaram o movimento artístico do futurismo, um culto da ciência expresso na exaltação das máquinas. A revista *391*, do movimento artístico de vanguarda Dada, publicada em Barcelona por Francis Picabia em 1917, apresentava imagens de máquinas como símbolos de vida.

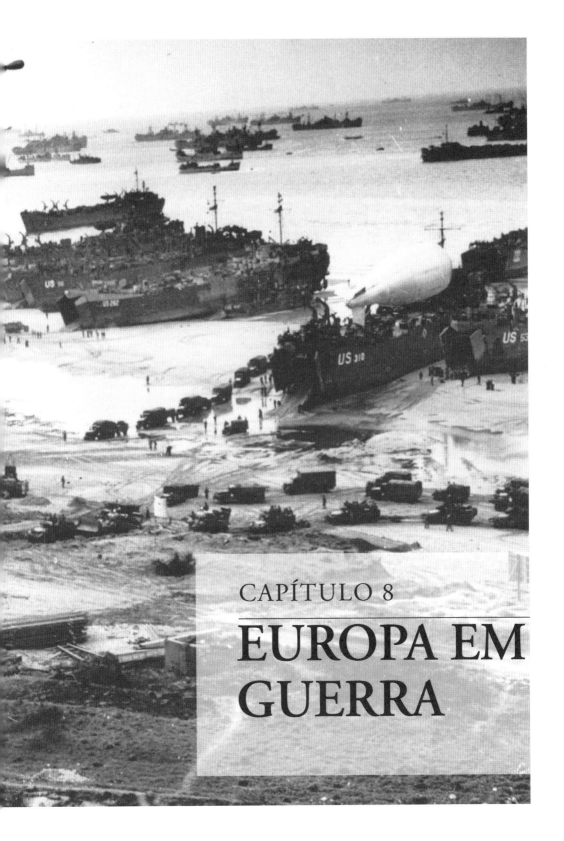

CAPÍTULO 8
EUROPA EM GUERRA

CAPÍTULO 8
Europa em Guerra
1914-1945

A Europa foi o epicentro de duas guerras mundiais. Milhões de soldados e civis morreram, especialmente na Segunda Guerra Mundial. Surgiram novos sistemas políticos, como o fascismo e o comunismo, e a sociedade e a cultura mudaram de forma dramática.

Páginas anteriores: Tropas aliadas desembarcam na praia de Omaha, na Normandia, em meados de junho de 1944.

Abaixo: Capa de um jornal ilustrado italiano de 1914 retrata o assassinato de Franz Ferdinand.

A caminho da guerra

Os eventos que levaram à guerra em 1914 poderiam ter sido evitados. Nos anos anteriores, as armas e a belicosidade não haviam incitado à guerra, nem mesmo nas crises relacionadas à anexação austríaca da Bósnia em 1908 e às Guerras dos Bálcãs em 1912-1913. No entanto, em 1914, o sistema de alianças que havia na Europa deixou de agir como preventor de conflitos. Ao contrário, as alianças transpareciam ansiedade em relação às mudanças na geopolítica internacional e nas políticas nacionais. Foi o que aconteceu com a aliança austro-húngara, agitada pela situação nos Bálcãs.

Acima: Remanescentes do exército sérvio em retirada pelas montanhas da Albânia no início de 1916. A Sérvia foi rapidamente derrotada e, diferentemente do que aconteceu na Frente Ocidental, não houve guerrilha de trincheiras estáticas nos Bálcãs.

A FACE DA GUERRA, 1915

"Acendi um cigarro e tentei fingir que não estava morrendo de medo. E bem naquela hora um homem passou por ali com seu braço quase caindo. Fiquei tão assustado que ele fosse sangrar até morrer que, por um minuto, perdi meu medo e fui atrás dele, entrei na trincheira e fiz um curativo nele. Meu cabo, Lewis, estava me dando cobertura, posicionado ao meu lado em uma pequena cova. Não o deixei sair dali, eu disse que bastava um de nós de cada vez, quando de repente uma bomba explodiu nele e o fez em pedaços, me jogando no chão e quebrando a perna de um homem que carregava uma maca a dois metros de onde eu estava. Não sei por que não morri. Minha cabeça explodiu e eu teria enlouquecido se não tivesse ouvido o pobre coitado ferido na perna me chamando, então juntei minhas forças e fui até ele e o ajudei. Nunca tinha ficado tão abalado... literalmente em choque e... destruído." – Capitão Hugh Orr-Ewing, Oficial Médico, em carta que escreveu à sua noiva durante a Batalha de Loos.

O assassinato do arquiduque Franz Ferdinand, herdeiro do imperador Franz Josef, que ocorreu em Sarajevo, Bósnia, levou à determinação [austro-húngara] de punir a Sérvia, uma tentativa mal colocada de gerar estabilidade em seu império multiétnico. Isso colocou a Alemanha do lado da Áustria e a Rússia do lado da Sérvia.

À medida que as alianças rumavam para a guerra, a aliança franco-russa levou a Alemanha a atacar a França, aparentemente mais vulnerável, a fim de enfraquecer a Rússia e, ao fazê-lo, as tropas alemãs avançaram pela Bélgica neutra, trazendo à guerra a Grã-Bretanha, sua protetora. Longe de adentrar um grande conflito sem saber direito onde se está entrando, todas as potências envolvidas sabiam que o conflito seria sério e custaria caro. No entanto, ninguém fazia ideia do quão grande e longo seria realmente.

Primeira Guerra Mundial

O grande número de mortos na guerra – cerca de 9,45 milhões de mortos: aproximadamente 2 milhões na Alemanha, 1,8 milhão na Rússia e 1,4 milhão na França – leva à conclusão de que a guerra custou mais caro do que valia. Mas, de fato, apesar do alto preço, as potências agressoras foram finalmente derrotadas e em um período mais curto do que muitas grandes guerras do passado.

Abaixo: Soldados aliados avançam com cobertura aérea durante a Batalha de Passchendaele.

À direita: Soldados alemães avançam durante a Ofensiva da Primavera de 1918 (também conhecida como Ofensiva de Ludendorff).

DUAS BATALHAS DA PRIMEIRA GUERRA MUNDIAL
VERDUN, 1916

Tentando acabar com a motivação francesa, os alemães atacaram Verdun. O plano era avançar rapidamente contra alguma frente e ganhar território, o que levaria a pesadas baixas francesas na tentativa de retomá-la. Verdun, uma fortaleza no Vale do Rio Mosa no nordeste da França, tinha grande importância simbólica para os franceses e eles sofreram pesadas baixas sem perder a motivação. A ofensiva também custou caro para os alemães e não teve nenhuma serventia estratégica. Nessa campanha, que durou de fevereiro a dezembro de 1916, os franceses perderam 378.000 homens e os alemães, 336.000.

RIO SOMME, 1916

Tentando aliviar a pressão sobre os franceses em Verdun, uma ofensiva britânica chegou ao rio Somme em 1º de julho. Contudo, ela acabou sendo um desastre, pois o fogo das metralhadoras de defesas que não foram suprimidas pelo fogo da artilharia, foi responsável por cerca de 21.000 mortes, só entre os britânicos. Os ataques subsequentes não conseguiram abrir caminho e então, no final de novembro, a ofensiva custou 420.000 mortes britânicas e 200.000 francesas. Ao mesmo tempo, à medida que as técnicas de ataque aliadas iam se aperfeiçoando, os alemães provavelmente perderam 500.000 homens.

Acima: Oficiais alemães e russos assinam o Tratado de Brest-Litovsk em 3 de março de 1918.

A maior parte do conflito subsequente ocorreu na Frente Ocidental, na França e na Bélgica, mas envolveu também o Leste Europeu, os Bálcãs, o nordeste da Itália, o Oriente Médio e colônias alemãs além-mar. A aliança liderada pela Alemanha teve sucesso no Leste Europeu e nos Bálcãs, invadindo a Sérvia em 1915 e boa parte da Romênia em 1916. Em 1917, devido a uma revolução mo-

tivada principalmente pelas tensões causadas por uma guerra em que a Alemanha repetidas vezes teve sucesso, a Rússia ficou em desvantagem. Assim, na primavera seguinte, os novos governantes comunistas da Rússia negociaram a paz em termos alemães. No entanto, na Frente Ocidental, os ataques alemães em 1914, 1916 e 1918 não foram bem-sucedidos.

A duração da guerra dependeu do tempo gasto para desenvolver táticas capazes de restaurar a mobilidade na Frente Ocidental, bem como o tempo necessário para garantir a provisão de munição suficiente. O equilíbrio dos recursos também foi importante; os alemães ficaram sem reserva de tropas em 1918 por causa das pesadas baixas na Ofensiva da Primavera daquele ano e porque não retiraram tropas suficientes da Frente Ocidental depois que os comunistas, tendo assumido o controle da Rússia, terminaram sua guerra segundo os termos alemães no Tratado de Brest-Litovsk.

Em contraste, os Aliados tinham acabado de encontrar uma nova fonte de tropas, graças à entrada dos Estados Unidos na guerra em 1917, o que foi crucial em 1918. Eles teriam feito muito mais se a guerra tivesse continuado em 1919. O auxílio americano foi fundamental para a economia de guerra britânica e francesa.

Além disso, no final de 1918, quando foram fortemente atacados na Frente Ocidental, os alemães não tiveram a mesma determinação e persistência demonstrada antes, e a um alto custo, pelos franceses e britânicos. Isso ocorreu em parte devido às pressões sobre a aliança alemã e sua frente ofensiva. O elemento-chave, porém, foi a derrota do exército alemão em sua principal frente de batalha, uma derrota diferente, mas equivalente à do *Wehrmacht* pelo exército soviético em

À esquerda: O tratado de paz de 1919 foi assinado na Galeria dos Espelhos em Versalhes. A Alemanha teve de assumir a culpa pela guerra, perdeu muitos territórios e foi obrigada a pagar pesadas indenizações.

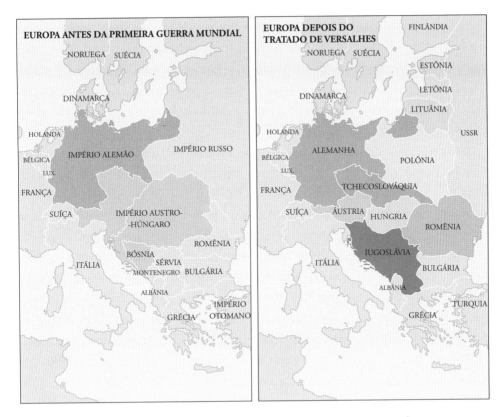

Acima: O fim da Primeira Guerra Mundial estabeleceu novos estados e expandiu outros.

1944. Os britânicos focaram em melhorar seu poder de fogo e precisão de artilharia a fim de dominar o campo de batalha tridimensional e usar o poder de fogo com mais eficiência do que nos ataques anteriores. A melhoria na coordenação artilharia-infantaria também foi importante. Derrotados e em retirada, os alemães pediram um armistício e o obtiveram em novembro de 1918.

A Paz de Versalhes

No tratado de paz assinado em Versalhes (1919) depois da Primeira Guerra Mundial, a Alemanha perdeu territórios para França, Polônia, Bélgica e Dinamarca (neutra), e todas as suas colônias além-mar tiveram de ser entregues. A dinastia Hohenzollern já tinha caído com a derrota em 1918 e a Alemanha se tornou uma república. As indenizações (compensações por danos causados em guerra) foram decretadas no padrão das indenizações que os alemães impuseram à França em 1871. Os termos de paz foram feitos para impedir que a Alemanha iniciasse novas guerras, provendo, assim, segurança coletiva para a Europa. Sob a supervisão da Comissão Inter-aliada de Controle Militar, o tamanho do exército alemão e seus equipamentos foi duramente restringido. A Alemanha também teve de aceitar uma zona ocupada na fronteira com a França e a Bélgica e uma zona desmilitarizada além dela, cujo objetivo era pôr fim à possibilidade de a Alemanha usar o Rio Reno como fronteira estratégica defensiva.

A Alemanha foi estigmatizada por uma cláusula de culpa de guerra e pela insistência em que os oficiais alemães fossem julgados por crimes de guerra, especialmente pela forma como trataram os civis belgas em 1914 e pelas consequências da guerra submarina indiscriminada. Os Aliados queriam que os criminosos de guerra fossem extraditados para julgamento perante um tribunal internacional, mas em 1920 atenderam ao pedido alemão de que os julgamentos fossem feitos perante a Suprema Corte de Leipzig. Somente 17 dos 853 supostos criminosos de guerra foram julgados.

Considerando o papel ofensivo alemão em ajudar a iniciar a guerra, os termos de paz foram justos, mas acabaram sendo usados de forma incorreta como um instrumento de revolta pelos acusadores. Na prática, os termos foram bem menos onerosos do que os que vieram depois da Segunda Guerra Mundial, termos que muitos consideraram bem-sucedidos em manter a paz. Em 1919, os vencedores se apegaram aos pontos práticos e às preocupações ideológicas; a Alemanha não foi invadida pelos Aliados, ao passo que, por causa da derrota da Rússia, ela ainda estava ocupando grandes territórios no Leste Europeu quando a guerra acabou. Em 1918-1919, as potências vencedoras estavam determinadas a impedir que a revolução comunista da Rússia chegasse até a Alemanha. Na França, a discussão sobre a Renânia separada da Alemanha não deu em nada.

Os Habsburgo também perderam seu trono imperial. Áustria e Hungria se tornaram pequenos estados, a Itália ganhou territórios, a Romênia ganhou a Transilvânia, a Tchecoslováquia se tornou independente e a Sérvia se expandiu, tornando-se Iugoslávia. A Polônia, recém-independente, ficou com territórios da Rússia, Alemanha e Áustria. A Bulgária perdeu territórios para Grécia e Romênia. A Turquia teve de aceitar a ocupação de boa parte do país, mas entre 1922 e 1923, conseguiu pôr fim a isso com um esforço de independência nacionalista bem-sucedido, que envolveu grande derrota para a Grécia.

Mulheres e o voto

No século 19, as sucessivas extensões do direito a voto estavam restritas aos homens. Mesmo nos países que se consideravam progressistas, os padrões atuais de

Acima: Christabel Pankhurst, líder sufragista britânica, discursando na Praça Trafalgar em 1908.

igualdade ainda estavam longe de acontecer. A noção de "esferas separadas" estava bem estabelecida e o papel das mulheres era definido como o do lar e da família.

No início dos anos 1910, essa situação foi confrontada por sufragistas [militantes do direito ao voto] da Grã-Bretanha. No entanto, seu sucesso foi limitado. Já as guerras mundiais exerceram impacto bem maior em alterar as crenças e os costumes sociais e encorajar a expansão do direito a voto, visto que mais mulheres tiveram de participar da força de trabalho. Os costumes sociais foram afetados pela diminuição da hierarquização durante a guerra e pelo papel rapidamente mutável das mulheres nas sociedades militarizadas em tempo de guerra. Com os homens chamados para lutar, a esfera econômica e industrial se estendeu às mulheres, especialmente na Grã-Bretanha. Além disso, grande número de mulheres e crianças passaram a substituir os trabalhadores rurais homens. Mais que isso, muitas mulheres acompanharam os militares como enfermeiras. Se em 1898 apenas 72 freiras foram contratadas nos hospitais militares britânicos, em 1914-1918 havia um total de 32.000 mulheres servindo como enfermeiras militares. Os ataques

Acima: A Revolução de Fevereiro começou em 8 de março de 1917 com uma marcha feminina contra o alto preço do pão.

aéreos colocaram as mulheres na linha de frente de mortos e, em uma escala bem maior, muitas ficaram viúvas por causa da guerra; só na França, na Primeira Guerra Mundial, foram 600.000 viúvas.

A Grã-Bretanha deu o direito a voto às mulheres em 1918 (e com base igual em 1928), mas na França isso só aconteceu em 1945. Ainda assim, a eleição de mulheres para assembleias nacionais e posições seniores no governo era incomum até a segunda metade do século 20. Margaret Thatcher se tornou a primeira mulher a ser primeira-ministra na Grã-Bretanha em 1979, e Angela Merkel se tornou chanceler da Alemanha em 2005. A Itália ainda não teve primeira-ministra, nem a França teve presidente mulher, embora a segunda mais votada em 2017 tenha sido uma mulher, Marine Le Pen.

A Revolução Russa

A Rússia já tinha passado por uma revolução em 1905 por causa da derrota militar para o Japão, mas foi um levante de pequena escala e rapidamente reprimido. Em contraste, a pressão sobre a sociedade russa foi bem maior na Primeira Guerra Mundial. A fraqueza organizacional do estado russo ficou evidente especialmente no transporte e distribuição de alimentos, e as pressões resultantes se concentraram nas cidades, onde a demanda por comida era maior.

A falta de alimentos se agravou com a crescente paranoia pública movida pela falta de unidade nacional e por tensões políticas e sociais, em que os "especuladores" supostamente mantinham o povo prisioneiro e os "alemães", como a czarina, o traíam. Na prática, a "traição" ligada aos alemães foi seu uso habilidoso da subversão, especialmente em conseguir transportar o líder bolchevique (comunista), Vladimir Ilyich Lênin, para a Rússia em abril de 1917. Junto com o descontentamento popular havia a elite insatisfeita, não apenas com Nicolau II, mas com o próprio czarismo.

Em 8 de março de 1917, uma marcha popular em São Petersburgo contra o preço do pão concentrou toda essa tensão; não conseguindo controlá-la com a polícia, o governo apelou para o exército. Em 12 de março, as tropas, descontentes, recusaram-se a atirar na multidão e entraram em greve. No dia seguinte, os militares e os industriais elegeram representantes para um "soviete" (concílio). Diante do caos crescente, alguns políticos e generais acharam necessário agir, e foi o que fizeram, decidindo se livrar de Nicolau II. Ele abdicou em 15 de março, pondo fim à dinastia Romanov e à monarquia, e o *Duma* (parlamento) estabeleceu um governo provisório. Esse evento ficou conhecido como a Revolução de Fevereiro pois, no Estilo Antigo do calendário juliano, a revolução ocorreu de 23 de fevereiro a 3 de março.

Essa revolução deu início ao debate político, mas não resolveu os problemas de uma sociedade sob tremenda pressão e de um estado que não conseguia lidar com a guerra com sucesso. Além disso, a guerra continuou, mas sem sucesso. Na verdade, o fato de o novo governo ter finalmente caído em novembro de 1917 foi, em grande parte, graças a seu fracasso no campo de batalha, ou, em outras palavras, graças a seu fracasso em sair da guerra.

A influência bolchevique no soviete de São Petersburgo aumentou e, em 7 de novembro, um golpe derrubou o governo, com pouca resistência. O governo era incapaz de depender do exército porque lutar contra os alemães comprometia a cooperação militar. A princípio houve um governo da coalizão liderada pelos

bolcheviques, mas esses rapidamente conseguiram o controle total do governo. Na primavera de 1918, os bolcheviques lutaram pelo poder, levando a uma guerra civil que durou até 1921.

As forças de oposição aos bolcheviques na guerra civil não eram apenas os brancos (conservadores) e, às vezes, os verdes (exércitos de camponeses), além das forças rivais de esquerda, mas também os povos não russos com seus próprios interesses separatistas, como os ucranianos e os finlandeses. Além disso, havia potências estrangeiras opostas ao novo regime, como Grã-Bretanha, França, Grécia e Romênia. Juntas, todas essas forças eram um grupo formidável, porém dividido. Aliás, as forças brancas lutavam mal e não conseguiram manter o apoio dos camponeses e vencer.

Acima: Vladimir Ilyich Lênin discursa a uma multidão na Praça Vermelha durante a Revolução de Outubro de 1917. Lênin era a principal figura do movimento bolchevique.

Os bolcheviques também se beneficiaram do fato de terem controlado Moscou e São Petersburgo e de terem lutado nas linhas de interior. Eles conseguiram recursos com crueldade e usaram terror e violência para reprimir a oposição.

Os bolcheviques conseguiram derrotar seus oponentes e recuperar o controle da Ucrânia e do Cáucaso, mas fracassaram com Finlândia, Estônia, Letônia, Lituânia e Polônia, que se tornaram independentes. Em 1918, o czar Nicolau II e sua família foram assassinados pelos comunistas.

236 CAPÍTULO 8

Acima: A Guerra Civil Russa de 1918-1921 envolveu muitos combatentes estrangeiros. Nessa foto de Odessa, 1919, há soldados franceses junto com soldados russos do exército branco.

Desde o começo, os comunistas acreditavam em uma ideologia utópica, na violência organizada e extrema, no ateísmo e na rejeição da história russa anterior. Durante a guerra civil e nos anos 1920, a Igreja Ortodoxa foi destruída, com o massacre de dezenas de milhares de padres e monges, além da profanação e destruição de igrejas, monastérios e túmulos de santos. Consequentemente, a imagem real e espiritual da Rússia foi transformada, bem como o estado psicológico do povo.

> **REVOLUÇÃO MUNDIAL?**
> *Na situação de grande turbulência depois da Primeira Guerra Mundial, houve grandes esforços para propagar a revolução comunista. Institucionalmente, o comunismo era representado pela Comintern (ou Comunista Internacional), criada em 1919, e surgiram vários partidos comunistas. Em março de 1919, o governo comunista de Béla Kun chegou ao poder na Hungria e proclamou a república soviética. No entanto, os romenos, com apoio tcheco e francês ligado aos conservadores romenos, acabaram com a revolução no verão do mesmo ano. Em 1919, o comunismo também marcou presença em outras partes da Europa, especialmente na Alemanha, mas não conseguiu o controle de um estado independente até 1940, quando as forças soviéticas ocuparam as repúblicas bálticas (Estônia, Letônia e Lituânia). O apelo democrático do comunismo era muito limitado, da forma que os líderes comunistas apreciavam.*

Stalin

Lênin morreu em 1924, sendo sucedido por Josef Stalin. Paranoico a ponto de se satisfazer com assassinatos em massa, Stalin impôs sua visão de modernização. O controle do estado foi usado para direcionar a industrialização e impor a coletivização (controle estatal) da agricultura. A Igreja Ortodoxa foi ainda mais devastada, e cortes e escolas muçulmanas foram reprimidas. O governo controlava a infor-

Acima: Em sua tentativa de modernizar o estado soviético, Stalin não admitia ser contrariado. O resultado era sempre violento e frequentemente desastroso.

mação, e assim o povo vivia nas trevas da propaganda e do terror. Houve grande expansão do setor industrial e da geração de eletricidade, mas a um alto custo do padrão de vida.

Durante a fome soviética de 1931-1933, de três a cinco milhões de pessoas morreram na Ucrânia, além de dois milhões no norte do Cazaquistão e sul da Rússia. As políticas soviéticas contra a fome na Ucrânia (que era, até certo ponto, resultado de atos deliberados) levaram a acusações de genocídio, tanto por parte da Ucrânia como de outros, acusações que foram expressas com frequência quando a Ucrânia se tornou independente em 1991. O censo soviético de 1937, o primeiro em onze anos, foi suprimido e os oficiais envolvidos foram executados, provavelmente porque isso revelou a quantidade de mortos pela fome no início da década, fato que, segundo o governo, não ocorreu.

As percepções de Stalin acerca da guerra inevitável e iminente deram início a suas políticas de insana modernização. Frustrado com a persistente distância entre intenção e implementação, nos anos 1930 o regime assumiu iniciativas mais radicais e totalitaristas. Assim, com os massacres que começaram em 1937, houve a matança de boa parte da liderança militar e econômica. O rival de Stalin, Leon Trotsky, que foi exilado em 1929 e assassinado por ordem de Stalin em 1940, dizia que o ditador estava levando o país a um "rio de sangue".

A Europa no período entre as duas guerras mundiais

Nos anos 1920, a recuperação da Primeira Guerra Mundial e a desordem pós-guerra garantiram um sistema europeu pacífico e, em muitos países, democrático. A questão comunista estava sob controle, embora já se visse surgir regimes autori-

Acima: Gustav Stresemann (à direita) ao lado do estadista francês Aristide Briand. Ambos receberam o Prêmio Nobel da Paz em 1926 por conseguirem reconciliar Alemanha e França.

240   CAPÍTULO 8

tários de direita na Itália, em Portugal e Espanha. Longe de plantar as sementes de uma nova guerra, como se costuma alegar, o sistema internacional que a paz pós--guerra estabeleceu na verdade funcionou melhor nos anos 1920 (pelo menos da perspectiva dos interesses ocidentais) do que nos anos 1930, como muitos pensam ter acontecido. Houve instabilidades nacionais, como antes de 1914, mas com bem menos tensão internacional.

O estabelecimento da paz também foi seguido de uma série de acordos internacionais para impedir conflitos, como o Acordo de Locarno de 1925, que provia segurança mútua para a Europa Ocidental e, muito antes do que se podia esperar em 1918, readmitia a Alemanha no sistema internacional. Em 1920, as potências europeias tiveram forte interesse em uma ordem internacional viável e consensual.

Assim, é inapropriado dizer que [o Tratado de] Versalhes levou Hitler ao poder. Hitler rejeitou Versalhes e o sistema internacional que esse tratado buscava criar, ao passo que a *realpolitik* responsável dos anos 1920 (que dizia se comprometer e se beneficiar com as correntes idealistas das relações internacionais daquela década) estava focada em outro alemão bem mais proeminente no período: Gustav Stresemann, ministro do exterior de 1923 a 1929. Se não fosse pelo fracasso, protecionismo, miséria e extremismo produzidos pela Depressão dos anos 1930, a ordem dos anos 1920 provavelmente teria continuado.

A Grande Depressão

A crise financeira que começou com o *crash* de Wall Street em 1929 foi seguida de grande desaceleração da economia mundial. Os governos cada vez mais pensavam e planejavam em termos econômicos nacionais, em vez de internacionais. Isso levou a muito corporativismo, pois os governos tentavam lidar tanto com o trabalho quanto com o capital, o que favorecia maior integração entre economia e política nacional. Por outro lado, a globalização foi afetada negativamente pelo poder político e ideológico das visões econômicas nacionalistas e do consequente protecionismo. Ficou mais difícil exportar e obter capital e tecnologia do exterior.

A Europa foi gravemente afetada. O desemprego aumentou muito, assim como o subemprego. Em 1934, cerca de 10,7% da força de trabalho masculina italiana estava desempregada. Além disso, por haver poucas oportunidades em outras regiões, a emigração ficou mais difícil. A Depressão afetou a confiança nos sistemas democráticos e encorajou a volta ao totalitarismo. Em 1938, a única democracia no Leste Europeu era a Tchecoslováquia.

O surgimento do fascismo

Na Itália, a insatisfação com os termos de paz pós-Primeira Guerra Mundial foi seguida de sérios problemas econômicos, como aumento do desemprego. Os grandes partidos políticos não conseguiam cooperar e um "Pavor Vermelho" causado pela preocupação com o comunismo foi aproveitado por Benito Mussolini, que fundou pelotões fascistas para combatê-lo. O fascimo demonstrou um violento antiesquerdismo e disposição em se aliar às elites, além de se beneficiar da hostilidade ao liberalismo entre intelectuais e outros que não gostavam das massas e da democracia parlamentar. As diferentes tendências do fascismo o deixaram instável e desorganizado, dependendo da retórica para tentar manter a coesão. O próprio Mussolini via a retórica como um aspecto da emoção e do entusiasmo necessários para liderar as massas, além do nacionalismo radical. Sem popularidade e até aparentemente sem propósito, o governo sucumbiu à tomada do poder por Mussolini em 1922, chamada de "Marcha sobre Roma" (na verdade, Mussolini e muitos outros fascistas foram à Roma de trem).

Uma vez no poder, Mussolini assumiu o controle de boa parte do estado e, em 1928, aboliu as eleições. A oposição era reprimida com intimidação, prisão e violência. A propaganda era usada para

O SURGIMENTO DO EXTREMISMO

1922 – Mussolini toma o poder na Marcha sobre Roma
1923 – Hitler lidera o malsucedido Putsch de Munique
1928 – Mussolini ordena a abolição das eleições
1929-1939 – A Grande Depressão
1933 – Hitler se torna chanceler da Alemanha
1936-1939 – Guerra Civil Espanhola
1936 – Hitler volta a militarizar a Renânia
Março de 1938 – Anschluss [unificação] entre Áustria e Alemanha
Outubro de 1938 – Alemanha recebe os Sudetos
Março de 1939 – Alemanha invade a Tchecoslováquia
Setembro de 1939 – Alemanha declara guerra à Polônia, dando início à Segunda Guerra Mundial

Acima: Benito Mussolini, o governante fascista da Itália, tomou o poder em 1922.

A GUERRA CIVIL ESPANHOLA

A vitória da direita nacionalista em uma amarga guerra civil em 1936-1939 foi consequência de uma revolta militar de direita contra o governo republicano. A revolta não aconteceu como planejado, levando a um conflito em que os republicanos continuaram a manter boa parte do país até seu rápido colapso no início de 1939. Ambos os lados recorreram ao apoio internacional: os nacionalistas se voltaram para a Alemanha e a Itália, e os republicanos para a União Soviética. A guerra civil testemunhou o terror do bombardeio de cidades, especialmente de Guernica por aeronaves alemãs. O líder nacionalista vencedor, Francisco Franco, um general, tornou-se ditador. A oposição foi cruelmente reprimida.

Acima: Soldados republicanos se preparam para o ataque durante a Guerra Civil Espanhola.

ajudar a disseminar uma magnífica imagem de grandes realizações. Houve emprego de força, especialmente na conquista da Etiópia em 1935-1936. Não havia consciência das limitações e da fragilidade econômica da Itália.

Hitler

Em 1919, a crise pós-guerra na Alemanha foi superada e estabelecida a democracia na República de Weimar, que durou até 1933 e possibilitou a recuperação econômica e certa estabilidade política. Os extremos foram mantidos sob controle, como em 1923, no episódio em que Adolf Hitler e seu grupo de extrema direita, os nazistas, fracassaram em tentar um golpe em Munique. Weimar chegou a ser considerada um fracasso, mas a verdade é que foi uma sociedade liberal bem-sucedida quando se leva em conta os tempos difíceis em que ocorreu, logo após a derrota alemã na guerra.

No entanto, por causa da Grande Depressão, Weimar foi à ruína. Os nazistas aproveitaram a divisão entre os demais políticos e se deram bem nas eleições. Em janeiro de 1933, Hitler conseguiu se tornar chanceler e rapidamente monopolizou o poder para os nazistas. Em vez de obedecer às restrições fiscais de 1934, que limitavam o rearmamento, ele seguiu em frente. O Plano dos Quatro Anos, inicia-

Acima: Adolf Hitler discursa a seus apoiadores em 1937. Ele se aproveitou das oportunidades políticas que surgiram com a Grande Depressão.

244   CAPÍTULO 8

do em 1936, foi feito para garantir autossuficiência e preparo para ir à guerra em quatro anos. Naquele mesmo ano, Hitler também remilitarizou unilateralmente a Renânia, desafiando o acordo de paz de Versalhes, mas Grã-Bretanha e França não reagiram.

Em março de 1938, Hitler avançou para ocupar a Áustria, juntando-a à Alemanha em uma *Anschluss* (união). O mapa da Europa foi alterado de forma importante, mas Hitler continuou, agora exigindo que a Tchecoslováquia entregasse os Sudetos, uma região cuja maioria dos habitantes era alemã. Sob ameaça de guerra e abandonados por Grã-Bretanha e França (que assinaram o acordo de Munique com Alemanha e Itália), os tchecos cederam.

Em 15 de março de 1939, Hitler ocupou a maior parte da Tchecoslováquia, violando o acordo que assinara em Munique. Em resposta, em 31 de março, Grã-Bretanha e França protegeram Polônia e Romênia de um ataque alemão. No entanto, tudo mudou em 23 de agosto, com o Pacto de Molotov-Ribbentrop entre Alemanha e União Soviética, um acordo de não agressão mútua que aumentou muito as oportunidades alemãs. Assim, quando a Alemanha invadiu a Polônia em 1º de setembro de 1939, Grã-Bretanha e França imediatamente declararam guerra em 3 de setembro.

Segunda Guerra Mundial

Para surpresa ainda maior das pessoas da época, logo depois da rápida vitória alemã sobre a Polônia em 1939, na primavera de 1940 a Alemanha já havia conquistado Dinamarca, Noruega, Luxemburgo, Holanda, Bélgica e França. Exceto pela França, os demais países eram neutros; os alemães se sentiam motivados por atacar, apesar de também obterem vantagens estratégicas com essas conquistas (a Noruega, por exemplo, tinha bases que podiam ser usadas em um conflito naval com a Grã-Bretanha).

As tropas britânicas foram forçadas a se retirar desesperadamente da Noruega e da França em 1940, e a própria Grã-Bretanha ficou sob ameaça de ataque aéreo e invasão. Isso marcou o fim da guerra limitada, porque o novo governo britânico de Winston Churchill não estava interessado em aceitar uma paz ditada pela Alemanha caso esta vencesse, o que de fato foi oferecido. O significado dessa decisão foi que o conflito iria continuar até que as ações dos países tivessem um papel decisivo.

As vitórias alemãs se devem em boa parte à mobilidade de seus tanques e aviões e ao fato de terem tomado a iniciativa. No entanto, elas foram possíveis graças a graves falhas na estratégia dos oponentes e à cooperação da União Soviética. Ao se aliar a Hitler, Stalin se mostrou mais do que disposto a subordinar a causa do comunismo internacional à da expansão territorial junto com a Alemanha. Tanto Hitler como Stalin rejeitavam o capitalismo liberal como sua estratégia nacional para a liberdade e, como estratégia internacional, focaram-se na oposição ao expansionismo ditatorial. Um total de 1,17 milhões de poloneses foram deportados para *gulags* (campos de trabalho soviéticos) e muitos outros foram massacrados.

Para Hitler, no entanto, a guerra contra o ocidente era apenas uma etapa em sua determinação de também destruir o comunismo. Em 22 de junho de 1941,

Acima: Tropas alemãs marcham pela Bélgica em 1940. No início da guerra, a Bélgica era neutra, mas sua localização estratégica fez dela um alvo tentador para os militares alemães.

246　CAPÍTULO 8

Acima: Soldado alemão armado com metralhadora fica à espreita na Noruega durante a Operação Weserübung, a invasão da Dinamarca e Noruega em 1940.

Acima: As conquistas alemãs colocaram boa parte da Europa sob controle nazista.

ele deu início à Operação Barbarossa, a invasão da União Soviética. A princípio a operação foi bem-sucedida, com os soviéticos perdendo muitos homens e territórios no final de 1941. Porém, as deficiências já vistas nas operações alemãs iriam se somar à vastidão do território a ser conquistado e à grande quantidade de recursos soviéticos. Iludidos por sua rápida vitória sobre a França em 1940, por suas técnicas e habilidades táticas e operacionais e pelo excesso de confiança em seus ataques rápidos, os alemães não planejaram nem se prepararam adequadamente para o conflito. Apegados a suas crenças raciais hostis, eles consideraram os soviéticos embrutecidos, subestimando-os.

Em dezembro de 1941, as forças alemãs foram detidas perto de seus alvos, Moscou e São Petersburgo. Elas ainda atacaram novamente a partir de 28 de junho de 1942, mas o resultado foi o mesmo, por conta de um plano malfeito e mal executado. Derrotados em Stalingrado num contra-ataque soviético no inverno de 1942-1943, os alemães fracassaram novamente quando atacados em Kursk em julho de 1943.

OS NEUTROS

Nas duas guerras mundiais, houve muitos países neutros, mas nem todos conseguiram se manter neutros diante dos ataques e da pressão dos combatentes. Espanha, Suécia e Suíça foram neutros nas duas guerras mundiais. Na Primeira Guerra Mundial, também foram neutras Dinamarca, Holanda e Noruega, mas as três foram vítimas do ataque alemão não provocado de 1940. Agora independente da Grã-Bretanha, a Irlanda foi neutra na Segunda Guerra Mundial. Os neutros também sofreram com a interferência da guerra e com danos mais diretos, como navios afundados por submarinos quando os combatentes tentavam forçar bloqueios.

Acima: Equipe finlandesa com metralhadoras se prepara para resistir à invasão soviética em fevereiro de 1940. Logo após a queda da Polônia, a União Soviética invadiu a Finlândia na Guerra de Inverno.

UMA EUROPA ALEMÃ

A liderança nazista planejava uma "Nova Ordem" em que a Alemanha não incluiria apenas a Áustria e boa parte da Tchecoslováquia, mas também territórios da Iugoslávia, Polônia, França, Bélgica e Luxemburgo. Isso seria crucial para o novo sistema europeu de territórios sob administração alemã (como a Noruega), territórios sob ocupação alemã (como a Sérvia) e territórios governados por aliados, estando os alemães no topo da hierarquia racial. Assim, a Ucrânia deveria se dedicar a cuidar das propriedades da SS, apoiada por camponeses subjugados. A economia da Europa conquistada e aliada deveria servir aos interesses alemães. O restante da Europa deveria prover trabalho forçado, matérias-primas e alimento para a Alemanha, recebendo em troca, nos termos alemães, produtos industrializados. Novas ligações de transporte seriam construídas.

Acima: Tanque cruza um rio da Rússia durante a Operação Barbarossa, em 1941. A princípio, as forças alemãs conseguiram grandes vitórias, mas só até que o inverno chegasse e o contra-ataque soviético os forçasse à retirada em 1942-1943.

Acima: *Partisans* poloneses lutam na Revolta de Varsóvia, que durou de agosto a outubro de 1944.

WANNSEE
Em 20 de janeiro de 1942, em um encontro num bairro do subúrbio de Wannsee, nos arredores de Berlim, administradores seniores nazistas e líderes da SS coordenaram a organização do que pretendia ser a "Solução Final". Nesta "conferência", eles decidiram que todos os judeus europeus, inclusive os que ainda não estavam sob domínio alemão, deveriam ser deportados para campos de extermínio, onde seriam mortos. A SS teve papel central nisso.

Esse fracasso causou uma crise de confiança dentro da Alemanha, crise para a qual também contribuíram a derrubada de Mussolini, aliado de Hitler, e o forte bombardeio britânico de Hamburgo. Por sua vez, Hitler preparou um coquetel tóxico de fanatismo e terror a fim de manter os alemães na guerra. A resistência dentro da Alemanha era limitada, sendo o episódio mais grave o Atentado de Julho de 1944, mas esta conspiração de oficiais do exército não conseguiu assassinar Hitler e foi rapidamente suprimida.

Em 1944, a Alemanha enfrentou ataques de todos os lados. Os soviéticos expulsaram os alemães do Leste Europeu e dos Bálcãs, e forças anglo-americanas desembarcaram na França, especialmente na Normandia, em 6 de junho, o Dia D, reconquistando França e Bélgica com ataques aéreos sem precedentes contra os alemães. Os ataques aéreos enfraqueceram muito a economia de guerra e a moral alemã.

Em 1945, a derrota alemã foi total: tropas soviéticas avançaram sobre a Alemanha vindas do leste e tropas anglo-americanas vieram do oeste. Quando os soviéticos abriam caminho rumo a Berlim, Hitler cometeu suicídio e a Alemanha se rendeu incondicionalmente.

O massacre

O ataque a civis foi visto com mais crueldade no Holocausto, o genocídio alemão de cerca de seis milhões de judeus europeus, por causa da paranoia e histeria racial de Hitler. O antissemitismo levou muitos (mas nem todos) aliados da Alemanha a cooperar totalmente com esse assassinato em massa, especialmente a Romênia, mas a principal atuação foi alemã (e austríaca, a essa altura). Na Alemanha não havia segredo algum sobre a guerra contra os judeus. Muitas das mortes ocorreram nos locais em que judeus viviam ou perto deles, especialmente no Leste Europeu, mas os judeus também foram transportados para campos de concentração (onde eram maltratados e tinham de trabalhar até morrer) e campos de extermínio (onde eram mortos de uma vez, especialmente por gases tóxicos). Em Auschwitz II, o pior campo de extermínio, cerca de 1,5 milhão de judeus foram mortos. Em outros campos, como Treblinka e Sobibor, centenas de milhares foram mortos.

Havia um esforço específico para garantir que não houvesse futuro (nem filhos) para os judeus. Cerca de 1,5 milhão de judeus menores de catorze anos, além de mulheres grávidas, foram mortos no Holocausto.

O massacre alemão de outros civis também foi grande. Em 1944, por exemplo, 120 mil poloneses foram mortos em Varsóvia, a maioria na repressão da Revolta de Varsóvia e no massacre de civis por causa dela. O massacre de civis por todos os meios (por bombardeios e outras ações militares) não se compara em intenção e ação ao genocídio dos judeus, mas ainda assim foi devastador.

252 CAPÍTULO 8

A Frente de Batalha Doméstica

Tal como na Primeira Guerra Mundial, a Segunda Guerra Mundial também levou a uma grande mobilização de recursos nacionais, a uma enorme extensão dos poderes do governo e à tentativa de legislar e dirigir a sociedade. Ao mesmo tempo, todas as nações combatentes estavam muito preocupadas com a moral e a resiliência, o que motivou iniciativas para reunir inteligência e garantir que a "Frente de Batalha Doméstica" continuasse a ser suprida com alimentos e opiniões. A propaganda tinha papel crucial: não só de transmitir notícias, mas também de transmitir arte, como filmes e música. Na União Soviética, buscou-se na história de casos de nacionalismo exemplar. O grande número de homens lutando na guerra fez com que Grã-Bretanha e União Soviética precisassem depender muito de trabalhadoras

Abaixo: Em 1941, várias fazendeiras da União Soviética assumiram o trabalho que os homens faziam antes de irem à guerra. Esta é uma típica foto de propaganda. Em toda a Europa, as mulheres assumiram novos papeis.

mulheres. A Alemanha, porém, preferiu depender do trabalho escravo de seus prisioneiros de guerra.

Nos países ocupados a guerra era ainda mais desanimadora, pois toda resistência era tratada com severidade. Assim, na França, onde a ocupação alemã de 1940 foi em grande parte pacífica, a partir de 1941 a situação ficou violenta. Por toda a Europa, era mais fácil resistir em terrenos montanhosos e florestais.

A resistência à ocupação alemã foi importante para dissipar seus recursos e prejudicar suas comunicações. Os métodos alemães acabaram sendo autodestrutivos. Sua abordagem violenta e a falta de recursos adequados para a segurança dificultaram a existência de uma política de ocupação eficaz.

CAPÍTULO 9
EUROPA PÓS-GUERRA

CAPÍTULO 9
Europa Pós-guerra
1945 até o presente

A ameaça de um conflito nuclear combinada ao realinhamento da política internacional, à divisão ideológica e ao medo de repetir os eventos da primeira metade do século criaram uma atmosfera tensa durante este período. A Europa mudou muito com o crescimento populacional, o desenvolvimento tecnológico, a urbanização e vários novos costumes e preocupações ambientais, e tudo isso tornou o continente um local bem diferente do que costumava ser.

Europa em mudança: a Nova Ordem

O tempo de paz trouxe grandes mudanças políticas, territoriais e demográficas, tanto que as duas últimas têm durado até a atualidade. Com bases em Berlim, Viena, Budapeste e Praga, a União Soviética foi uma grande vencedora na guerra, manteve todas as conquistas

Páginas anteriores: Cidadãos de Berlim comemoram a reunificação da Alemanha em cima do Muro de Berlim, perto do Portão de Brandemburgo.

Acima: Depois de 1945, Königsberg, antiga capital da Prússia Oriental, tornou-se Kaliningrad.

que obteve em 1939-1940 (Polônia, Romênia, Finlândia e todas as repúblicas bálticas). A União Soviética também retomou a parte da Tchecoslováquia que havia sido anexada pela Hungria em 1939, além do norte da província alemã da Prússia Oriental.

O sul da Prússia Oriental ficou com a Polônia, que também ganhou um grande território alemão: a Silésia e a Pomerânia Oriental. No entanto, a Polônia perdeu territórios ainda maiores (cerca de 48% de seu território pré-guerra) para a União Soviética. Esse desfecho anulou os ganhos que a Polônia obteve em 1920-1921 e foi negado pelo governo polonês exilado. Na atualidade, como resultado da desintegração da União Soviética em 1991, esses territórios são parte de Bielorrússia, Ucrânia e Lituânia. Nesse meio tempo, o território polonês foi mais para o oeste.

A GUERRA FRIA

1944-1949 – Guerra Civil Grega

1947 – Proposta do Plano Marshall

24 de junho de 1948-12 de maio de 1949 – Bloqueio de Berlim

28 de junho de 1948 – Josip Tito é expulso do Cominform

1949 – Criação da OTAN

5 de março de 1953 – Morte de Stalin

1955 – Implantação do Pacto de Varsóvia

23 de outubro-10 de novembro de 1961 – Revolução Húngara

4 de junho-9 de novembro de 1961 – Crise de Berlim

15 de outubro de 1964 – Nikita Khruschev é substituído por Leonid Brezhnev como líder da URSS

5 de janeiro-21 de agosto de 1968 – Primavera de Praga

12 de agosto de 1970 – Alemanha Ocidental e URSS assinam o Tratado de Moscou

Julho-agosto de 1975 – Acordos de Helsinque

1980-1981 – Movimento de Solidariedade na Polônia

Junho de 1987 – Mikhail Gorbachev anuncia as políticas *glasnost* e *perestroika*

9 de novembro de 1989 – Queda do Muro de Berlim

16-27 de dezembro de 1989 – Nicholas Ceauçescu é deposto na Revolução Romena

23 de agosto de 1990 – Tratado da Reunificação Alemã

26 de dezembro de 1991 – Dissolução da União Soviética

Territórios e cidades foram renomeados. A cidade alemã de Breslau, onde houve longa resistência aos ataques soviéticos em 1945, passou a ser a cidade polonesa de Wroclaw. Königsberg, capital da Prússia Oriental, passou a ser Kaliningrad, em homenagem a um político soviético. Outros nomes que deixaram de existir foram Silésia, Pomerânia e Stettin.

Ocorreu também migração em larga escala. Em 1945-1946, nove milhões de alemães fugiram ou foram expulsos dos territórios adquiridos pela União Soviética, e mais ainda foram expulsos das antigas Tchecoslováquia, Polônia e outros países. Poloneses foram expulsos de territórios conquistados pela União Soviética no oeste da Ucrânia e passaram a morar em territórios livres de alemães. Foi uma

258 CAPÍTULO 9

> **O DESTINO DA ALEMANHA**
> *A derrota da Alemanha na Segunda Guerra Mundial destruiu sua estrutura política. Diferentemente do que aconteceu depois da Primeira Guerra Mundial, desta vez a Alemanha foi dividida em uma zona de ocupação soviética (a República Democrática Alemã ou Alemanha Oriental, uma ditadura comunista) e uma zona americana, britânica e francesa (a República Federativa Alemã ou Alemanha Ocidental, uma democracia). Esses dois estados bem diferentes surgiram em paralelo e existiram até a unificação, em 1990. Um lado alegava ser antifascista, anti-imperialista e comunista, enquanto o outro era democrático, baseado na economia de mercado e ocidental.*

"limpeza étnica" que envolveu violência, ainda que não tenha ocorrido genocídio. Houve a determinação de evitar a situação pós-Primeira Guerra Mundial, em que minorias étnicas significativas passaram a morar em certos estados do novo país.

O início da Guerra Fria

A paranoia antiocidental de Josef Stalin continuou forte mesmo depois de se aliar à Grã-Bretanha e aos Estados Unidos. Assim, no final da Segunda Guerra Mundial, a rivalidade pré-guerra foi retomada. A determinação soviética de dominar o Leste Europeu foi grande motivo de tensão. O foco do último confronto entre forças soviéticas e americanas foi a Europa. De fato, boa parte das armas, nucleares ou não, estavam na Europa e visavam alvos dela.

Preocupados com a expansão soviética, os Estados Unidos se mostraram bem mais envolvidos com a Europa do que após a Primeira Guerra Mundial. O Plano Marshall, uma ajuda financeira de larga escala, foi generosamente doado pelos EUA para ajudar na recuperação econômica. Além disso, em 1949, com a criação da Organização do Tratado do Atlântico Norte (OTAN), Estados Unidos e Canadá se comprometeram com a segurança do Oeste Europeu. A nova aliança passou a incluir boa parte do Oeste Europeu, até mesmo países anteriormente neutros como Holanda, Dinamarca e Noruega.

Tropas americanas foram enviadas para a Europa: aeronaves para a Grã-Bretanha, Itália e Espanha, tropas para a Alemanha Ocidental e navios de guerra para a Grã-Bretanha e Itália. Em 1947, os Estados Unidos substituíram a Grã-Bretanha no apoio ao governo realista da Grécia contra os insurgentes comunistas apoiados pela União Soviética. A ajuda americana levou os realistas ao sucesso em 1949,

À esquerda: Governante comunista da Iugoslávia, Josip Tito rompeu com Stalin na expectativa de ter certo grau de independência da União Soviética.

processo beneficiado pela divisão ocorrida entre os comunistas quando a Iugoslávia, liderada por Josip Tito, saiu do controle da União Soviética. A Espanha, governada pela ditadura Franco, não fazia parte da OTAN, mas a preocupação americana de incluí-la em sua aliança levou a um acordo em que os americanos poderiam enviar aviões de bases espanholas. De fato, a nova geopolítica levou à necessidade de novas bases americanas, inclusive na Islândia e Groenlândia. A partir de 1952, Grécia e Turquia entraram para a OTAN, apesar da preferência britânica de que a OTAN se focasse no Oeste Europeu e no Atlântico Norte.

Em oposição à OTAN, a União Soviética dominou o Leste Europeu e, em 1955, estabeleceu o Pacto de Varsóvia, incluindo Polônia, Tchecoslováquia, Hungria, Romênia, Bulgária e, a partir de 1956, a Alemanha Oriental. Independentemente do bloco em que estava, cada país passou a exercer um papel na competição, em vez de cuidar de suas próprias prioridades, preocupações políticas e geográficas.

A assertividade e determinação de Stalin em ter o controle de tudo levaram ao fracasso de seus planos na Iugoslávia em 1948 e em Berlim em 1949. Em 1948, por causa da busca de Stalin por conformidade ideológica e controle político, o Partido Comunista Iugoslavo que estava no poder, liderado por Josip Tito desde a guerra, foi acusado de abandonar os princípios comunistas e não seguir a liderança

A REMESSSA AÉREA DE BERLIM

Isolada na zona de ocupação soviética, Berlim estava dividida entre quatro potências que tinham zonas de ocupação na Alemanha. Essa situação parecia ameaçar a posição soviética. Na Crise de Berlim, os soviéticos bloquearam Berlim Ocidental (as zonas americana, britânica e francesa) de junho de 1948 a maio de 1949. Em resposta, foi enviada uma impressionante e bem-sucedida remessa aérea de 1,5 milhão de toneladas de suprimentos. A crise parecia estar prestes a causar uma guerra, mas apenas levou bombardeiros americanos a montar sede em bases britânicas. A ameaça do uso da bomba atômica ajudou a solucionar a crise, fazendo os soviéticos abandonarem o plano de tomar a cidade.

Acima: Civis observam um avião americano trazer suprimentos para Berlim em 1948.

de Moscou na política internacional. Os soviéticos exigiram o afastamento de Tito do poder e fizeram bloqueio econômico com a Iugoslávia, começando a atacar com propaganda e, em pequena escala, com armas.

Contudo, o ataque falhou, principalmente porque o movimento comunista que havia na Iugoslávia durante a guerra fora menos dependente da União Soviética do que o movimento comunista de outros países do Leste Europeu (exceto a Albânia). Além disso, a Iugoslávia não fazia fronteira com a União Soviética. Primeiro secretário do Partido Comunista Iugoslavo desde 1937, Tito também foi primeiro-ministro e presidente da Iugoslávia pós-guerra até sua morte em 1980.

A oposição a Tito ajudou a envenenar a atmosfera política de todo o bloco soviético. A partir de 1949, em todo o bloco passou a haver julgamentos públicos de pessoas consideradas partidárias de Tito, bem como de acusados de divergência nacionalista, como já era feito com os partidários de Trotsky.

A perseguição assassina de supostos dissidentes internos enfraqueceu o movimento comunista e diminuiu seu apoio popular. A crise e os julgamentos públicos mostraram que o bloco comunista não seria capaz de agir como um bloco coeso, comparado ao Ocidente menos coeso ideologicamente, porque a ênfase na uniformidade transformou a diferença em discordância e desobediência.

O fim do imperialismo

A partir do final da Segunda Guerra Mundial, as potências imperialistas do Oeste Europeu logo abandonaram suas colônias. Elas foram afetadas por movimentos de independência nas colônias, bem como pela exaustão da guerra mundial, um dos fatores que levou à falta de compromisso em dominar as colônias. No final dos anos 1940, a Grã-Bretanha saiu dos territórios que se tornaram Índia, Paquistão, Sri Lanka, Mianmar e Israel, os holandeses saíram da Indonésia e os franceses saíram da Síria e do Líbano. Apesar dos franceses terem saído de Camboja, Laos e Vietnã em 1954, entre 1950 e 1956 várias colônias foram retidas; mas, mesmo assim, entre 1957 e 1964 britânicos e franceses saíram da grande maioria delas, e a Bélgica saiu do Congo. Mais tarde, em 1975 e 1976 houve uma nova onda de descolonização, principalmente na África, depois da derrubada de regimes de direita em Portugal e Espanha, como Angola e Moçambique. A Guerra Fria teve influência na descolonização, reflexo da tentativa soviética de ir além do sistema de "contenção" ocidental até então existente.

A expansão econômica pós-Segunda Guerra Mundial

O período de 1945 até a alta do preço do petróleo em 1975 (ligada à Guerra do Yom Kippur) foi de rápido desenvolvimento econômico, também chamado de "Longo *Boom*". No século 20 houve um sistema mais integrado que não só abrangia o mundo todo, mas afetava também as sociedades com muito mais intensida-

Acima: Ludwig Erhard exerceu importante papel no desenvolvimento econômico da Alemanha Ocidental.

de do que antes. Na nova ordem econômica criada pelos norte-americanos, o livre comércio e o investimento prontamente disponível levaram a grande aumento no crescimento e na produtividade. A aplicação de novas tecnologias na indústria e agricultura trouxeram importantes ganhos de produtividade. A mecanização agrícola (como o uso de tratores) fez muitos trabalhadores migrarem do campo, especialmente na França e Alemanha. Na indústria, a aplicação da produção em massa nas novas fábricas construídas sob medida permitiu a introdução mais efetiva de novas tecnologias e métodos organizacionais. Grã-Bretanha, França e Itália desenvolveram economias mistas, com muito planejamento estatal e estatização, mas também com continuidade do setor privado. Espanha e Portugal, que eram protecionistas e corporativistas, tiveram crescimento econômico menor.

A Alemanha Ocidental cresceu mais rápido, em boa parte graças ao liberalismo econômico promovido por Ludwig Erhard (chanceler federal de 1963-1966 que antes havia sido um influente ministro da economia) e outros líderes. Influenciado pelos economistas liberais, o governo da Alemanha Ocidental adotou políticas pró-competitivas e fomentou a estabilidade monetária. O sistema econômico e financeiro da Alemanha Ocidental contrastou com a estatização e controle estatal de França e Grã-Bretanha e, principalmente, com o controle estatal total da Alemanha Oriental comunista, onde as taxas de crescimento e o padrão de vida eram bem piores do que na Alemanha Ocidental. A Alemanha Ocidental também se beneficiou da habilidade de sua indústria de engenharia, bem como de relações trabalhistas harmoniosas.

Resistência à União Soviética

A natureza cruel, ineficiente e ditatorial do bloco soviético levou a revoltas populares, mesmo sabendo o quanto o controle comunista era policial e de intensa vigilância. As revoltas mais importantes dos anos 1950 e 1960 ocorreram na Hungria em 1956 e na Tchecoslováquia em 1968. Ambas foram reprimidas pela ação militar soviética, em parte porque os soviéticos acreditavam que qualquer tentativa de reformar o comunismo iria desmanchar o bloco inteiro. Em ambos os casos, os soviéticos tiveram o apoio de outros países do bloco comunista. Como exemplo do uso da paranoia divisiva para fins políticos, foi dito a algumas tropas do Pacto de Varsóvia que elas estavam sendo enviadas para a Tchecoslováquia para parar uma invasão da OTAN. Na verdade, um importante fator de ambas as crises foi a falta de intervenção ocidental. O mesmo aconteceu na Polônia em 1981, quando a repressão do Movimento da Solidariedade de reforma popular pelo exército

Acima: Dois revolucionários húngaros posam com suas armas durante a revolta de 1956. A União Soviética reagiu com uma esmagadora força militar, buscando fazer disso um exemplo para outros rebeldes.

polonês não levou a uma resposta mais ampla. Ainda assim, esses passos ajudaram muito a desacreditar o comunismo, pelo menos naquela geração.

Os anos Khrushchev

Nikita Khrushchev, primeiro secretário do Partido Comunista de 1953 a 1964 venceu a disputa pelo poder depois da morte de Stalin em 1953, liderando a União Soviética a partir de 1955. Hábil em levantar a moral trabalhista para garantir apoio popular, Khrushchev buscou focar o crescimento econômico nas condições de vida, de uma forma que não fora vista com Stalin. O consumismo socialista estava à disposição. Além disso, em 1956 Stalin fora acusado de brutalidade e de permitir um culto a sua pessoa, e agora, em 1957, era Khrushchev quem estava derrubando seus rivais no Partido. Ele foi tirado do poder pelo Comitê Central em 1964 sob acusação de ter arriscado começar uma guerra em Berlin (1961) e Cuba (1962) e de ter fracassado em garantir um aumento na produção de cereais.

Acima: Nikita Khrushchev se encontra com János Kádár, que assumiu o controle da Hungria depois do fracasso da Revolução Húngara.

A Crise de Berlim, 1961

A construção do Muro de Berlim no início de agosto de 1961 foi um símbolo da falta de liberdade causada pelo governo comunista. Com a fronteira aberta entre Berlim Oriental e Ocidental, era fácil escapar da Alemanha Oriental. Ao construir o muro, os comunistas perderam o direito de dizer que seu sistema era mais popular. A princípio a divisão da cidade era com arame farpado, mas depois foi feito um muro de concreto, protegido por guardas de fronteira treinados e prontos para atirar em possíveis fugitivos. Essa divisão foi uma quebra do acordo entre os cidadãos de Berlim que lhes permitia andar livremente por toda a cidade.

Em resposta, a crise chegou ao nível internacional. Em outubro houve um enfrentamento na Alemanha entre tanques americanos e soviéticos. O resultado foi o Muro de Berlim, que dividiu a cidade como poderoso lembrete da hostilidade entre os dois lados. O muro também foi uma declaração de que Berlim Oriental estava na zona soviética e que a reunificação alemã dificilmente iria acontecer. O Muro de Berlim, se tornou um tema constante e poderoso em textos e filmes.

Acima: Tanques americanos e soviéticos se enfrentam em Checkpoint Charlie em 29 de outubro de 1961, na crise de Berlim.

A Crise Tcheca, 1968

O fracasso econômico na Tchecoslováquia contribuiu para a reivindicação de uma reforma política. Em 1968, o líder stalinista Antonín Novotný foi substituído por Alexander Dubček, que queria um "socialismo mais humano" e um "novo começo para o socialismo". Para a preocupação da União Soviética e de outros estados comunistas, esse "novo começo" envolvia redução do controle comunista. De fato, na "Primavera de Praga" houve abolição da censura e aumento da liberdade de

À direita: Soldados soviéticos tentam abrir caminho entre a multidão de protestantes em Praga, durante a crise de 1968.

expressão. Os soviéticos também ficaram preocupados com a falta de consulta a Moscou e com o impacto desses eventos nas regiões soviéticas vizinhas.

Os reformadores tchecos insistiam que, diferentemente da Hungria em 1956, a Tchecoslováquia continuaria leal ao Pacto de Varsóvia e que o papel de "liderança" do Partido Comunista seria mantido. No entanto, em agosto de 1968, dúvidas levaram a uma invasão soviética, polonesa, húngara, búlgara e alemã oriental. Após a repressão da reforma tcheca, o controle policial foi novamente imposto.

1968 e o radicalismo

Protestos estudantis foram o elemento-chave para aumentar a ação radical de esquerda em 1968, não a esquerda do comunismo, mas a do anarquismo e do maoísmo (baseada na Guarda Revolucionária da China de Mao Tsé-Tung). Para alguns comentaristas, isso fazia lembrar 1848, o Ano das Revoluções.

De forma mais geral, os movimentos de 1968 afetaram todos os países do Oeste Europeu de várias formas, tendo como causa principal o antiautoritarismo, isto é, o conflito entre os jovens (com recente poder de consumo e cheios de expectativas) e as estruturas de poder governadas por pessoas mais velhas (como a família, as escolas, o trabalho – apresentado como sendo o capitalismo – e o governo

AS REVOLTAS DE PARIS, MAIO DE 1968

Em maio de 1968, manifestações e ocupações estudantis em Paris levaram a uma resposta brutal da polícia. A repressão acabou transformando o problema numa crise, envolvendo greves gerais em toda a França. No entanto, certo de que teria apoio militar se necessário, Charles De Gaulle recuperou a liderança, encorajado pelo apoio popular e pela divisão entre seus oponentes. Em 2018, o presidente Emmanuel Macron achou difícil manter o controle diante das violentas manifestações ocorridas em Paris.

Acima: Estudantes protestam do lado de fora da Universidade Sorbonne em Paris, em 9 de maio de 1968.

– representado pelas autoridades). Também houve um pouco desses movimentos no Leste Europeu, embora o liberalismo tcheco (proposto como uma reforma do comunismo) tenha sido esmagado pela intervenção militar soviética em 1968.

Os radicais do Oeste Europeu não consideraram que, ao criticar e tentar destruir sistemas e instituições estabelecidas (como o núcleo familiar), na maioria das vezes não havia muito o que os substituísse. De forma mais positiva, houve extensão da democracia, com mais poder sendo dado a jovens e mulheres. De fato, a "liberação feminina" foi um tema importante no período.

As repercussões políticas de 1968 foram limitadas e de curto prazo, o que encorajou alguns a apelar para ideias mais radicais e até mesmo para movimentos terroristas na Itália e Alemanha Ocidental. A expressão institucional das exigências de mudança foi fraca e nada duradoura. As manifestações não tinham como vencer a polícia quando esta tinha aceitação e até apoio de boa parte da sociedade. Além disso, o radicalismo entre os militares era limitado, diferente da Rússia em 1917 e de Portugal em 1974. Em parte por causa disso, Portugal – onde a ditadura de direita no poder desde 1926 foi derrubada por radicais do exército em 1974 na "Revolução dos Cravos" – ainda sofreria mudanças mais radicais do que França, Itália e Alemanha Ocidental em 1968. Politicamente, os anos 1960 terminaram com governos conservadores ainda no poder na França, Itália e Alemanha Ocidental, e ganhando poder na Grã-Bretanha em 1970.

Ostpolitik

Em 1969, Willy Brandt, líder do Partido Social-Democrata, se tornou chanceler da Alemanha Ocidental e promoveu uma nova abordagem chamada *Ostpolitik*. Em governos anteriores de democratas cristãos, houve recusa em considerar um abrandamento nas relações com o leste até que a divisão da Alemanha e as disputas de fronteira com a Polônia fossem resolvidas, mas esta política não trouxe resultados. Brandt esperava que um relacionamento melhor trouxesse estabilidade e permitisse que a Alemanha Ocidental assumisse um papel mais central na Europa. A *Ostpolitik* também foi reflexo de uma certa afirmação, baseada no impressionante crescimento econômico da Alemanha Ocidental, e um produto da busca por alternativas políticas à corrida armamentista. Em 1970, a Alemanha Ocidental assinou tratados com a União Soviética e Polônia, reconhecendo de fato as fronteiras existentes. Um tratado com a Alemanha Oriental em 1972 significava reconhecê-la como um estado independente. Apesar da tensão europeia estar menor, a *Ostpolitik* também estabilizou os regimes comunistas sem trazer muito liberalismo.

À esquerda: Durante seu tempo como chanceler de 1969 a 1974, Willy Brandt tentou melhorar as relações entre Alemanha Ocidental e Oriental.

Os Acordos de Helsinque, 1975

A *Ostpolitik* ajudou a preparar o caminho para os Acordos de Helsinque de 1º de agosto de 1975, que foram um processo de estabilização de toda a Europa, incluindo EUA e Canadá como contrapartes da União Soviética. As conversas preparatórias começaram em novembro de 1972 e a reunião final foi em 30 de julho de 1975. Os Acordos de Helsinque afirmaram as fronteiras existentes e a não intervenção nos assuntos internos de outros estados. Apesar de também terem sido reafirmados os direitos humanos e as liberdades fundamentais, a União Soviética, assim como outros regimes comunistas, era adepta de pregar os direitos mas praticar a autocracia. No entanto, a combinação de estabilização, direitos e um espaço europeu comum foi uma janela de oportunidade para os dissidentes do Leste Europeu. Tanto no leste como no oeste, o abrandamento foi reflexo de um declínio no poder e na autoridade no leste e de deferência no oeste.

> **SOLIDARIEDADE**
> *No início dos anos 1980, a Polônia foi um para-raios da impopularidade do governo comunista, havendo também uma mescla da tradicional hostilidade contra a Rússia com um forte compromisso cristão nacional. Em 1980, grandes greves começaram por causa do aumento no preço da carne, mas o estabelecimento de uma união comercial não oficial, a Solidarno (Solidariedade), afrontou a autoridade do governo e preocupou outros regimes comunistas. O ministro da defesa soviético apoiou a intervenção, mas seus colegas estavam relutantes em fazê-lo, além de que a União Soviética foi advertida pelo presidente americano Ronald Reagan a não intervir. Em vez disso, o exército polonês impôs o controle através da lei marcial em 1981. Os líderes da Solidariedade e outros milhares foram detidos sem julgamento e muitos foram mortos.*

A Espanha de Franco e sua queda

Na Espanha, o governo autoritário de direita do general Francisco Franco durou desde sua vitória na guerra civil de 1936-1939 até sua morte em 1976. Foi uma ditadura socialmente conservadora, mas ela também mudou, alinhada com os eventos gerais da Europa. Nos anos 1960, por exemplo, houve um apego ao capitalismo não visto até então e certo grau de liberalização, antecipando o desmonte da ditadura (que ocorreu após a pacífica morte de Franco) e a rápida introdução da democracia. Em 1981, um golpe reacionário foi rapidamente abafado, mas mostrou o papel da sorte nos eventos políticos, tal como a instabilidade em Portugal em 1974-1975 depois da derrubada do regime autoritário de direita em 1974.

À esquerda: O general Franco governou a Espanha como ditador de 1939 a 1976. Após sua morte, a democracia voltou ao país.

Liderança soviética estagnada

O lento e complacente Leonid Brezhnev (que governou de 1964 a 1982 e substituiu Nikita Khrushchev como líder do Partido Comunista da União Soviética) não percebeu a necessidade de mudança, negligenciou alertas de problemas e se mostrou especialmente negligente na administração econômica. O regime foi ficando cada vez mais caracterizado por incompetência, corrupção e morosidade.

A falsidade do progresso comunista e o fato de não terem acompanhado as melhorias de padrão de vida do Oeste Europeu contribuíram para apatia, cinismo e desilusão generalizada entre a população. As fraquezas inerentes do sistema comunista, especialmente na economia, estavam cada vez mais evidentes.

Mesmo assim, a força da ditadura ajudou a mantê-la no poder, com base em um processo de vigilância e coerção ligado a um senso de fatalismo entre o povo, como se não houve alternativa ao governo comunista.

Brezhnev foi sucedido por Andropov, de 68 anos, líder da KGB. Ele percebeu a necessidade de melhoria, mas não fazia ideia de como alcançá-la, exceto exercendo pressão para que houvesse mais disciplina social e laboral. Isso não funcionou e,

À esquerda: Leonid Brezhnev foi um dos vários líderes soviéticos que não reconheceram a necessidade de reforma.

de qualquer forma, ele estava adoecendo. Quando morreu em fevereiro de 1984, Andropov foi substituído por Konstantin Chernenko, outra figura idosa e enferma que faleceu em 10 de março de 1985. Chernenko não tinha sequer a inteligência de Andropov, o que contribuiu para uma sensação aguda de que a política estava em um beco sem saída.

O sonho comunista acabou. A combinação de dificuldades econômicas, indolência política e cidadãos soviéticos bem mais educados indicou que, em 1985, o país estava muito diferente do que fora na Revolução de 1917.

A queda do comunismo soviético

Mikhail Gorbachev, que se tornou líder da União Soviética em 11 de março de 1985, trouxe uma nova geração ao poder e tentou criar o "socialismo [comunismo] mais humano". No entanto, as tentativas de introduzir uma resposta de mercado a uma economia planejada, em mais uma tentativa de encorajar o consumismo comunista e assim ganhar o apoio popular, se mostraram impossíveis. A reforma econômica – no caso a *perestroika* (reestruturação), que envolvia afrouxar boa parte da economia controladora – inesperadamente levou a problemas econômicos, como inflação, escassez, desintegração econômica e exigências de mudança política.

Defendendo a *glasnost* (abertura) no governo e sociedade, Gorbachev estava confiante que a União Soviética e o Partido Comunista não só seriam capazes de sobreviver aos desafios da mudança, mas também seriam fortalecidos por eles. Ele estava totalmente errado.

Gorbachev deixou claro que não seria dado apoio militar aos governos comunistas do Leste Europeu. Isso levou ao colapso deles em 1989, com políticas multipartidárias e eleições abertas. O colapso do controle comunista na Alemanha Oriental foi dramático, mas houve outros locais na mesma situação. Exceto na Romênia, onde a resistência foi superada, não houve muita resistência às mudanças. Em 1990, a Alemanha Oriental foi reunida à Alemanha Ocidental.

O processo alcançou a União Soviética, que foi dissolvida em 1991 conforme as antigas repúblicas dentro da federação (como a Ucrânia) foram ganhando independência. Em algumas repúblicas não russas, fazia tempo que o nacionalismo havia criado uma fala inclusiva, mesmo quando havia discordância. A partir de meados de 1988, a crescente fraqueza do estado soviético (além da divisão e confusão da resposta do governo ao nacionalismo) foi acentuada pelo fortalecimento do sentimento nacionalista, especialmente nas repúblicas bálticas, caucasianas e

À esquerda: Nicolae Ceaușescu governou a Romênia de 1965 a 1989. Ele usava métodos draconianos para controlar a população, mas esses mesmos métodos cruéis causaram sua derrubada.

ROMÊNIA EM 1989
O ditador romeno Nicolae Ceaușescu tentou usar força para reprimir manifestações anticomunistas, tanto em Timișoara (para onde enviou tanques) como na capital, Bucareste. Ali, em 21 de dezembro, uma manifestação pública motivada por um discurso de Ceaușescu foi atacada pela Securitate (a polícia secreta) e mais de mil pessoas foram mortas. No dia seguinte, novas manifestações levaram Ceaușescu a fugir. O exército acabou agindo em favor dos manifestantes, com força suficiente para controlar a Securitate e derrubar o regime. Ceaușescu foi detido, julgado e fuzilado pelo exército.

no oeste da Ucrânia. Este sentimento vinha sendo demonstrado desde meados dos anos 1980, numa crescente oposição ao governo comunista.

Quando as repúblicas proclamaram independência, Gorbachev tentou manter a autoridade da União Soviética enviando tropas em janeiro 1991. Isso causou conflitos em Riga e Vilnius, mas não intimidou os nacionalistas. O auge do nacionalismo foi quando Boris Yeltsin, líder da República Socialista Federativa Russa, começou um movimento nacionalista russo contra o que restava da União Soviética.

A QUEDA DO MURO DE BERLIM

O Muro de Berlim foi derrubado em 9 de novembro de 1989, e logo foi demolido. Isso foi visto como símbolo de uma nova era. A queda do muro foi um ato monumental, assim como a queda da Bastilha em Paris na Revolução Francesa de 1789. Muitíssimos habitantes de Berlim Oriental atravessaram a fronteira e a pressão por reforma na Alemanha Oriental se somou cada vez mais a demandas pela unidade alemã.

Em resposta a esses eventos, em 19 de agosto de 1991 houve uma tentativa de golpe em Moscou por comunistas radicais que queriam interromper o processo; no entanto, diante das manifestações populares, eles foram incapazes de prevalecer. Os comunistas radicais foram marginalizados e as repúblicas optaram pela independência. Em dezembro de 1991, a maioria delas entrou para a Comunidade dos Estados Independentes e a União Soviética deixou de existir. A partir dos anos 2000, governada pelo autoritário Vladimir Putin, a Rússia tentou recuperar seu poder, intervindo militarmente na Geórgia em 2008 e várias vezes na Ucrânia a partir de 2014.

Iugoslávia nos anos 1990

Nos anos 1980, a Iugoslávia, outra nação comunista, foi afetada por vários dos problemas enfrentados pela União Soviética, como a estagnação econômica, o sentimento nacionalista e a inquietação sobre quem seria a potência principal, no caso a Sérvia, em vez da Rússia. Em 1990, eleições livres na Croácia e Eslovênia ajudaram a fortalecer sua oposição à assertividade sérvia e, em 1991, elas declararam independência. Disso resultou um conflito entre sérvios e croatas, que acabou chegando até a Bósnia, parte etnicamente mista da Iugoslávia, com uma grande população croata, sérvia e muçulmana, cada qual formando seu próprio exército. O conflito foi brutal e envolveu o ataque intencional a civis.

A intervenção ocidental para pôr fim ao conflito a princípio foi pequena, devido à relutância americana em agir (principalmente os líderes militares) e à fraqueza militar e política europeia, com mais desunião do que intenção de agir.

Não obstante, finalmente foram impostos acordos na Bósnia em 1995 e em Kosovo em 1999, às custas do expansionismo e agressão étnica de um regime sérvio que buscou auxílio soviético sem sucesso. Essa crise mostrou o quanto era

Acima: Soldados sérvios em posição durante o cerco de Sarajevo, em 1992.

grande a tensão étnica nos Bálcãs e deu origem a um novo discurso de conflito, focado em "limpeza étnica".

As tensões e os limites das animosidades étnicas e religiosas logo ficaram evidentes. Foi uma lição que a maioria dos europeus não quis aprender, mas que permanece relevante, pois tem sido repetida pelas consequências das grandes imigrações vindas de fora da Europa.

Religião

No Oeste Europeu, o cristianismo não entrou em colapso. Ele entrou em declínio, mas ainda havia muitos fiéis comprometidos. Contudo, tanto para a maioria dos fiéis como para os pouco religiosos ou não religiosos, a fé se tornou menos importante. Uma "lei social" permissiva passou por cima dos ensinamentos da Igreja e deixou as igrejas confusas e aparentemente sem "relevância". À medida que a influência da Igreja Católica foi contestada, houve batalhas políticas acerca de temas como divórcio, contracepção, homossexualidade e aborto, e a igreja perdeu, especialmente por causa dos plebiscitos favoráveis a mudanças. Foi o caso da fortemente contestada legalização do aborto em Portugal (2007) e Irlanda (2018).

Em resposta às correntes sociais e intelectuais, em 1962, quando o papa João XXIII reuniu o Segundo Concílio do Vaticano, a Igreja Católica se mostrou disposta a seguir novos caminhos, como adotar uma liturgia modernizada.

No entanto, o controle da Igreja sobre a maioria de seus fiéis diminuiu, devido à oposição generalizada à proibição de métodos artificiais de contracepção, descrita na encíclica (carta papal) *Humanae Vitae* de 1968. Foram vistas tendências especialmente conservadoras nos primeiros dois papas não italianos dos tempos modernos, o polonês João Paulo II (que foi papa de 1978-2005) e seu sucessor alemão Bento XVI (de 2005 a 2013). O sucessor argentino deste, papa Francisco (2013–), é o primeiro papa de fora da Europa desde o sírio Gregório III, do século 8.

Influências conservadoras foram desafiadas por teólogos liberais, especialmente Hans Küng, um padre católico suíço, professor de teologia na Universidade Tübingen e conselheiro no Segundo Concílio do Vaticano. Ele se tornou líder do catolicismo liberal, acusando João Paulo II de posicionar a Igreja contra o Segundo Concílio do Vaticano, conduzindo os fiéis a doutrinas extremamente conservadoras.

No Leste Europeu e na Rússia, o ateísmo era a posição oficial do regime comunista, mas muitos continuaram apegados ao cristianismo. Para os países que tentavam reagir à hegemonia soviética (como Polônia e Lituânia), o cristianismo trazia um poderoso senso de identidade e significado espiritual. Após a queda da União Soviética em 1991, a Ortodoxia Russa rapidamente renasceu como uma força pública. Vladimir Putin considerou politicamente adequado se aproximar da Igreja nos anos 2000 e 2010. Na Iugoslávia, a religião se uniu (e ajudou a definir) à etnicidade, criando uma série de conflitos

Abaixo: Papa João XXIII preside o Segundo Concílio do Vaticano em 1962.

Acima: O presidente russo Vladimir Putin participa de uma missa com o líder da Igreja Ortodoxa Russa em 2000.

longos e sangrentos. Os principais protagonistas foram os croatas católicos, os sérvios ortodoxos e os bósnios e kosovares muçulmanos.

O espiritualismo desfrutou de uma marcante renovação e, a partir dos anos 1960, o budismo e as religiões de "nova era" foram atraentes para muitos no Oeste Europeu. Em um mundo material onde a fé se tornou apenas mais uma mercadoria, eles se mostraram melhores do que as igrejas em cativar o entusiasmo de muitos que desejavam crer. A fé tradicional não cristã (como o islã, o judaísmo e o hinduísmo) teve apelo limitado para os cristãos. Por outro lado, essas religiões atendiam às necessidades de grupos imigrantes e seus descendentes.

Meio ambiente em transformação

Principalmente por causa do crescimento econômico, no último século as mudanças de hábitat animal devido a ação humana foram maiores do que em nenhum outro século, há dois milênios. Neste século houve acelerada disputa entre os humanos e outros animais pelo proveito tirado do que os humanos chamavam de seu hábitat, mas que também era o dos animais.

A ideia do mundo como um terreno a ser moldado e recursos a serem utilizados foi posta à prova a partir dos anos 1950 pela proposição de que o mundo é uma biosfera, que funciona de forma orgânica e utiliza mecanismos de *feedback* natural para manter a vida. O globo foi sendo cada vez mais apresentado como um sistema ambiental afetado pelas ações humanas, como a poluição atmosférica, que afeta os mecanismos de *feedback*. O funcionamento desse sistema foi sendo progressivamente esclarecido pela difusão da preocupação com o meio ambiente e do conhecimento sobre ele. Assim foi possível rastrear e visualizar o movimento de poluentes do ar e da água.

O crescimento populacional, o desenvolvimento econômico e o aumento da riqueza exerceram pressão sobre o meio ambiente. A poluição atacou de várias formas. A queima de florestas e combustíveis fósseis emitiu dióxido de carbono, e a "chuva ácida" prejudicou as florestas, rios e lagos. Emissões de chumbo produzidas no trânsito afetaram gravemente a qualidade do ar. A sociedade consumista produziu mais e mais lixo, do qual a maior parte não era biodegradável e parte era tóxica. O dano ambiental como consequência de acidentes foi importante. Além disso, a poluição sonora e luminosa ficou mais grave e mais comum. O lixo

Abaixo: Usina termoelétrica em North-Rhine Westphalia, Alemanha. Desde os anos 1950, o impacto das ações humanas sobre o meio ambiente tem sido observado com mais detalhes do que nunca.

278 CAPÍTULO 9

plástico nos mares (como o plástico usado para proteger frutas e vegetais durante seu crescimento na Espanha, descartado no Mar Mediterrâneo) entrou na cadeia alimentar humana através de algas e peixes.

A inquietação com as pressões ambientais levou à demanda por desenvolvimento sustentável. No entanto, desenvolvimento sustentável era um conceito obscuro, difícil de definir e de pôr em prática, contestado por comunidades locais preocupadas com seus empregos, por empresas ávidas em aumentar seus lucros e por governos focados em desenvolvimento. Não obstante, o ativismo "verde" e movimentos políticos subsequentes se tornaram mais significativos em toda a Europa a partir dos anos 1960. Políticos verdes tiveram sucesso especial em sistemas de representação proporcional, como na Alemanha, mas entraram até no parlamento britânico. Longe de ser um modismo passageiro, o movimento verde se tornou mais proeminente, especialmente porque a preocupação com o aquecimento global aumentou e porque, nos anos 2010, houve maior percepção do impacto do plástico, sobretudo nos oceanos.

Cultura

Graças aos filmes, programas de televisão, carros e outros produtos americanos, a fantasia de que os Estados Unidos eram uma terra de riqueza e emoção cresceu muito nos anos 1950, principalmente no Oeste Europeu e na Alemanha Ocidental, que iam se moldando às influências e ao consumismo americanos. A partir dos anos 1960, a cultura jovem ficou em evidência, trazendo um liberalismo pessoal individual, situação que persiste até hoje.

A pílula anticoncepcional influenciou práticas e até mesmo regras sociais, especialmente no tocante às mulheres. O sexo foi separado da procriação e posteriormente do casamento. Exigências de reconhecimento de uma sexualidade independente se focaram na atividade heterossexual, afirmando o direito da mulher de ter prazer no sexo (mesmo antes do casamento e sem ser criticada) e de controlar a contracepção e a própria fertilidade. Isso ofereceu a muitas mulheres maior controle sobre a própria vida embora a situação não tenha sido favorável para todas. O aborto se tornou outra etapa na luta pelo controle, e o lesbianismo foi afirmado como uma opção.

Mais uma vez o feminismo se tornou cultural e politicamente importante nos anos 1960, embora as feministas desta época tenham sido menos ativas que as do passado. Na prática, o feminismo teve muitas correntes e algumas conflitavam com outras. Juntando as mudanças sociais com um movimento de conscientização feminina fez surgir, pelo menos para algumas mulheres, uma definição de gênero. O número de mulheres casadas entrando no mercado de trabalho aumentou muito e muitas mulheres voltavam ao trabalho depois de terem filhos. Em parte, o feminismo esteve relacionado com a consequente tensão sobre direitos e remuneração das mulheres: uniões comerciais e administrativas costumavam recompensar melhor as habilidades masculinas. A posição legal das mulheres também melhorou e direitos iguais se tornaram parte das práticas institucionais.

Em alguns casos, a conscientização feminina cresceu em uma direção mais política, mas não foi o caso de todas as mulheres. De fato, houve importantes tensões sociais, com a classe trabalhadora feminina muitas vezes se sentindo negligenciada na abordagem de "conscientização feminina".

A imagem da masculinidade também esteve em debate. O declínio do trabalho braçal e a crescente proeminência das trabalhadoras mulheres contribuíram para um senso de mudança que, em alguns contextos, colocou a masculinidade em perigo. Tradições de respeito e hierarquias profissionais foram questionadas, e o controle patriarcal declinou ou mesmo deixou de existir, como no caso de pais que abandonaram o lar.

As diferentes atitudes em relação à homossexualidade faziam parte de uma mesma equação de mudança social. O movimento de direitos gays apresentou a homossexualidade, até então tratada como crime em muitos países, como normal e merecendo o mesmo tratamento que a heterossexualidade. Isso levou a mudanças legais e sociais, bem como a grandes afirmações públicas, como quando Bertrand Delanoe, homossexual declarado, foi eleito prefeito de Paris em 2001.

Europa no novo milênio

Os anos 2000 começaram com um clima tranquilo, com o fim da Crise de Kosovo em 1999 sugerindo o fim da instabilidade pós-Guerra Fria. Esse otimismo foi visto com o sucesso da adoção do Euro como moeda comum na maioria dos países membros da União Europeia (UE).

Contudo, a situação ficou bem menos tranquila com a crise financeira de 2008, que pressionou a economia dos países europeus (especialmente os altamente endividados, como Grécia, Portugal e Itália). O euro diminuiu a capacidade dos países de administrarem suas próprias finanças. A Alemanha se beneficiou muito dos mercados abertos da UE, mas não foi o caso de muitos países, como os da Europa Mediterrânea.

Politicamente, a crise encorajou a Comissão Europeia e a França a promoverem a causa de maior federalismo na UE. No entanto, houve grande oposição a isso, oposição que contribuiu muito para um senso de volatilidade política. Logo ficou evidente a tensão entre as nações-estados de um lado e as regiões multinacionais (como a UE) e os "sub-estados" do outro lado. Estas regiões "sub-estados" foram particularmente favorecidas por povos cujas nações-estados eram recentes

Acima: A prefeitura de Aachen, na Alemanha. Essa cidade tem um papel simbólico por ter sido a capital do reino de Carlos Magno e por estar na fronteira entre França e Alemanha.

e fracas (como a Bélgica e a Itália, se comparadas à Grã-Bretanha, Dinamarca e Escócia).

É possível que se esteja exagerando a efetividade de uma nação-estado. Há uma certa circularidade: a nação-estado representa bem o interesse nacional porque sua própria existência *define* esses interesses. O que não fica tão claro é se os interesses assim definidos e buscados pela nação-estado são os interesses primários do povo daquele estado.

Ao mesmo tempo, a nação-estado continua tendo seu papel, seja dentro do projeto europeu, separado ou fora dele (como no caso da UE). Enquanto isso, as nações-estados enfrentam problemas, como foi em 2019 com o Tratado de Aachen, assinado por França e Alemanha para prover mútua defesa e políticas externas e econômicas em comum. Na prática, esse tratado, que foi uma grande expansão do tratado de 1963 entre os dois estados, foi uma resposta ao desvio de políticas contrárias à vontade de seus líderes, o presidente Macron e a chanceler Merkel.

Há um grande simbolismo na cidade de Aachen por ter sido a capital de Carlos Magno. Sua escolha foi um emblema da "longa história" enquanto se discutia, definia e redefinia populismo e nacionalismo. Esses dois fatores certamente tinham uma crescente influência em toda a Europa no final dos anos 2010, não focando no apoio à UE.

CAPÍTULO 10

O Futuro da Europa

CAPÍTULO 10

O FUTURO DA EUROPA

Nos próximos anos, a Europa terá de enfrentar várias questões, como o menor crescimento populacional, o aumento da imigração e outras, referentes à direção da UE. Ao mesmo tempo, provavelmente continuarão as antigas tensões sobre as fronteiras da Europa, cujos países devem decidir como interagir com o mundo externo. E tudo isso acontecerá ao mesmo tempo em que as mudanças climáticas trazem novos desafios prementes.

Demografia

O futuro da Europa e o futuro dos atuais europeus talvez não seja o mesmo, mas certamente estão ligados. Atualmente, boa parte do continente está com zero crescimento populacional. A queda no número de filhos por família tem sido compensada, até certo ponto, pelo aumento da expectativa de vida, mas essa queda afetou muitas comunidades e é produto de várias mudanças sociais, como o marcante crescimento da força de trabalho feminina e as crenças relacionadas ao tamanho ideal de uma família.

O impacto das regras religiosas tradicionais diminuiu, tanto na Europa católica como na protestante. A contracepção se tornou normal, e o aborto e a homossexualidade foram legalizados. Essas e outras mudanças sociais e culturais diminuíram o tamanho das famílias, ao passo que mais jovens não estão se casando ou têm adiado o momento de ter filhos. Como resultado, o padrão demográfico da Europa é bem diferente do de outras partes do mundo. Itália, Espanha e Portugal, países católicos, têm crescimento populacional particularmente baixo. Sem a imigração, a população europeia estaria estagnada ou mesmo em queda, porque desde os anos 1990 a porcentagem da população mundial vivendo na Europa diminuiu drasticamente. Também houve aumento na taxa de dependência dos idosos, pressionando o restante da sociedade.

Páginas anteriores: Obelisco de vidro na Praça Sergels Torg, em Estocolmo, Suécia. Estocolmo é uma das várias cidades europeias com planos bem detalhados para se tornar uma "cidade inteligente" nos próximos anos.

Acima: Tendas no Calais Jungle, acampamento de refugiados onde muitos esperam pela chance de migrar para o Reino Unido, geralmente de forma ilegal. A imigração tornou-se um grande problema político em toda a Europa no século 21.

Imigração

A situação demográfica torna a imigração mais visível e evidente, principalmente no contexto do crescimento populacional mundial rápido e sem precedentes nas últimas décadas. É previsto que esse crescimento continue, indo de atuais 7,4 bilhões de pessoas para possíveis 10,75 bilhões no final do século. O crescimento populacional será mais rápido na África, onde deve chegar a 3 bilhões. A única coisa que separa a África da Europa é o Mar Mediterrâneo, que é fácil de cruzar. De fato, a imigração vinda da Líbia para a Itália foi uma grande questão política italiana em meados dos anos 2010.

Uma das consequências do grande crescimento populacional em outras partes do mundo pode ser imigração para a Europa numa taxa sem precedentes. Em parte, isso já aconteceu e alterou as estruturas e padrões demográficos, étnicos e religiosos de sociedades de toda a Europa, principalmente do sul.

As taxas de migração aumentaram nos séculos 20 e 21 em resposta a fatores de imigração e emigração. Os fatores de imigração são: oportunidades econômicas, notícias sobre essas oportunidades e melhores rotas de transporte. Já os fatores de emigração são: conflitos armados; perseguição política, étnica e religiosa; pobreza, geralmente associada ao crescimento populacional; e desastres naturais, como secas e inundações.

Os padrões de migração são variados e complexos. Boa parte da migração não veio de fora da Europa, mas de dentro dela e até de dentro dos próprios países,

286 CAPÍTULO 10

especialmente do campo para a cidade e áreas de maior oportunidade, por exemplo: saindo de antigas áreas industriais no nordeste da França para o sul da França, na região de Toulouse; e do norte da Inglaterra para o sul.

As mudanças na agricultura, causadas pela mecanização e competição internacional, também foram importantes. Por causa disso, na Itália houve grande migração do sul e da Sicília para cidades industriais no norte, como Milão e Turim. Em Portugal, os pequenos lotes rurais no norte deixaram de ser viáveis e as pessoas se mudaram para cidades (como Lisboa e Porto) e para o exterior.

A situação de diferentes condições em um mesmo país (e a tensão geral que ela representa) foi exacerbada pelos revezes econômicos do início dos anos 1990 e principalmente a partir de 2008. A taxa de desemprego juvenil aumentou muito, principalmente na Grécia, Itália, Portugal e Espanha, mas também na França.

A migração entre países criou mais controvérsia do que a migração interna em cada país. No entanto, trabalhadores europeus migrantes – como portugueses indo para a França e Grã-Bretanha, poloneses para a Grã-Bretanha e italianos para a Alemanha, citando apenas alguns dos casos mais proeminentes – geraram menos conflitos do que trabalhadores transculturais migrantes, como argelinos que foram para a França e turcos para a Alemanha. Um ponto ainda mais sensível foram os migrantes fugindo de perseguição, que não podiam voltar para casa, como os sírios em meados dos anos 2010. Quer as perseguições tenham acontecido de fato ou seja apenas medo de que aconteça, os problemas relacionados aos imigrantes com culturas muito diferentes tornaram essa última categoria mais complexa.

Nos anos 2010, a taxa de imigração do Oriente Médio e da África para a Europa foi mais criticada politicamente, especialmente, mas não apenas, pelo aumento da extrema direita. De fato, a imigração tem sido um dos maiores fatores causadores de populismo. Alguns comentaristas previram uma situação em que sua identidade esteja ameaçada e adotaram uma definição de nacionalismo "sangue e solo"[1]. A imigração provavelmente irá aumentar, e as consequências serão tanto boas como ruins. Ajudará a compensar as consequências

---

[1] Nota do tradutor: "Sangue e solo" (do alemão *Blot und Boden*) é uma expressão que define a etnicidade de um povo como sendo um grupo de pessoas de mesmo sangue (mesmos antepassados e descendentes) e mesmo solo (mesma origem geográfica). Essa ideologia foi popular durante a ascensão da Alemanha nazista, amplamente usada por Adolf Hitler para justificar a expulsão e o massacre de judeus e povos não germânicos da Alemanha.

de populações idosas e poderá ser culturalmente revigorante. Ao mesmo tempo, há sérias pressões relacionadas a recursos e hipóteses, pressões que têm encorajado uma resposta hostil de muitos que não são de extrema direita. Assim, um dos grandes elementos de incerteza futura é quão bem se pode e se irá lidar com esse processo.

O "espaço europeu"

A questão da provável estrutura futura do "espaço europeu" está focada na trajetória da União Europeia. Na Grã-Bretanha, a questão está relacionada ao Brexit, a saída da Grã-Bretanha da UE, que foi apoiada por um referendo em 2016. Porém, é importante notar que Noruega, Suíça e Rússia são estados europeus que não são membros da UE nem têm intenção de ser. De fato, a realidade é que, se puderem votar, muitos europeus optariam por não entrar na UE, por sair dela ou não ter muita aproximação com ela, o que mostra a força das antigas identidades nacionais e a extensão do ceticismo nas aspirações e conquistas da UE.

A ideia de Emmanuel Macron, presidente francês em 2018, de uma Europa em diferentes velocidades, é importante nesse contexto. No entanto, não está claro o quanto essa ideia, ou mesmo a UE como um todo, é capaz de abranger as realidades do populismo e das pressões econômicas causadas pela existência de uma moeda única, o euro, e a respectiva tentativa de uma direção central. De modo mais geral, junto com o sucesso da UE em criar um grande espaço judicial funcionante e em agir como capacitador de modernização democrática no sul e leste europeu a partir dos anos 1970 e 1990 (respectivamente), sua capacidade de gerar soluções é incerta.

Acima: Impopular na França, o presidente Emmanuel Macron propôs a ideia de uma Europa em diferentes velocidades, permitindo que os países se aproximem mais [da UE] ou continuem distantes, se preferirem.

Questões globais

Além dessas mudanças e questões, há também aquelas que surgem com as inovações econômicas e ambientais. Seja o surgimento da inteligência artificial ou o aquecimento global, todas são de escala global e trazem novos desafios para a Europa. O aquecimento global já tem causado problemas em algumas partes do sul do continente, onde passou a ser normal que as temperaturas no verão girem em torno de 45 °C. O aquecimento causa problemas de saúde e incêndios florestais no verão, como na Grécia e em Portugal. As previsões não são encorajadoras, principalmente porque a Europa está exposta às consequências do aumento populacional e do crescimento econômico mundial. A diminuição da riqueza global e sua influência na Europa só fazem com que o problema fique ainda mais difícil de administrar.

Redefinindo a Europa

Na Introdução, abordamos a Europa em termos de história, cristandade e geografia. Atualmente, a abordagem preferida dos principais comentaristas tem sido considerar a Europa um sistema de valores, como nos critérios de Copenhagen (propostos em 1993 como pré-requisitos para os países entrarem na UE) e nas subsequentes negociações de acesso à UE, como foi o recente caso dos Bálcãs. Esses critérios requerem que os países tenham instituições políticas estáveis, garantia dos direitos humanos, garantia de governo segundo a lei, estabilidade econômica e aceitação das normas da UE. Os critérios são mais importantes do que fazer parte de sistemas funcionais baseados em moeda (como a Zona do Euro) ou controle de fronteira (como o Espaço Schegen), já que há membros da UE que não fazem parte de um ou de ambos os sistemas.

Por um lado, essa abordagem da identidade europeia pode parecer ridícula. Em um discurso nas Nações Unidas em 27 de setembro de 1989, a fala do ministro do exterior da Alemanha Ocidental ao afirmar que caso a Alemanha Oriental rejeitasse a oportunidade de reforma, estaria em perigo de "deseuropização" era absurda, pois sua localização geográfica não mudaria; contudo, o critério que ele tinha em mente não tinha sido levado em conta por boa parte da história europeia. Considerando esses critérios, a Rússia dificilmente os cumpre, ao passo que o Canadá, por exemplo, os cumpre em vários aspectos.

Essas ideias contrastantes acerca da Europa foram ainda mais abordadas nos anos 2000, com a questão da entrada da Turquia na UE. Na prática, a Turquia caminhava cada vez mais em direção a métodos autoritários e desfechos islâmicos, tornando sua entrada na UE improvável. Se fosse assim, as fronteiras da Europa iriam até a Geórgia, Armênia, Irã, Iraque e Síria. Contudo, o resultado seria o mesmo obtido pelo Império Romano ou pelas ideias atuais de que o Mediterrâneo é uma unidade inerente e a verdadeira raiz da "europicidade". Lembrar da natureza mutável da Europa atual e da imprevisibilidade de seu futuro destaca a questão controversa de sua identidade e, portanto, de qual é a melhor forma de contar sua história complexa e fascinante.

Acima: A Ponte de Bósforo em Istambul, Turquia. A Turquia permanece em uma posição ambígua em relação ao resto da Europa.

Índice Remissivo

A
Abd al-Rahman II, **78**
Absolutismo, **168**
Acordo de Locarno, **240**
Acordos de Helsinque, **257, 268**
AdolfHitler, **245**
Adriano I, papa, **78**
Adriano, imperador, **57**
Adrianópolis, **207**
Afonso VIII, rei, **111**
Agricultura
    na Idade Média, **118**
    no final do século 19, **217**
    no Império Romano, **59**
    surgimento da, **24**
Alamanos, **73**
Alanos, **53, 55, 63**
Alarico, **63**
Alba, **87**
Albânia, **123m 260**
Alberto II, imperador, **110**
Albrecht Von Wallenstein, **162**
Aleixo, czar, **173, 174**
Alejo Fernandéz, **136**
Alemanha
    anos entre as guerras mundiais,
      239
    celtas na, **52**
    Contrarreforma, **144**
    e a queda de Roma, **63**
    economia no final do século
      19, **216**
    Guerra dos Trinta Anos, **144**
    Hitler, **243**
    imperialismo, **215**
    na Guerra Fria, **258**
    na Idade das Trevas, **82**
    no Império Romano, **52**
    no século 18, **176, 181, 183,
      189**
    Primeira Guerra Mundial, **224-
      226, 228, 229**
    Reforma, **138, 141**
    Renascimento, **130**
    reunificação, **271**
    Revoluções de 1848, **208**
    Segunda Guerra Mundial, **244**
    território pós-guerra, **256, 257**
    Tratado de Versalhes, **229**
    unificação (1866), **210**
Alemanha Ocidental, **258, 261-
    262, 267-268, 271, 278, 288**
Alemanha Oriental, **258, 261,
    268, 271**
Alexander Dubček, **265**
Alexandre II, czar, **213**
Alexandre II, rei, **114**
Alexandre III, czar, **213**
Alexandre III, rei, **114**
Alexandre, o Grande , **39, 41**
Alfredo, o Grande , **83, 85**
Al-Hakam II, **78**
Almóadas, **117**
Almorávidas, **116**
América do Norte, **179**
Anabatistas, **138**
AngelaMerkel, **232, 281**
Aníbal, **46**
Anta Grande do Zambujeiro, **25**
Antissemitismo, **97, 144, 250**
Antonín Novotný, **265**
Aristóteles, **39**
Armada Espanhola, **145, 147**
Arquitetura barroca, , **168**
Arte, **98, 130, 218**
Atenas, **36, 37, 38, 41**
Átila, o huno, **55**
Augusto, Filipe, **115**
Augusto, imperador, **55**
Aureliano, imperador, **63**
Áustria
    Anschluss, **244**
    Contrarreforma, **141**
    no século 18, **185, 196**
    Primeira Guerra Mundial, **222**
    Revoluções de 1848, **208**
    Tratado de Versalhes, **224**
Avaros, **87**
Azov, Cerco de , **176**

B
Bancos, **154**
Bárbaros, reinos, **73**
Bartolomeu Dias, **127**
Basílica de São Vital, **68**
Basílio II, grande príncipe, **72, 123**

Basílio II, imperador, **72**
Batalha da Baía de Quiberon, **184**
Batalha da Belasica, **72**
Batalha da Floresta de Teutoburgo,
    55
Batalha da Montanha Branca, **162**
Batalha da PonteMílvia, **59**
Batalha de Áccio, **49**
Batalha de Adrianópolis, **61, 63**
Batalha de Agincourt, **116**
Batalha de Austerlitz, **196**
Batalha de Bannockburn, **114**
Batalha de Cabo Micale, **37**
Batalha de Castelfidardo, **213**
Batalha de Crécy, **115**
Batalha de Culloden, **186**
Batalha de Edington, **83**
Batalha de Fillipos, **49**
Batalha de Gaugamela, **41**
Batalha de Hastings, **102**
Batalha de Isso, **38, 42**
Batalha de Jena, **196**
Batalha de Kosovo, **121**
Batalha de Kursk, **247**
Batalha de Lechfeld, **82, 88**
Batalha de Legnano, **104**
Batalha de Leignitz, **107, 108**
Batalha de Leipzig, **197**
Batalha de Lepanto, **128, 144**
Batalha de Lützen, **162**
Batalha de Macerona, **213**
Batalha de Maratona, **36, 37**
Batalha de Marengo, **196**
Batalha de Mohács, **135, 136**
Batalha de Mohi, 109
Batalha de Morgarten, **117**
Batalha de Mühlberg, **136**
Batalha de Navarino, **206**
Batalha de Nicópolis, **121**
Batalha de Nördlingen, **159**
Batalha de Pávia, **132**
Batalha de Pidna, **48**
Batalha de Poitiers, **75, 115**
Batalha de Poltava, **176**
Batalha de Salamina, **37**
Batalha de Stalingrado, **247**
Batalha de Termópilas, **37**
Batalha de Ulm, **196**

ÍNDICE REMISSIVO 291

Batalha de Verdun, **225**
Batalha de Waterloo, **196**
Batalha do CaboEcnomo, **46**
Batalhas do Rio Somme, **225**
Beato, **76**
BélaKun, **237**
Bélgica
    Contrarreforma, **144**
    fim do império, **261**
    na Idade das Trevas, **73**
    na Idade Média, **111**
    no século 18, **1197**
    Primeira Guerra Mundial, **222, 223**
    Revolução de 1830, **207**
    Segunda Guerra Mundial, **244**
Belgrado, **13, 123, 136**
Belisário, **70**
Beneditinos, Ordem dos, **69**
Benito Mussolini, **241**
Bento de Núrsia, São, **68, 69**
Bento XVI, papa, **279**
Beócia, **36**
Berlim, remessa aérea para, **260**
Bertrand Delanoe , **279**
Bizâncio, **59, 60, 81, 83, 88, 89, 93, 121**
Bizantino, Império, **12, 70**
Boleslau III, duque, **109**
Bonnie Prince Charlie, **186**
Boris Yeltsin, **272**
Bósnia, **105, 123**
Brasil, **128**
Brúna Boinne, **25**
Budapeste, **13**
Bulgária, **30, 33 72, 109, 252**

C
Calígula, imperador, **55**
Calvino, **138**
Cambises II, **36**
Canadá, **178**
Canção de Rolando, A, **80**
Canuto, rei, **86**
Carlos de Anjou, **106**
Carlos I, rei, **152-154**
Carlos II, rei da Espanha, **183**
Carlos Magno, imperador, **74, 75, 79, 88**
Carlos V, imperador, **134, 136**
Carlos VI, imperador, **181**
Carlos VI, rei, **116**
Carlos VII, imperador, **181**
Carlos VII, rei, **116**
Carlos VIII, rei, **132-133**
Carlos X, rei, **208**

Carlos XII, rei, **187**
Carlos Martel, **74**
Carolíngios, **81**
Cartago, **45**
Casimiro, o Grande , **110**
Castelos, **100**
Catalunha, **15**
Catarina I, imperatriz, **176**
Catarina, a Grande , **176, 180**
Cátaros, **99**
Cavaleiros Hospitalários, **93**
Cavaleiros Templários, **93**
Cavaleiros Teutônicos, **96, 157, 214**
Cazares, **87, 88**
Celtas, **44, 52**
Cerco de Alésia, **47**
Cerco de Ryazan, **107**
Charles De Gaulle, **266**
China, **128**
Christiaan Huygens, **192**
Ciência, **177**
Cimabué, **98**
Cimbros, **53**
Citânia de Briteiros, **51**
Citas, **35, 41**
Cláudio, imperador, **55**
Claudio Monteverdi, **153**
Clemente XIV, papa, **181**
Clóvis, imperador, **74**
Cnossos, **30**
Coliseu, **32-34**
Colonialismo, **178**
Comércio, **53, 69, 103, 118**
Comuna de Paris, **211**
Concílio de Trento, **142**
Conferência de Wannsee, **250**
Congresso de Viena, **198, 256**
Conquistas normandas, **101**
Conradino, **106**
Conrado III, rei, **104**
Constantino I, imperador, **59**
Constantinopla, **12, 59, 71, 123**
Contrarreforma, **141-144**
Corinto, **36, 38, 41**
Creta, **21, 29-31**
Crise da Investidura, **97**
Cristandade
    Contrarreforma, **141-144**
    e a queda de Roma, **58, 59**
    na definição de Europa, **11, 12**
    na era do absolutismo, **168-171**
    na Europa moderna, **274**
    na Idade das Trevas, **69, 72-74, 82, 86, 89**

    na Idade Média, **95-99**
    no século 18, **180**
    Reforma, **132, 137-141**
Cristiano IV, rei, **162**
Croácia, **275**
Cromeleque dos Almendres, **25**
Cruzada dos Vendos, **96**
Cruzadas, **92-95**

D
Dácios, **52**
Dadaísmo, **219**
Dal Riata, **87**
Dario I, **35, 36**
Davi I, rei, **103**
Denis Diderot, **179**
Desidério Erasmo, **129, 131**
Dia D, desembarques do, **251**
Dinamarca, **86, 155, 158, 162, 244, 246, 247**
Dinastia capetiana, **74, 79, 112**
Dinastia dos guelfos, **104**
Dinastia hohenstaufen, **104**
Dinastia otoniana, **104**
Dinastia romanov, **170, 174, 233**
Dinastia vasa, **118, 158,**
Dinastia piast, **109**
Dinastia saliana, **104**
Diocleciano, imperador, **63**
Direito de voto feminino, **230-232**
Doeros, **30**
Dominicanos, **96**

E
Economia
    Grande Depressão, **240**
    na Idade Média, **118**
    no final do século 19, **216**
    no século 18, **178**
    pós-guerra, **261**
Edito de Nantes, **143, 170**
Eduardo I, rei, **113, 114**
Eduardo II, rei, **113, 114**
Eduardo III, rei, **115**
Eduardo VI, rei, **139**
Eduardo, o Confessor, **101**
Edviges, duquesa, **110**
Egfrido, rei, **75**
Egito
    na definição de Europa, **12**
    no período clássico, **34, 41**
    na Idade das Trevas, **73**
    no Império Otomano, **137**
    no século 18, **195**
    pré-histórico, **11, 12, 25, 28**
Eleanor de Aquitaine, **112-113**

292   ÍNDICE REMISSIVO

Elizabeth I, rainha; **141, 150, 151**
Emilio Filippo Marinetti, **218**
Emmanuel Macron, **281, 287**
Enciclopédia, **179**
Encyclopédie, **179**
Erétria, **36**
Escócia
  na Idade das Trevas, **87**
  na Idade Média, **103, 113, 114-115**
  no período pré-moderno, **152, 154**
  pré-histórica, **22**
  Reforma, **138, 139, 141, 144**
Escorial, palácio, **145**
Escoural, caverna, **24**
Escravidão, **39, 99, 121, 154-155, 179, 213-214,**
Escrita, **28**
Eslovênia, **273**
Espanha
  e Carlos V, **132-136**
  e *Reconquista*, **110-111**
  explorações da, **128**
  guerra civil, **242**
  nacionalismo na, **213**
  na Guerra Fria, **258**
  na Idade das Trevas, **70, 71, 73-79, 85**
  na Idade Média, **97, 100, 128**
  no Império Romano, **45-48, 50, 51, 53, 59, 63**
  no período pré--moderno, **143, 144-150**
  no século 18, **168, 184, 186**
  pré-histórica, **22, 23-26, 27, 29**
  regionalismo na, **15**
  Revolução Industrial, **204, 213**
  Segunda Guerra Mundial, **248**
Esparta, **34, 37-39, 41, 45**
Ésquilo, **40**
Estêvão I, rei da Hungria, **88**
Estêvão II, papa, **82**
Estônia, **176, 235, 237**
Etelstano, rei, **83**
Etereldo, o Despreparado, **86**
Etruscos, **43-44**
Eurípedes, **40**
Europa
  anos entre as duas guerras mundiais, **239**
  definições de, **11, 288**
  economia no final do século 19, **216**
  futuro da, **284-289**
  Guerra dos Trinta Anos, **158-**

163
  história geológica, **20**
  imprensa, **131**
  influência celta, **52**
  limites geográficos, **9**
  mudança social na Europa moderna, **276-279**
  mudanças sociais no século 19, **219**
  nacionalismo, **205**
  radicalismo estudantil, **266**
  Reforma, **137-141**
  regionalismo, **15**
  Renascimento, **128-131**
  Revolução Industrial, **202-205**

F
Fenícios, **28**
Ferdinando I, imperador, **136**
Ferdinando II, imperador, **162**
Ferdinando II, rei, **134, 136**
Feudalismo, **99, 119**
Filipe II, rei da Espanha, **136, 143, 144**
Filipe IV, rei, **147**
Filipe V, rei, **184**
Fillipe II, rei da Macedônia, **39, 41**
Finlândia, **96, 235, 257**
Fortificações, **26**
França
  celtas na, **51**
  Comuna de Paris, **211**
  fim do império, **261**
  na era do absolutismo, **169, 170**
  na Idade das Trevas, **99, 112, 115**
  na Idade Média, **99, 112, 115**
  Napoleão Bonaparte, **195-197, 199**
  no Império Romano, **46**
  no período pré-moderno, **143, 145, 147, 162**
  no século 18, **184**
  Primeira Guerra Mundial, **224, 225, 228-230**
  Revolução Francesa, **189-195**
  Revoluções de 1848, **208**
  Segunda Guerra Mundial, **244, 251**
  tribos germânicas na, **53**
Franciscanos, **95**
Francisco I, rei, **132**
Francisco II, imperador, **183**
Francisco, papa, **275**
Francisco Franco, **242, 261**

Francis Picabia, **219**
Francos, **73, 79-82**
Franz Ferdinand, arquiduque, **222**
Frederico Guilherme I, rei, **186**
Frederico I, **104, 106**
Frederico II, imperador, **104, 106**
Frederico, Eleitor do Palatino, **162**
Frederico, o Grande, **180, 186, 187**

G
Gales, **86, 103, 150, 202**
Galileu, **130**
Gengis Khan, **106, 109**
Gênova, **103**
Giotto, **98**
Giuseppe Garibaldi, **212**
Godos, **63**
Grã-Bretanha
  direito a voto feminino, **230-231**
  economia no final do século 19, **216**
  fim do império, **261**
  Imperialismo, **215**
  no Império Romano, **56, 63**
  no período pré-moderno, **150**
  no século 18, **176. 186, 198**
  Primeira Guerra Mundial, **224, 225, 226**
  Revolução Industrial, **203**
  Segunda Guerra Mundial, **244, 252**
Grande Cisma, **98**
Grande Depressão, **240**
Grande Guerra do Norte, **176**
Grande Mesquita (Córdoba), **78, 111**
Grécia Micênica, **29**
Grécia
  independência, **206**
  micênica, **29**
  na Guerra Fria, **259**
  período clássico, **34-42, 48, 52**
  pré-histórica, **21, 24, 29**
  Tratado de Versalhes, **230**
Gregório I, papa, **82**
Gregório VII, papa, **95, 97**
Groenlândia, **84**
Guerra da Crimeia, **214-215**
Guerra da Sucessão Austríaca, **186**
Guerra da Sucessão Espanhola, **183**
Guerra da Vendeia, **193**
Guerra do Peloponeso, **38**
Guerra dos Cem Anos, **115**

ÍNDICE REMISSIVO 293

Guerra dos Trinta Anos, **144, 158-163**
Guerra Fria, **257-261, 279**
Guerras Anglo-Holandesas, **183**
Guerras dos Bálcãs, **207**
Guerras dos Bispos, **152**
Guerras Italianas, **132**
Guerras Púnicas, **45-49**
Guilherme I, imperador, **210**
Guilherme I, rei, **112**
Guilherme III, rei, **170-171**
Gustav Adolf, **158, 162**
Gustav Stresemann, **239-240**
Gustavo III, rei, **180, 187**

H
Hans Küng, **275**
Haroldo, rei, **102**
Hector Berlioz, **203**
Henrique II, rei, **97, 112**
Henrique III, rei da França, **144**
Henrique III, rei da Inglaterra, **113**
Henrique IV, imperador, **95, 97**
Henrique IV, rei, **143**
Henrique V, rei, **116**
Henrique VIII, rei, **139, 140**
Henrique, o Leão, **104**
Henrique, o Navegador, príncipe, **126**
Henrique, o Orgulhoso, **104**
Het Loo, palácio, **170**
História da Guerra do Peloponeso (Tucídides), **38**
Hititas, **31**
Holanda
   fim do império, **261**
   na era do absolutismo, **151**
   no período pré-
      -moderno, **158, 162**
   no século 18, **183**
   Revolta Holandesa, **144, 146**
   Revolução Industrial, **204**
   Segunda Guerra Mundial, **244, 248**
Holocausto, **251**
Homero, **30**
Honório II, papa, **97**
Horda Dourada, **125**
HugoCapeto, **112**
Hungria
   como república soviética, **237**
   Contrarreforma, **144**
   e o Império Otomano, **137**
   na Guerra Fria, **262-263**
   na Idade das Trevas, **88**
   na Idade Média, **107, 109**

   no século 18, **144**
   revoluções de 1848, **208**
   Tratado de Versalhes, **230**
Hunos, **33**

I
Ilíada, A, **30**
Ilírios, **63**
Iluminismo, **180**
Imigração, **285**
Imperialismo, **215**
Império Bizantino, **12, 70**
Império Otomano
   e o Cerco de Viena, **166-167**
   na definição de Europa, **11-13**
   na Idade Média, **123**
   no período pré-
      -moderno, **136, 137**
Império Persa, **34-39, 41**
Imprensa, **131, 139**
Índia, **127**
Inglaterra
   na era do absolutismo, **170**
   na Idade das Trevas, **69, 75, 76, 83, 85**
   na Idade Média, **98, 102, 102, 112-114, 115, 118**
   no século 18, **178, 180, 183**
   Reforma, **139**
Inocêncio III, papa, **97**
Irlanda, **25, 86, 248**
Isaac Newton, **177**
Isabela de Castela, **133, 136**
Islã
   e a Contrarreforma, **144**
   e o Império Bizantino, **71, 72**
   na Idade das Trevas, **74, 76**
   na Idade Média, **110**
Islândia, **23, 73, 84, 259**
Istambul, **12, 40, 59**
Itália
   Guerras Italianas, **132**
   Mussolini, **241**
   na Guerra Fria, **267**
   na Idade das Trevas, **71, 73, 77, 82, 85**
   na Idade Média, **97, 103, 119, 123**
   Renascimento, **131**
   Revolução Industrial, **202**
   Revoluções de 1848, unificação, **210**
Iugoslávia, **230, 249, 259-260, 273, 275**
Ivan III, grande príncipe, **123**
Ivan V, czar, **75**

Ivan, o Terrível, **155, 158, 173**

J
Jagelão, rei, **110**
Jaime II, rei, **171, 183**
Jaime IV, rei, **150**
Jaime VI/I, rei, **150, 152**
JamesWatt, **177**
Japão, **128**
Jaroslau, o Sábio, **89**
Jean le Rond D´Alembert, **179**
Jerusalém, **92-94**
Jesuítas, **142, 180**
Joana D´Arc, **118**
João I, rei de Portugal, **126**
João II, rei, **115**
João Paulo II, papa, **275**
João XXIII, papa, **275**
João, rei da Inglaterra, **97, 113**
João Wycliffe, **99**
Johannes Gutenberg, **131**
José II, imperador, **180**
Josef Stalin, **238-239, 245, 257, 258, 259, 263**
Josip Tito, **259**
Júlio César, **46-48**
Justiniano I, imperador, **70**

K
Kara Mustafa, grão-vizir, **166**
Kazan, **158**
Konstantin Chernenko, **271**

L
La Bastida, **26**
Ladislau I, rei, **125**
Lago Ancylus, **22**
Las Médulas, **50**
Lázaro, rei, **121**
Leão III, papa, **81**
Leonardo da Vinci , **131**
Leonid Brezhnev, **270**
Leon Trotsky, **239**
Leste Europeu
   colapso dos governos
      comunistas, **271**
   na Guerra Fria, **258-261**
   na Idade das Trevas, **87**
   na Idade Média, **106-110**
   narrativas do, **14**
   no período pré-mode rno, **155**
   nos anos entre as guerras
      mundiais, **239**
Letônia, **95, 176, 235, 237**
Liga de Corinto, **39**
Liga de Delos, **37**

294 ÍNDICE REMISSIVO

Liga Hanseática, **103**
Liga Lombarda, **104**
Lindisfarne, **84**
Lituânia, **95, 96, 110, 157, 235**
Lolardos, **95, 96**
Lombardos, **71, 80**
Lotário, imperador, **82**
Louis Eugène Cavaignac, **210**
Lübeck, **103**
Lucrécia de León, **143**
Ludwig Erhard, **261**
Luís Filipe I, rei, **208**
Luís V, rei, **112**
Luís XIV, rei, **170, 169, 181, 189**
Luís XVI, rei, **189, 192**
Luís, o Alemão, **82**
Luís, o Grande , da Hungria, **110**
Luís, o Piedoso, **81**
Luxemburgo, **244**

M
Macedon/Macedônia, **35, 38, 39, 41, 48, 52**
Magiares, **87**
Magna Carta, **113**
Magna Graecia, **40**
Magno Máximo, **60**
Malta, **13, 137**
Mar Báltico, **22, 155**
Marco Aurélio, imperador, **57**
Mardônio, **37**
Margarete, dama da Noruega, **114**
Margaret Thatcher, **232**
Maria I, rainha, **143**
Marine Le Pen, **232**
Marius, **48**
Mark Anthony, **49**
Martinho Lutero, **138, 139**
Matilda de Toscana, **95**
Maxêncio, **59**
Maximiliano I, imperador, **117, 133**
Maximilien Robespierre, **194**
Mediterrâneo
  e Império Otomano, **136**
  histórias do, **14**
  na Idade das Trevas, **77**
  na Idade Média, **95, 103**
  no período clássico, **46**
  pré-histórico, **22**
Mehmed II, sultão, **123**
Merovíngios, **74, 80**
Michelângelo, **131**
Mikhail Gorbachev , **271**
Minoa, **29**
Minos, rei, **29**

Moldávia, **207**
Monasticismo, **96**
Mongóis, invasões, **106-110**
Montes Urais, **9, 12, 158,**
Movimento ambiental, **275, 288**
Movimento da Solidariedade, **257, 262**
Munigua, **50**
Murad II, sultão, **123**
Muralha de Adriano, **56, 57**
Muro de Berlim, **254-255, 273**

N
Napoleão III, imperador, **210**
Napoleão Bonaparte, **187m 195, 199**
Nero, imperador, **55, 57**
Nerva, imperador, **57**
Nicolae Ceausescu, **272**
Nicolau II, czar, **233, 235**
Nicolau Copérnico, **130**
Nikita Khrushchev, **263-264**
Noruega, **86, 157, 244, 248, 249**

O
Odisseia, A, **30**
Odoácer, **73**
Ofa, rei, **75-76**
Oliver Cromwell, **153**
Ópera, **153**
Operação Barbarossa, **247**
Ostpolitik, **267**
Ostrogodos, **53, 73**
Ósvio, rei, **75, 83**
OTAN, **258-259**
Otaviano, **99**
Otto I, imperador, **82, 88**
Otzi, **27**

P
Pacto de Molotov-Ribbentrop, **244, 250**
Pacto de Varsóvia, **259, 262, 266**
Partos, **61**
Paz de Brétigny, **115**
Paz de Nystad, **176**
Paz de Paris, **178**
Paz de Vestfália, **161, 163**
Pedro II, imperador, **176**
Pedro, o Grande , **175**
Pepino III, imperador, **74, 82, 83**
Pepino III, rei, **74, 82, 83**
Pérsia, **176**
Peste negra, **120**
Pilos, **30**
Pinturas da caverna de Altamira, **3**

Pio IX, papa, **208**
Pirro, rei, **44**
Pisa, **103**
Pitos, **87**
Plano Marshall, **257, 258**
Políbio, **48**
Polônia
  na Idade Média, **107-110**
  no período pré-moderno, **158**
  no século 18, **198**
  Segunda Guerra Mundial, **244, 250**
  território pós-guerra, **257**
  Tratado de Versalhes, **229**
Pompeu, **48**
Portugal
  celtas em, **51**
  e *Reconquista*, **110**
  explorações de, **126-128**
  imperialismo, **215**
  na era do absolutismo, **173**
  na Guerra Fria, **267**
  na Idade das Trevas, **74, 75, 76**
  na Idade Média, **100**
  no Império Romano, **47, 63**
  no período pré-moderno, **144, 145**
  pré-histórico, **24, 25, 27**
Póstumo, **60**
Povos do Mar, **31**
Preste João, **126**
Primeira Guerra Mundial, **244-232**
Procópio, **73**
Prússia, **186, 196, 199, 211**

Q
Quilderico III, rei, **74**

R
Reconquista, **110-111**
Reforma, **129, 132, 134, 137-141**
Renascimento, **126, 128-137**
República Tcheca, **144**
Revolta Holandesa, **144, 145**
Revolta Hussita, **110, 137**
Revoltas de Paris(1968), **266**
Revolução dos Cravos, **267**
Revolução Francesa, **189-195**
Revolução Gloriosa, **172**
Revolução Industrial, **202**
Roberto de Bruce, **114, 115**
Roberto Guiscardo, **103**
Rogério II, rei, **103**
Roma/Império Romano
  comércio, **53**

ÍNDICE REMISSIVO 295

e a conquista da Grécia, **41**
e as tribos germânicas, **53**
e os celtas, **51-53**
e os etruscos, **42**
fim da república, **46-49**
Guerras Púnicas, **45-46**
história primitiva de, **43-45**
legado de , **64**
na definição de Europa, **11**
primeiros imperadores, **54--58**
queda de, **58-64**
sistema de, **49-51**
Romantismo, **203**
Romênia, **52, 57, 206, 207, 226, 230, 234, 244, 251, 257, 259, 271, 272**
Rômulo Augusto, imperador, **62, 64**
Rússia de Kiev, **88, 89**
Rússia
czares, **213**
moderna, **271-273, 275-276**
na definição de Europa, **12**
na Idade das Trevas, **85, 88, 89**
na Idade Média, **96, 106, 123**
no período pré--moderno, **155, 157, 158**
no século 18, **196-198**
Primeira Guerra Mundial, **224, 227, 228**
revolução na, **233-239**
surgimento do Império Russo, **173-176**

S
Sacro Império Romano
e Carlos V, **133, 134-136**
e os Habsburgo, **181-183**
na Idade das Trevas, **64, 82, 93, 96**
na Idade Média, **103**
Saladino, **94**
Sassânidas, **61, 71**
Segunda Guerra Mundial, **244**
Selim I, o Resoluto, sultão, **136**
Seljúcidas, turcos, **93**
Sérvia, **109, 121, 123, 204, 206, 207, 223, 224, 226, 230, 249, 273**
autônoma, **206**
escravidão **121, 123,**
Sete Anos, Guerra dos, **186**

Sicília
na Idade das Trevas, **73, 77, 86**
na Idade Média, **95, 103, 104, 120**
no período clássico, **38, 40, 45**
pré-histórica, **22**
Sigismundo, imperador, **110**
Silvestre II, papa, **88**
Simeão da Bulgária, **72**
Sistema métrico, **192**
Sófocles, **40**
Suécia
na Idade Média, **86**
no período pré--moderno, **139, 144, 157-158, 162, 163**
no século 18, **176, 180, 187, 188, 199**
Segunda Guerra Mundial, **248**
Suevos, **53, 63, 75**
Suíça, **117, 248, 287**
Sula, **48**
Suleiman, o Magnífico, **136-137**
Suzdal, **89, 107**

T
Tchecoslováquia, **230, 244, 257, 262, 265**
Tebas, **38**
Templo de Hagar Qim, **20**
Tempo de Dificuldades, **157-158, 173**
Teodorico, rei, **72-73**
Teodósio, imperador, **60, 71**
Tessália, **36, 39, 121, 207**
Teutões, **53**
Tilly, general, **162**
Timur, o Coxo, **121**
Trácia, **35, 37, 46, 52**
Trajano, imperador, **57**
Tratado de Aachen, **280**
Tratado de Adrianópolis, **207**
Tratado de Brest-Litovsk, **226, 228**
Tratado de Cateau--Cambrésis, **134**
Tratado de Northampton--Edinburgo, **115**
Tratado de Tordesilhas, **128**
Tratado de Verdun, **81**
Tratado de Versalhes, **229, 240, 244**
Tratado de Viena, **197**
Tucídides, **38**

Turquia, **11, 12, 13, 31, 40, 41, 206-207, 212, 230, 259, 289**

U
Ucrânia, **12, 23, 88, 158, 174, 235, 238, 249, 257, 271, 273**
Umayyad, emirado, **78**
União de Calmar, **155**
União Europeia, **279, 284, 287**
União Soviética
dissolução da, **271-273**
na Guerra Fria, **258-261, 262-263, 265, 267-270**
Revolução Russa, **233**
Segunda Guerra Mundial, **247-251**
Stalin, **237**
território pós-guerra, **256-257**
Urbano II, papa, **92, 93**

V
Valáquia, **107, 179**
Vale do Rio Tejo, **25**
Valente, imperador, **61, 63**
Vândalos, **53, 63, 64**
Vasco da Gama, **127**
Veneza, **103, 105, 119, 131, 153, 154, 208**
Vênus de Willendorf, **19**
Vercingetorix, **47**
Vespasiano, imperador, **57**
Viena, **13, 136, 166, 205,**
Vikings, **40, 68, 82, 83, 84-86**
Visigodos, **53, 63, 73-77**
Vítor Amadeu II, rei, **185**
Vitor Emanuel II, rei, **213**
Vladimir I, grande príncipe, **89**
Vladimir Lenin, **234, 235, 237**
Vladimir Putin, **273, 275**
Voltaire, **176, 180**

W
William Wordsworth, **203**
Willy Brandt, **268**
Winston Churchill, **244**

X
Xerxes, rei, **36-37**

Y
Yemelyan Pugachev, **174**
Yuri Andropov, **270**

Créditos das imagens

ac = acima, ab = abaixo, ae = à esquerda, ad = à direita

AKG Images: 54 (ullstein bild)

Alamy: 104 (Walker Art Library), (Heritage Images), 190 (Prisma Archivo), 232 (World History Archive)

Bridgeman Images: 10 (British Library), 27 (South Tyrol Museum of Archaelogy/ Wolfgang Neeb), 62 (Bildagentur-online/ UIG), 75 (Tallandier), 76 (Private Collection), 79 (Biblioteca Nazionale Marciana), 82 (Tancredi Scarpelli/ Isadora), 92 (Bibliothèque Nationale de France), 93 (Bibliothèque Nationale de France), 94 (G. Dagli Orti/DEA), 111 (National Archives, UK), 122 (Archives Charmet), 124 (Louvre), 137 (Museum of Fine Art, Malta/Selva), 177 (CNAM), 200 (Stapleton Collection), 223 (DEA), 225 (SZ Photo/Scherl), 226 (Mondadori Portfolio), 231 (Museum of London), 234 (Universal History Archive/UIG), 242, 245 (Galerie Bilderwelt), 249 (Galerie Bilderwelt), 252 (Universal History Archive/UIG), 254 (H. P. Stiebing), 260 (DHM), 265 (Sovfoto/UIG), 268 (AGIP)

Getty Images: 25ab, 37 (A. Dagli Orti/ DEA), 61 (ullstein bild), 89 (Sovfoto/ UIG), 95 (Fine Art Images/Heritage Images), 108 (Fine Art Images/Heritage Images), 127 (G. Dagli Orti/DEA), 174 (Sovfoto/UIG), 217 (Christophel Fine Art/UIG), 241 (Universal History Archive/UIG), 259 (AFP/Stringer), 263 (Hulton Deutsch/Corbis), 264 (Bettmann), 270 (Wally McNamee/ Corbis), 272 (Gianni Ferrari), 274

(Patrick Robert/Sygma/Corbis), 275 (Sovfoto/UIG)

Library of Congress: 212

Lovell Johns: 36, 47, 107, 116, 209, 229, 247

Metropolitan Museum of Art: 34 (Gift of A. J. B. Wace, 1924), 46 (Bequest of Benjamin Altman, 1913), 53 (Gift of Josef and Brigitte Hatzenbuehler, 2009), 78ac (The Cloisters Collection, 1970)

Science and Society Picture Library: 131 (Science Museum)

Shutterstock: 15 (Concealed Resonances), 18, 20, 25ab, 32, 35, 38, 43, 51, 52, 56, 58, 59 (Juan Aunion), 69 (Massimo Santi), 70 (Michal Szymanski), 83, 84100, 145, 153, 168, 195, 198, 203, 277, 282 (A G Baxter), 285 (Huang Zheng), 289

State Library of New South Wales: 224 (Frank Hurley)

Wikimedia Commons: 8, 11, 21, 23, 28, 30, 30, 31ae, 31ad, , 39, 42, 44, 45, 50, 55, 60, 64, 66, 68, 72ac, 72ab, 74, 77, 78ab, 80, 81ae, 81ad, 84, 86, 88, 90, 96, 98, 101, 102, 106, 110, 111, 112ac, 112ab, 114, 115, 117, 119, 120, 128, 129, 130, 132, 133, 134, 135, 137, 139, 140, 141, 142, 143, 146, 148, 151, 152, 154, 155, 159ac, 159ab, 160, 164, 167, 169, 170, 171, 172, 175, 178, 182, 184, 187, 186, 188, 194, 195, 196, 202, 205, 206, 207, 210, 211, 214, 215, 216, 218, 220, 222, 228, 236, 238, 239, 243, 246, 248, 250, 256, 261, 265, 268, 269, 280, 287